陈晋

读毛泽东札记

生活·读书·新知 三联书店

Copyright © 2009 by SDX Joint Publishing Company
All Rights Reserved.

本作品版权由生活・读书・新知三联书店所有。
未经许可,不得翻印。

图书在版编目(CIP)数据

读毛泽东札记/陈晋著. —北京:生活・读书・新知三联书店,2009.9 (2024.7重印)
ISBN 978-7-108-03294-2

Ⅰ.读… Ⅱ.陈… Ⅲ.毛泽东(1893~1976)-人物研究 Ⅳ.A755

中国版本图书馆 CIP 数据核字(2009)第 128238 号

责任编辑	唐明星
封扉设计	罗 洪
责任印制	李思佳

出版发行 生活・读书・新知三联书店
(北京市东城区美术馆东街22号)
邮　　编 100010
经　　销 新华书店
印　　刷 北京隆昌伟业印刷有限公司
版　　次 2009年9月北京第1版
　　　　　2024年7月北京第10次印刷
开　　本 635毫米×965毫米 1/16 印张18
字　　数 223千字
印　　数 74,001-79,000册
定　　价 49.00元

目　录

毛泽东在中国：存在和意义 1
青年毛泽东的"问题意识" 8
青年毛泽东和青年马克思的"异曲同工" 14
毛泽东早年的思想风景 21
从毛泽东的境遇看中共早期领导层的变化特点 27
遵义会议后毛泽东的领袖地位是怎样确立的 36
国共两党领袖人物与黄帝陵 47
"韩荆州"在哪里？ 55
一封电报的解读 59
第一个"历史决议"通过之后 65
"在最坏的可能性上建立我们的政策" 70
从山水诗人到造反诗人——毛泽东读评谢灵运 77
两晋南北朝知识分子的言行"异相" 83
器识为先——毛泽东谈古代知识分子参政言政 89
"务虚"之用 95
"看得到，抓得起"——毛泽东1959年初做的一件事 103
"只唱一出《香山记》" 111
感悟七千人大会的开法 118
行文言事的繁与简 126
干部团队的"和而不同" 130
团队核心人物的凝聚力 137
"出主意，用干部" 143

毛泽东评点党内重要领导干部 ... 150
"我劝马列重抖擞，不拘一格降人才" ... 157
"常恨随、陆无武，绛、灌无文" ... 164
毛泽东看叶剑英的"大关节" ... 170
毛泽东·格瓦拉·游击战 ... 177
毛泽东的几个九月九日 ... 187
《毛泽东文艺论集》答问录 ... 196
诗雄不一般 ... 205
毛泽东之读书 ... 209
从北往南看毛泽东 ... 217
领袖故里和领袖文化 ... 221
毛泽东和党史题材纪实作品的虚构问题 ... 227
搏击与新生——读电影剧本《毛泽东，1922》 ... 234
历史旅途中播下的心路风景——序《诗人毛泽东》 ... 238
雪地一片天——序《毛泽东的诗词世界》 ... 240
搜藏出来的学术空间——序《毛泽东诗词版本丛谈》 ... 243
"毛诗"研究的"美学突围"——序《鲲鹏之路》 ... 247
1996年有关毛泽东的书籍随想 ... 252
我看"毛泽东热" ... 257

邓小平性格及其决策的几个侧影 ... 261
邓小平和他的三个军事"搭档" ... 267
视察背后的历史含量 ... 271
心有所系，方事有所悟——邓小平读两篇外电引发的思考 ... 275
永远年轻——有感于邓小平的一种精神 ... 280

后记 ... 284

毛泽东在中国：存在和意义

渐行渐远的岁月，把许许多多被称为领袖的人物的荣辱成败，积酿成为或甜或苦的老酒，供人们品评论说。过去了的岁月似乎常常按历史的法则收回属于自己的东西，不断前进的生活浪潮冲刷着一些领袖人物留在政治沙滩上或浅或深的脚印。于是，领袖人物身后的境遇，也就演绎和印证着一些不可回避的历史法则。但这只是问题的一个方面。后人的评说，同时还彰显着任何外力都难以动摇的历史公平。因为我们不难看到，依然有一些领袖人物的身影，在新世纪曙光的映照下，在大浪淘沙的涌潮中，昂然矗立在人们视野的地平线上。

中国的毛泽东，就是这样的领袖人物。

领袖的本质是人民意志和愿望的表达者，是国家和民族利益的守望者，是历史进步的领航者。如果有领袖之位的人，目光所及的仅仅是其自身或小圈子、小集团的利益，而不着意去造福民众，不主动肩负起历史给他的使命，不具有一种几乎是与生俱来的责任意识和忧患意识，那么，他暂时的荣耀和拥有的位置，不过是权力所鼓胀起来的一个欲望的皮囊，其生命和权力殆尽之日，也就是皮囊萎缩之时。相反，如果他的一生，能够体现领袖的本质，他就不会被后继的历史之潮湮灭；如果他还有别具一格的风采魅力，他的存在和影响，也会是鲜活生动的。

中国的毛泽东，就是这样的领袖人物。

从1976年至今，毛泽东逝世已经25年了。在这期间，足足有一整代历史的亲历者和见证人离开了人世，同时，也足足有一整代新人伴随着日新月异的改革开放，沐浴着变化多样的生活和价值观氛围成长起来，并且成为了我们社会的中坚分子。二十多年间，中国人不知驻足过多少精神驿站，跨越了多么难以想象的历史峰峦。在这种历史条件下，回望毛泽东，走近毛泽东，体味毛泽东，仿佛有一种依稀相隔的感觉，对许多人来说，"毛泽东"三个字至少已像一部读不完也未必能够全读懂的书。但是，如果超越缭乱障眼的生存枝丫，拨开变乱浮躁的精神氛围，静心贴近我们时代的深处，你不难感受到，毛泽东依然是一个实实在在地存在于中华民族现实中的人。他不仅作为一种政治文化的标记，一种理想期待的象征，一段历史反思的对象存在着，作为伟大的民族英雄，他还以自己的伟业和贡献，以自己的思想和品格，浸润着中国今天的事业，滋养着人们的心田。

"毛泽东"三个字，蕴含着怎样的历史真谛？他又是怎样穿越时代之门走向今天的呢？

他曾经在湘江的波涛中舒展长臂拥抱"五四"大潮，成为湖南革命的播火者。在大革命的洪流中他被称为"农民运动的王"，把泥腿子们引向开阔的大路上迅跑。在令人窒息的白色恐怖中，他走出一条新路，站在遥望东方看得见曙光的山头，点燃了星星之火。在远行的红军将士们濒临绝境的时候，他硬是让中国共产党的历史急拐了一个大弯,拨正了航道。在陕北高原的黄土窑洞里,他开始更为艰苦的理论进军,使为理想而奋斗的人群接受了一次特殊的精神洗礼。在牛羊嘶叫的农家小院,他以运筹帷幄的战略智慧,导演了一出波澜壮阔的战争史剧。在开天辟地的庄严时刻,他和战友们踏着古旧尘封的皇城砖道,宣告中华民族迎来了一个历史的新纪元。在百废待兴的日子里,他和战友们领导站起来的中国人民重振山河,涤荡了旧社会的污泥浊水。在战火烧到国门口的时候,他毅然决策,打了一场让中国人扬眉吐气的抗美援朝战争。在凯歌行进的岁月中,他把目光投向历史的深处,开创了一条适合中国国情的社会主义改造道路,确立了一个崭新的社会主义制度。在发展经济成为首要任务的年头,他构想和探索着中国式的社会主义建设道路。面对东西方的冷战对峙和风云变幻的国际局势,他始终警觉地关注着祖国的独立和安全,并在迟暮之年开创了崭新的外交格局,使中国走向了整个世界。还是他,率领站起来的中国人民,一贯维护世界和平,主持国际正义,在全球不同肤色的人们中赢得了崇高的声誉……

这就是穿越时代之门,从风风雨雨中走过来的毛泽东。

生平的简单罗列,似乎已经清楚地告诉人们,毛泽东属于这样一个时代:那是在黑夜沉沉的奋斗岁月里,寻找希望和实现希望的时代;那是在振兴中华的艰难行程中,需要伟人和产生伟人的时代。

完美无瑕的伟人是不存在的。这样的伟人只能在远离时代主题和社会实践的虚构境界中被塑造出来。真正的伟人总是脚踏实地并沾着时代的泥土杂物来决策领航,总是在伟业受阻于各种迷雾的时候选择和开拓。尽管在后人的视野中,那些泥土杂物或许可以避开,在历史迷雾中选择的岔路也许已一目了然,但今之视古,犹如后之视今。今天的人们多不希望后人苛求于己,自然也就不能苛求前人完全摆脱时代的束缚。毛泽东发动"大跃进"的失误，特别是晚年发动和领导"文化大革命"的悲剧，让人们扼腕痛心。在社会矛盾的判断上，他夸大阶级斗争，甚至以阶级斗争为"纲"，导致在一些运动中伤害了不该伤害的社会成员，这些，也让历史顿足遗憾。但伟人之所以是伟人，恰恰在于：他的失误在客观上，总是在历史迷雾中艰难摸索时出现的；在主观上，从来不是为了谋一己之私利，达一己之目的；他的失误在总体上，远远小于他的功绩。

毛泽东最根本的功绩是什么呢？这要从20世纪中国的历史主题说起。

人们有一个共识：20世纪的中国巨变，先后造就了孙中山、毛泽东、邓小平三位伟人。在百年巨变的进程中，后者总是对前者的继承和发展，正是这前后相承的历史变迁，使中华民族的发展越来越波澜壮阔，使中国近代以来的历史主题越来越灿烂夺目，使中国人的奋斗越来越接近激动人心的目标。这就是：摧毁封建专制的牢笼，建设人民当家做主的政权；推翻帝国主义的压迫，完成民族的独立和解放；摆脱贫穷愚昧的困扰，实现中华民族的伟大复兴。

概括地说，近代以来，中国人民梦寻的焦点，就是实现中华民族的伟大复兴。它的主题，表现为两个前后相续不能割裂的内容：让中华民族和中国人民站起来！让中华民族和中国人民富起来！对领航历史的领袖人物来说，这也是两个前后相续不能割裂的伟大使命。

以毛泽东为代表的那一代中国共产党人，上承孙中山，轰轰烈烈、天翻地覆地完成了第一个历史使命，创建了中华人民共和国。如果问一些过来人，在新中国成立时的时候，哪一句话在他们的记忆中最为深刻，大概十有八九的人会说，是毛泽东说的那句"中国人民从此站立起来了!"正是这句话,画龙点睛地道出了历代仁人志士在理想的航道上奋斗不息的历史分量;正是这句话,筑造起历史长河中一座永恒的丰碑。因为这句话所表达的,是中华民族的伟大复兴从此有了前所未有不可或缺的政治前提。而挑剔的历史在大浪淘沙之后选择毛泽东来宣告这句话,仅凭这一点,他在20世纪和20世纪以后的中国历史长河中所占据的位置,便可想而知了。

以毛泽东为代表的那一代中国共产党人,下接邓小平,殚精竭虑地开启了让中国走上文明、富强和民主之路这出辉煌史剧的序幕。毛泽东在探索中提出的不少重要思想,为我们今天建设中国特色的社会主义提供了有益的经验。即使是他在探索中的失足之处,也成为了后继者重新探索的必然起点,成为了后继者开辟新路的时候不可或缺的重要镜鉴。

继往开来的毛泽东,就这样成为了民族复兴史上浓墨重彩的一个缩影。

事情还远不止此。

毛泽东离去了,他留下的精神财富,却不会随风飘逝。作为中国共产党、中国人民解放军和中华人民共和国的主要缔造者和领导者,毛泽东最伟大的功绩还在于,他集中了中国共产党和人民群众的奋斗经验和智慧,成功地把马克思主义的普遍原理和中国革命的具体实践相结合,创立了中国气派和民族形态的马克思主义——毛泽东思想。马克思和恩格斯在19世纪中叶,用文字给他们的振聋发聩的思想插上了翅膀,但它飞越千山万水寻找落脚生根的地方,却是一个十分艰难的行程。中国共产党在诞生的时候,手里握的是经过翻译的一个个方块汉字传达的真理。为了让这个真理之花在中国的土地上绚丽绽放,结出果实,中国共产党在实践中付出何等痛苦的代价,经历何等艰难的寻求,才确认和选择了毛泽东思想这面旗帜。正是这面旗帜，以其独创性的内容丰富了马克思主义宝库，培养了一代又一代的领导者和广大干部，教育了全国各族人民。正是这面旗帜，从昨天飘扬到今天，成为民族精神的一个象征，赋予了中国人一种特别的理想和信念，同时也获得了一种创新发展的激情和灵感。正是这面旗帜蕴含的实事求是的灵魂，让马克思主义在中国发扬光大，让中国共产党的指导理论一脉相承而又总是与时俱进，于是，邓小平理论横空出世，"三个代表"重要思想泽被今世。

又一个继往开来！毛泽东思想就这样成为了民族复兴史上的精神血脉。

事情还远不止此。

毛泽东是一个文韬武略、多才多彩的领袖。他是非凡卓越的无产阶级革命家，思想深邃、见解独到的理论家，胸怀广阔、远见卓识的战略家，决胜千里、指挥若定的军事家，还是一位独领风骚的浪漫主义诗人，博古通今的学问家，别具一格的书法家。正是这些文武兼备的气质，挑战进取的性格，雄才大略的豪情，审时度势的睿智，不拘一格的洒脱，使他在中国革命的一个又一个历史关头，能够把握住时机，迅速决策，挽狂澜于既倒。也正是这些丰富多彩的角色品质，使他体现出非凡的人格魅力。在从昨天到今天的艰苦漫长的岁月中，毛泽东体现出来的革命精神，具有强大的凝聚力；他的个性品格，具有动人的感染力；他的深邃思想，具有非凡的穿透力。这样的魅力，使毛泽东成为了一个说不完道不尽的话题，使他在人们的记忆中永远是那样的鲜活生动。

作为跨越时空的历史沉淀和沧桑巨变的人格化象征，中国人无法淡化毛泽东印迹和影响。如果读懂了他，似乎便读懂了中国的过去，并加深对现在和未来的理解；如果读懂了他，似乎便读懂了这片古老土地上堆积的沧海桑田和在20世纪舞台上上演的悲欢离合。

20世纪不会在宏大的叙事中戛然而止,也不会以平静的方式悄然离去。"毛泽东"三个字,也不会随着时间的推移落下帷幕。在我们为今天的目标倾情奋斗的时候,自然也会在心理空间留下一种独特的感受:滚滚向前的时代不会凭空而来,它总是沿着来的时候辗出的轮辙奔向远方。

这就是毛泽东,在中国的存在和意义!

青年毛泽东的"问题意识"

1919年9月1日,26岁的毛泽东写了一个《问题研究会章程》,提出当时中国需要研究的71项大大小小共144个问题。他把这个《章程》寄给各地朋友,其中包括北京大学学生邓中夏。邓中夏此前曾到湖南发动学生响应北京的"五四"运动,和毛泽东交往甚密。他把这个《章程》拿到10月23日刊印的《北京大学日刊》上公开发表,同时还写了一段说明:"我的朋友毛君泽东,从长沙寄来问题研究会章程十余张,在北京的朋友看了,都说很好,有研究的必要。各向我要了一份去。现在我只剩下一份,要的人还不少,我就借本校日刊登出,以答关心现代问题解决的诸君的雅意。"

"五四"运动前后,世界是什么样子,中国向何处去,青年人应该做些什么,研究些什么,这些问题,深深地困扰着毛泽东那一代知识分子。毛泽东在《问题研究会章程》一开头就申明,他提议成立"问题研究会",就是想弄清楚社会和人生面临的"所必需"或"未得适当解决"从而影响进步的各种"事"和"理"。这个"问题研究会"虽然没有如愿办起来，但《章程》彰显的"问题意识"，及其列举的认为应该研究和解决的大量"事"和"理"，却记录下青年毛泽东一段值得咀嚼的思考轨迹。

《问题研究会章程》列举的 71 项 144 个问题，涵盖了政治、经济、文化、社会、国防、外交以及科学技术诸多方面。有的问题比较宏观抽象，如中央地方集权分权、普通选举、国防军建设、社会主义能否实施、经济自由、教育普及、孔子研究、东西方文明会合等等；有的问题则比较微观具体，如不搞惩罚式教育、私生儿待遇、姑媳同居、工人退职年薪、茶产改良、清丈田亩、退回庚子赔款等等。有的问题比较现实和迫切，如大总统权限、新旧国会、废除各省督军、司法独立、劳工住屋、劳工娱乐、勤工俭学、编纂国语教科书、恋爱自由等等；有的问题则不那么现实，不那么迫切，甚至与当时中国社会的改造关系不大，如裁军、外债偿还、币制本位、海外贸易经营、海洋自由、爱尔兰独立、重建东部法国，以及飞渡大西洋、太平洋和天山，在白令、英吉利、直布罗陀三个海峡开凿通车隧道等等。

从起草《问题研究会章程》的时间看，毛泽东当时提出这些事和理，明显受到胡适实验主义主张的影响。1918 年秋冬在北京大学当图书管理员时，毛泽东便认识了胡适，且多有来往。胡适在 7 月 20 日《每周评论》上发表《多研究些问题，少谈些主义》一文提出，"我主张一个一个地研究问题，一点一滴地解决问题"，毛泽东也如期看到并表示认可。李大钊在 8 月 17 日《每周评论》上发表文章反驳胡适的观点，提出："不错，纸上的空谈的'主义'是危险的，但主义本身并不带来危险!"这个观点，想必毛泽东也看到了。但他并没有介入这场著名的"问题与主义"之争。论争双方都是毛泽东当时敬重的新文化运动的代表人物,对这场论争的实质,他似乎一时还不能完全了解。那时候,他正如海绵一样吸收和消化着各种新思想、新文化。无论是对胡适提倡研究的问题,还是对李大钊坚持和捍卫的主义,他似乎都愿意一试。

胡适的思想来源于其导师、美国哲学家杜威。毛泽东听过胡适关于实验主义的讲演,还曾把杜威提倡的实验主义列为近代思想变革的标志之一。在中国传统思想中,毛泽东深受明清实学"至诚实用"、"经世致用"观点的影响,这也是他与胡适宣传的"多研究些问题"产生共鸣的一个原因。他当时领导驱逐湖南军阀张敬尧,在船山学社办自修大学,以及主张先把中国的问题研究透了再出国留学等,也都征求过胡适的意见或受到胡适观点的影响。其中自修大学这个校名,还是胡适帮助他起的。

青年毛泽东的行事作风,也以重实干闻名。他当时参加了著名的少年中国会。参与主持这个团体的李璜曾回忆说,有一段时间,他"每周必与毛会晤,会见十余次之后,深深了解到,以毛之性格而论,可能成为一个革命实行家。……(王)光祈主持'少中',即提出'工读互助'的一题,来要大家讨论。我们在愚生家聚餐时曾讨论两三次(细节问题),议论甚多。到了第三次,毛泽东便不耐烦了!他忽然发言,说,'不要老是坐而论道,要干就干。你们诸位就把换洗衣服拿出来交与我去洗,一个铜子一件,无论大件小件,一样价钱,三天后交货拿钱。'后来他果真就这样做了"。王光祈也说,毛泽东"颇重实践,自称慕颜习斋之学主实行"。

可见,提出问题和推动实践去解决问题,在青年毛泽东身上是统一的。这就不难理解,青年毛泽东何以用那么大的热情去参加或组织各种各样的学会社团。据粗略统计,他青年时代主持或参加的学会社团有十几个,诸如:湖南一师学友会(原名技能会)、湖南新民学会、留法勤工俭学会、北京大学新闻研究会、少年中国会、湖南学生联合会、上海工读互助团、自修大学、旅京湖南学会、湖南改造促成会、湘潭教育促成会、平民通讯社、文化书社、读书会、俄罗斯研究会等等。这些社团存在的时间和毛泽东在其中的活动时间虽有长有短,但他都努力借这些平台组织同仁下工夫去研究和解决符合学会社团宗旨的实际问题。

再回到1919年9月1日的《问题研究会章程》。毛泽东在列了一大堆问题后,也没有一掷了事。除了寄给朋友参考外,他自己对其中的一些问题则继续思考和研究。例如,《章程》中列有国语(白话文)、编纂国语教科书等问题,在9月5日给黎锦熙的信中,毛泽东便表示要研究"国语",认为必须"将国语教科书编成";还说,"关于'国语'的材料,先生遇着,千万惠给一点"。《章程》中有一项关于恋爱自由的问题。恰巧长沙有一个叫赵五贞的女学生,因不满

1918年4月14日,毛泽东与蔡和森发起创建新民学会,
图为毛泽东与新民学会部分会员

父母包办婚姻在花轿里割颈自杀。毛泽东立即抓住这个事件,让刚刚加入新民学会的周南女校学生李思安等去调查,然后自己动笔连续写了九篇文章发表在湖南《大公报》上,对封建婚姻制度、妇女解放作了一番扎扎实实的剖析。《章程》中有民众联合如何进行、模范村建设、社会教育等问题。这年12月1日,毛泽东便起草了一个新村建设计划,以推行"新家庭、新学校、新社会"连成一体的理想,甚至到岳麓山一带做过选址的准备。《章程》中列有地方自治、联邦制应否实行、废除督军及湖南如何改造等问题。1920年初,毛泽东便起草了《湖南建设问题条件》,发动驱逐湖南督军张敬尧的运动,呼吁湘人自治,还提出建立湖南共和国以推动联省自治。《章程》中列有派留学生、东西方文明会合等问题。在1920年初的许多通信中,毛泽东反复同人讨论该不该出国留学、何时出国留学,特别是东西方文明的关系等,最后得出的结论是:自己暂不出国留学,先研究中国这块地盘里的事情,然后出去"才有可资比较的东西"。总之,青年毛泽东的脑子里,似乎装着太多需要思考和解决的问题,但凡碰到了,有兴趣,或觉得有必要,他都要去讨论,甚至去实践一番。

  是不是就此可以认定,毛泽东当时只埋头思考解决琐细和实际的问题,而不大探讨宏观上的理论是非呢?要回答这个问题,先说一件轶事。前面提到的黎锦熙,是毛泽东在湖南一师读书时交往甚密的老师。据黎的日记记载,1915年4月到8月,毛泽东拜访黎20次。黎当时常请三位青年学生帮助抄写报刊稿件,付给一定的报酬。一个是不问文稿内容,什么都抄;一个是觉得文稿中有问题,总是提出来,并代为润色;一个是看到文稿内容与自己的观点不合,干脆就不代抄。这三个学生的不同态度,使他们后来各自的成就也不一样:第一位默默无闻;第二位是后来的著名戏剧家田汉;第三位就是毛泽东。

可见，青年毛泽东注重实务，也讲原则；充满问题意识，也重理论信念。他当时之所以热心探讨这样那样枝枝节节的问题，恰恰是因为他对各种主义还没有搞清楚，还无定见。在拟出《问题研究会章程》半年后，毛泽东在一封信中还坦陈："老实说，现在我于种种主义，种种学说，都还没有得到一个比较明了的概念。"

事实上，《问题研究会章程》在列了71项144个需要讨论的问题后，又专列一条，宣称："问题之研究，须以学理为根据。因此在各种问题研究之先，须为各种主义之研究。"可见，研究问题和研究主义，也就是研究事和理，在青年毛泽东那里并不矛盾，他甚至把研究主义看成研究问题的前提。胡适和李大钊的"问题与主义"之争，在他们都很看重的这个学生身上，体现出要把它们融合起来的努力。毛泽东在《章程》中列出的若干"特须注重研究之主义"，就包括了哲学、伦理、教育、宗教、文学、政治、经济、法律等各方面的主义，甚至还有"社会主义能否实施"这样的问题。到1920年初，他对"主义"的寻找和研究，越来越强烈和迫切，乃至写出"主义譬如一面旗帜，大纛一张，人们便知所趋赴"这样的名句。

八十多年过去了，毛泽东在青年时代关注的绝大部分问题，在今天已经不是"问题"。但他强烈的、充满忧患的"问题意识"，却留给今人不少思索。比如，多一点"问题意识"，或许就会多一些拥抱时代的热情和冲动，多一些理性思考和讨论的空间，多一些了解社会、贴近现实的可能，多一些投身实践去想办法解决问题的行动，自然也会多一些作出是非判断和理论辨析的客观依据。

青年毛泽东和青年马克思的"异曲同工"

马克思和毛泽东，文化背景和家庭出身全然不同，走过的人生道路不尽相同，面临的时代课题大不相同，但他们都成为影响历史进程的大思想家和大革命家。如果把他们青年时代的思想探索过程放在一起考察，不难发现一些不算偶然的异曲同工之处。

马克思青年时代，大体指他 28 岁即 1846 年和恩格斯完成《德意志意识形态》之前，原因是他们在这本书中系统地阐述了历史唯物主义这一新的世界观。毛泽东的青年时代，则以 1921 年参加组建中国共产党为结束的标志，那年他也是 28 岁。他们在向这个目标迈进的过程中，都彰显出鲜明生动的人生追求和思想个性。

马克思小时候沐浴着让人羡慕的文化氛围。父亲是一个开明的律师，爱好古典文学和哲学，能背诵伏尔泰和卢梭的作品。后来成为马克思岳父的路德维希·冯·威斯特华伦,能从头到尾背诵《荷马史诗》中的许多篇章和莎士比亚的一些剧本,并善于把自己这方面的爱好传播给他喜欢的少年马克思。少年毛泽东却没有这样的幸运。小时候虽也发蒙读书,但父亲只是希望他识些字,懂些理,会算账,最终成为像自己一样间或做些谷米生意的典型农民。少年毛泽东还一度辍学种田,只能在晚上偷偷地读《水浒传》这类传奇故事。

巧合的是,马克思和毛泽东都在 17 岁时走出故乡求学。少年时代的境遇差别,没有阻止他们踏上异曲同工的精神寻觅之路。

首先,从知识储备和文化旨趣上讲,他们在学校读书期间,对文史哲都有罕见的兴趣和相当深入的研究。

青年马克思曾沉湎于诗人之梦。他从中学时代就开始写诗,留下了一首《查理大帝》。上大学后,为自己设定的目标是"左右诗歌和艺术",并围绕这一目标来安排自己的诗歌创作和学习、社交。大学一年级着重选修文学艺术方面的课程,还参加了诗歌团体。1837年夏天,曾打算出版一个戏剧评论杂志,还亲自编订了自己写的四本诗册。毛泽东就读湖南一师时,诸科之中,尤重文学,宣称"文学乃百科之源"。《诗经》、《楚辞》、《昭明文选》及韩愈散文,是他熟研熟读之作。和同学好友之间吟咏唱和,更是常事。在罗章龙、萧三的回忆中,记载了不少毛泽东和他们的唱和联句。完整保存下来的诗词作品有《挽易昌陶》、《送纵宇一郎东行》和《枕上》三首。青年马克思和青年毛泽东的文学旨趣,总体上都偏于浪漫主义,诗歌多为激情冲涌和理想抒发之作。对传统文化特别是古典文学的爱好,奠定了他们深厚的人文素养,并使他们后来都成为善于鲜明生动地表达思想观点的散文大家。无论是《共产党宣言》还是《湖南农民运动考察报告》,都既是深刻的政治理论经典,也是生动的上乘美文。

除文学外,马克思和毛泽东在读书期间也都喜欢历史和哲学。

从1839年起，马克思对古代哲学主要是希腊化时期的伊壁鸠鲁主义、斯多葛主义和怀疑论进行研究，并在此基础上写成博士论文《德谟克利特的自然哲学和伊壁鸠鲁的自然哲学的差别》。这篇论文提出"世界的哲学化"和"哲学的世界化"这个著名命题，并把历史理解为不断变革的从低级到高级的发展过程。在哲学上，青年马克思曾先后徜徉于康德、费希特、黑格尔和费尔巴哈的天地。1843年为了写《黑格尔法哲学批判》，他阅读和研究了路德维希的《五十年代史》、瓦克斯穆特的《革命时代的法国史》、兰克的《德国史》、哈密顿的《北美洲》等大量有关欧美的历史著作。毛泽东青年时代乃至一生对历史的研究兴趣和达到的造诣，已毋庸置疑。在哲学上，他对中国明清实学，特别是从王夫之、顾炎武、黄宗羲到曾国藩的经世致用之学，情有独钟。对西方近代哲学，毛泽东1917年读德国康德学派泡尔生十万余字的《伦理学原理》一书，曾写下一万二千多字的批语。他1920年在一封信中表示，自己研究"哲学从'现代三大哲学家'（按：指法国柏格森、英国罗素、美国杜威）起，渐次进入各家"。1921年1月在新民学会会员大会上，他依然强调"喜研究哲学"。从以后的情况看，无论马克思还是毛泽东，都是在世界观和方法论成熟的基础上来推进其他方面的理论建树和实践活动的。

其次，从人格气质上讲，青年时代的马克思和毛泽东都拒绝平庸苟世，看重精神生活，注重培养心性志向，彰显出自信、豪迈和明快甚至狂放的个性风采。

马克思在中学毕业论文《青年在选择职业时的考虑》中的名言是：人生的宗旨是"人类的幸福和我们自身的完美"，"只有为同时代人的完美、为他们的幸福而工作，才能使自己也过得完美"。毛泽东在读《伦理学原理》批语中的表达是，"至人之急、成人之美与履危蹈险舍身救人"这些美德善事，应该发自内心去做，"盖吾欲如此，方足以安吾人之心"。

马克思在小说《斯科尔皮昂和费利克斯》中嘲笑保守的宗教信则和庸俗的小市民,总是"截手裁脚,截掉人间的幸福"。在诗歌中,他反对把人生弄成"盲目机械的钟表"和"时辰的历本",宣称"我感到生活的圈子太窄,随波逐流使我觉得可憎"。毛泽东则说,"现在国民性惰,虚伪相崇,奴隶性成,思想狭隘",需要有大思想家大革命家出来"洗涤国民之旧思想"。一次到一个青年家里,那个青年当着毛泽东的面把用人叫来交代去买肉的事,引起毛泽东的反感,认为这个青年过于俗气,从此不再交往。毛泽东后来回忆起这件事还申明说:"我的朋友和我只愿意谈论大事——人的天性,人类社会,中国,世界,宇宙!"

马克思在诗中宣称自己要"在与风浪搏斗中锻炼成长","面对着整个奸诈的世界,我会毫不留情地把战挑"。在1837年11月给父亲的信中又说:"我看到的岩石并不比我的感情更倔强、更骄傲,广大的城市并不比我的血液更有生气,旅馆的饭食并不比我所抱的一连串幻想更丰富、更经得消化。"毛泽东则崇尚孟子说的至大至刚的"浩然之气"和充塞天地之间的"大丈夫"气概,由此提出的名言是,"自信人生二百年,会当水击三千里",还有,"与天奋斗,其乐无穷;与地奋斗,其乐无穷;与人奋斗,其乐无穷",等等。

1837年,马克思参加"博士俱乐部"这个学院式的精神团体后,便以好辩著称。大学毕业不久因主编《莱茵报》同博士俱乐部的精神伙伴有了分歧,其中便包括大他九岁、有师友之谊的鲍威尔。当分歧无法调和时,马克思毫不留情地和鲍威尔公开论战,认为"为了挽救一个政治机关报,是可以牺牲几个柏林吹牛家的"。他还另外写了一封措辞尖锐的信给以前的朋友梅因,宣布决裂。1843年1月,普鲁士政府宣布从4月起停止《莱茵报》的出版,马克思当即给朋友写信说："我决定不干了。……即使为了自由，这种桎梏下的生活也是令人厌恶的。我讨厌这种小手小脚而不是大刀阔斧的做法。伪善、愚昧、赤裸裸的专横以及我们的曲意奉承、委曲求全、忍气吞声、谨小慎微使我感到厌倦。"毛泽东的人生追求和行事风色也是如此。他同朋友建立的新民学会，以"革新学术，砥砺品行，改良人心风俗为宗旨"，后来则发展为"改造中国与世界"。在一封给新民学会伙伴的信中，他宣称自己"立志真实"，"不愿牺牲真我"；和朋友交往，"唯有主义之争，而无私人之争，主义之争，出于不得不争，所争者主义，非私人也"。他发出求友信，有一个人应约前来和他交谈，话不投机，便拒绝交往。因不满学校的管理，他还发动了驱赶校长的学潮。马克思和毛泽东年轻时的这些行事特点，无疑开启了他们一生讲求原则，追求真理，永远进取的人生风格。

第三，青年时代的马克思和毛泽东有影响的政治活动，都是从主办报刊开始的。

马克思大学毕业不久便主编《莱茵报》，在该报上发表的关于出版自由、书报检查令、林木盗窃法、政教分离等一系列政论文章，引起社会广泛关注。列宁在《卡尔·马克思》一文中认为，"从这些著作中，可以看出马克思已从唯心主义转向唯物主义，从革命民主主义转向共产主义"。《莱茵报》1843年被查封后，马克思又和思想战友们着手创办《德法年鉴》。毛泽东从湖南一师毕业时，就业志愿之一就是当新闻记者，曾参加北京大学新闻学研究会。"五四"运动后，他在长沙创办《湘江评论》，主编《新湖南》，所发表的《民众的大联合》等文章，引起新文化运动领导者的高度赞赏。1920年，为扩大驱逐湖南督军张敬尧的运动的影响，毛泽东还搞了一个平民通讯社。收入《毛泽东早期文稿》的132篇文章中，有七十余篇是为报刊写的。早期的新闻经历，使马克思和毛泽东比较早地懂得舆论动员的巨大作用，并熟悉和掌握了宣传规律。这是他们在以后的政治生涯中始终重视甚至亲自动手搞新闻宣传工作的一个重要源头。

第四，从思想转变的历程上讲，马克思和毛泽东都是在对当时的社会思潮进行审慎的分析研究后才创立或确立自己的理论信念的。

19世纪30至40年代的德国处于四分五裂之中，没有赶上第一波工业革命的浪潮，属于欧洲的落后和弱势国家。20世纪初期的中国，更是积贫积弱，备受帝国主义列强的欺凌。马克思和毛泽东的青年时代，都深受各种求变求新以改造社会的思潮熏染，都是在经历了对各种思潮的观察、吸收、分析和批判后，才得以确立自己的信仰。马克思先后选择和批判过涉及哲学、文化、政治、经济诸方面的"回到自然"的浪漫主义、青年黑格尔派、柏林"自由人"、"青年德意志"、"真正的社会主义"、费尔巴哈人本主义、蒲鲁东主义、空想社会主义等各种思潮。他早期的代表作《黑格尔法哲学批判》、《论犹太人问题》、《神圣家庭》、《关于费尔巴哈的提纲》、《德意志意识形态》，都是因思想论战的需要而写。青年毛泽东的政治意识是从崇拜康有为、梁启超开始的，第一次发表政见是觉得应该请孙中山当总统，梁启超当外交部长。随后，他深受各种思潮的影响，主张过呼声革命、平民主义、民众的大联合、联省自治、教育救国，更倾心于杜威的实验主义、托尔斯泰的泛劳动论、克鲁泡特金的社会互助论、武者小路笃实的新村主义等等，对各式各样的无政府主义，有的还亲身实践过。1921年1月，在新民学会长沙会员大会的发言中，他列出当时在中国流行的五种思潮供大家参考：社会政策派、第二国际的社会民主主义、列宁激烈方法的共产主义、罗素温和方法的共产主义、无政府主义。分析这些思潮的利弊后，毛泽东认为，激烈方法的共产主义"最宜采用"。

马克思从23岁大学毕业到28岁开始创立新的世界观，只用了五年时间，故恩格斯称他在思想领域"不是在走，不是在跑，而是在风驰电掣地飞奔"。青年毛泽东的探索心路，同样迅疾。他25岁走出校门，28岁参加建党，只用了三年的时间便实现了世界观的转变。马克思创立新的世界观后，仍然及时地通过分析、比较和批判各种思潮，去丰富、完善和发展他创立的马克思主义。毛泽东确立了自己的信仰以后，也是及时地通过分析、比较和批判各种思潮去实践、调整和发展中国革命的理论。

毛泽东早年的思想风景

中国人民大学萧延中先生的《巨人的诞生》，在1988年初版的时候，我曾仔细读过，并纳入了阎华、廖奔和我当时主编的一套丛书。一晃小20年过去了。社会的巨大变迁，改变或正在改变着许多事情，但似乎没有改变该书作者的学术追求，他依然孜孜于毛泽东的研究。在毛泽东研究领域的学术队伍日渐式微的今天，尚能如此坚持，多少可视为萧先生对倾情选择的精神天空的执著守望。

多年来，由于工作上的关系，我接触有关毛泽东的书籍不在少数。在为数不多的称得上学术之作的书籍中，大致可分为三类。一是生平史实研究，一是著作文本解读，一是思想理论分析。而在对毛泽东的思想理论的研究著述中，学人们所据的视野和参照也有所不同：或立足于当今的现实需要，在毛泽东的思想理论中挖掘有效资源；或依托中国革命和建设的实践进程，来考察毛泽东对马克思主义中国化的独特贡献；或着眼于西方"毛学"和中国思想史的视野来深化对毛泽东的思想个性的理解。后一类著述不多，萧先生的学术选择即为其中之一，或者说是其中的比较突出的一例。而《巨人的诞生》，则是他在这条路上迈出第一步时留下的难得的脚印。

《巨人的诞生》勾连的是毛泽东在成为马克思主义者之前的思想风景。巡看这段风景的好处是，能让人体会毛泽东后来的理论和实践那样轰轰烈烈，实在是峰岭有脉，薪传有自。几年前，我的一位研究毛泽东诗词的朋友，在给我的一封信中提出：毛泽东诗词明显受到近代诗人诗风的熏染，可惜人们很少从这个角度去探寻毛泽东诗词黄钟大吕式的英雄气概的来路。细想，他的这个说法不无道理。于大悲大患中呼唤改天换地，在林则徐、柳亚子、黄遵宪、秋瑾、鲁迅的作品中，形成了一代诗风的脉络。青年时代自谓"饱读诗书，尝立志气"的毛泽东，熟悉这些近人的作品，中年以后，也常常引用他们的诗句，在给柳亚子的信中更是直称自己的作品与柳作"诗格略近"。这是从诗词个性而言。从思想个性而言，青年毛泽东的探索，却离不开近代以来另一群人的名字，诸如《巨人的诞生》中特别分析到的梁启超、杨昌济等等。

从 1910 年走出韶山到 1918 年毕业于湖南一师，大致可视为毛泽东"修学储能"（毛泽东语），集中汲取思想资源的时期。从 1918 年到 1921 年参与创建中国共产党，则是他立足于中国的现实，把自己的选择初步运用于社会实践的时期。这十年多一点的经历，对毛泽东的一生是至关重要的。那个年代的有志青年，少有不大悲大患，少有不把自己的志向和命运摆在对国家出路的探索中来统盘考虑的。而毛泽东和后来的许多著名革命家、政治家不同的是，他的探索，不仅蕴含着改造现实的内在冲动，并外化于某些实践，同时还总是带有浓浓的学理思考，并达到相当的理论深度。在如何做人的心性之学方面，甚至还自成一套逻辑。这些，正是《巨人的诞生》用功之所在。作者对青年毛泽东思想逻辑的梳理和研究，读者或许会有不同看法，但要承认，这是一个十分必要并且具有诱惑力的学术领域，同时也是一个需要具备相当宽厚的知识背景才可能去亲近、体会和解读的精神天地。

为什么这样讲呢？我们通常说，近代中国是半殖民地半封建社会，这样的政治定位势必引出其思想文化定位问题。所谓"半殖民地半封建"社会，反映在思想观念上，就是既承受着近代资本主义各种理论和欧风美雨文化思潮的冲击，而中国固有的民族传统包括封建社会的思想文化仍在起作用。于是，近代中国仁人志士的思想探索，都无可避免地面临着传统与西方两种文化的冲突与融合，特别是在毛泽东"修学储能"的时代，这种冲突与融合之激烈程度，远远大于此前与此后。此前，中国最后一个封建王朝还统治着中国，虽然是"西学东渐"，但最有共识的选择却是"中体西用"；此后，"五四"新文化运动逐渐兴起，中国思想界对来自西方的新思潮的欢呼，呈现出无可阻挡的澎湃热情，并逐渐形成马克思主义和自由主义等少数几种比较普遍的选择。更重要的是，在毛泽东"修学储能"的时候，洋务运动以后逐步形成的在当时中国属于先进的思想文化，已经有了一个传承和延伸的谱系，诸如从魏源、郑观应到康有为、梁启超、谭嗣同、严复，到孙中山，再到陈独秀、李大钊等等，这些人的主张，事实上已成为包括毛泽东在内的当时有志学人不可能回避的，总要去咀嚼一番的精神营养。

要在这样的政治文化背景中梳理青年毛泽东的探索，并确立他的思想个性，显然不是一件容易的事情。研究者不仅需要熟悉青年毛泽东在探索中汲取的各种思想资源，同时还要对各种思想资源在近代中国的互动关系有相当了解，如此这般，才能看出毛泽东是在什么样的思想背景下进行探索的，他是怎样汲取前人的思想资源的，这些资源为什么能在他身上发生影响，以及究竟发生了哪些影响，等等。从这个角度来讲，《巨人毛泽东》的作者选择了一个需要学术勇气和知识积累的课题。

青年毛泽东同许多同时代人一样，知识启蒙是从孔孟开始的，毛泽东本人在 1964 年还说自己读了六年的"四书"、"五经"，当时"很相信孔夫子"。他在到长沙读书前所能接触进而崇拜的最新思想，则是从郑观应到康梁的主张，对康梁的一些文章，毛泽东后来说"可以背出来"。进入湖南一师之前，他又专门到省立图书馆自学半年，读了当时严复翻译的亚当·斯密、达尔文、斯宾塞、孟德斯鸠以及卢梭等人关于政治、经济、法律、哲学、伦理一批著述，算是在西学方面有了一个比较全面的启蒙。进入一师后，他又服膺于恩师杨昌济颇有新儒学色彩的伦理主张，还有近代以来的湘学士风，乃至发出"愚于近人独服曾文正"之语。对于国学传统，青年毛泽东更是用功在一般青年学子之上，内圣外王之学和程朱理学，是他津津乐道的。在一师毕业前夕，他读到德国哲学家泡尔生的《伦理学原理》，"觉得很新颖，很有道理，越读越觉得有趣味"，禁不住在十万余字的书上写了一万二千多字的批语。走出校门，青年毛泽东汲取思想资源的视野更为广阔，恰好"五四"新思潮开始席卷知识界，国外的，从各种各样无政府主义到社会主义，国内的，从蔡元培、胡适到陈独秀、李大钊，他无一不涉历、研读、辨析，有的，还躬身实验一番。

这就是青年毛泽东的思想历程。它是如此的纷繁驳杂。但驳杂不是浮光掠影，引为谈资，而是真心投入，倾力融合，由此使青年毛泽东的思考理路，虽繁杂，却有脉可寻。具体就青年毛泽东在人格道德理论的建设上来说，我们不难发现，他在一万二千多字的读德国哲学家泡尔生的《伦理学原理》的批语中，常有对他当时接触的其他思想资源所作的对照、比较和融合，关于墨子、孔子、孟子、宋明理学、王船山、颜习斋、谭嗣同、梁启超诸家思想，以及"五四"运动前夜的国事与思潮的议论和发挥，随处可见。这些议论和发挥，大多印证着他在伦理学方面的两个鲜明观点：精神上之个人主义和现实主义。待"五四"运动爆发之后，毛泽东的思想探索则明显从个体自觉延伸到了群体联合和民主自治，进而表现为他当时激情张扬的"民众大联合"和建立"湖南共和国"的鲜明主张。总体上说，青年毛泽东在思想上最重要的一个追求，就是世界和人生的"大本大源"。什么是"大本大源"？我的理解就是支配历史前进和人生进步的根本规律。当然，在毛泽东成为马克思主义者以前，这"大本大源"还是一个抽象的存在，属于客观唯心论的东西，有些类似于黑格尔的"绝对真理"。但它竟让我们体会到，青年毛泽东不同于一般有志青年的地方，是他超越枝枝节节的改良，在思想探索方面拥有罕见的彻底性。更重要的是，他从青年时代起，便树立了一个让人感佩的信念：必须要信奉自己千辛万苦求得的真理，并把它作为从根本上改革社会、完善人生的指导思想。他后来在选择了马克思主义之后，果然是这样做的。

一个留下如此思想轨迹的青年人，无论从哪个角度讲，对他日后的选择和作为，都是弥足珍贵的精神财富。每思及此，我常感慨者有二：第一，毛泽东即使后来没有成为一代革命和政治伟人，他也可能会是一位在中国近代思想史上留下自己深深印迹的大学者。第二，正是在青年时代于求新、求变、求真、求实的思想关怀中养成的禀赋，使他在后来中国革命和建设行程中能不断有所创新，并成为了中国革命首屈一指的理论家和战略家，进而创立了中国化的马克思主义——毛泽东思想。

说毛泽东是集几代仁人志士的思想探索成果为一体的人物，当不为过。或许正是考虑到这个因素，萧先生为他的这本书起了一个比较恰当的副标题——"毛泽东现象"的意识起源及近代中国政治文化的发展。

　　客观地讲，青年毛泽东的思想探索，形而上的居多。我想，这大概也是萧先生这本书写得很"形而上"的一个原因。这本书是一种思想史的写法，并刻着20世纪80年代特有的激情乃至悲情思考的浓痕。今天读起来，或许让一些青年学子感到有些异样，觉得有些表述还可以更平白一些。不过，就我对萧先生的学术旨趣的了解，改也难。好在，大学里的教授，总要体现自己的学术个性的，在研究领域，倘若没有了个性，似乎也难深化学术。

从毛泽东的境遇看中共早期领导层的变化特点

毛泽东1923年在中共三大上被选为五位中央局委员之一，负责组织工作，还兼任中央局秘书，协助中央局委员长陈独秀处理中央日常事务。当时中央的文件需委员长和秘书联合签署才能发出。可见，毛泽东在30岁的时候，便干起了党内事实上的"二把手"。可一年后，他便离开了这个岗位，此后便在党内政治生活中起起伏伏，屡受排挤和打击。一直到1935年的遵义会议，才进入核心决策层。

遵义会议前毛泽东在党内的境遇，某种程度上反映出中共早期领导层变动不稳的特点。在早期领导层中，除陈独秀作为主要创建人具有特殊地位外，其他领导人的地位是经常变化的，看不出一定之规，常常是一个人上来干一段，如果不行，再换人来干。参与决策的领导层人员，变化很大，很不稳定。总体上既有淋漓尽致的热情探索，又有众声喧哗的极端争吵，更有大浪淘沙的艰难选择。这种情况，必然使中共早期领导层在领导能力上打些折扣。对此，邓小平晚年曾谈道："遵义会议以前，我们的党没有形成过一个成熟的党中央。从陈独秀、瞿秋白、向忠发、李立三到王明，都没有形成过有能力的中央。"

怎样理解邓小平说的不"成熟"和没有"能力"？

人们首先想到的是体制，也就是说，那时候一群年轻的人领导一个年轻的政党，对自身领导人的选择还缺少成熟的机制。

从年龄结构看，在陈独秀之后主导中央决策的，基本上是不到30岁的年轻人。瞿秋白、李立三先后主持中央工作时，分别是28岁、29岁。任弼时23岁时入中央政治局，24岁便担任政治局常委。主导中央决策的王明、博古也大体是这个年龄。博古24岁便被推举为党内总负责人。作为革命家，这种年龄在信仰的激发下，敢想敢干，具有充满活力和激情的优势。而作为政治家，却正是经受历练的时候，自然还不成熟。但他们却又显得很自负。博古后来回顾自己担任中央总负责人的心态时说，"在上海中央破坏以后，由老的中央政治局委员指定我做临时中央负责人。当指定我做这个工作的时期，我并没有感到不能担任领导整个党这样的事情"，相反，"目空一切，看不起任何人，不请教任何人，觉得我比任何人都高明"，"发展了刚愎自用，不愿自我批评，不愿听人家批评"，"临时中央到了苏区以后，这个时候我只是形式上推一推，'请别的同志担负吧！'别的同志说，'还是你来吧'，我说，'好，就是我'"。毛泽东比这批人年龄大一点，但那时的个性也是针尖对麦芒。1924年他离开中央领导岗位，一个重要原因便是同陈独秀有意见分歧。1929年在红四军七大上，他担任的前委书记一职被选掉，除了因为红四军领导层意见分歧很大外，还有一个原因是大家感觉他有家长制作风，脾气大，于是转而选举28岁的陈毅。红四军八大通知毛泽东开会，毛泽东表示，是非问题不解决,就不参加会议,写信说要打倒八面玲珑的"陈毅主义"。前委据此给了他一个党内"警告"处分,命令他马上去开会。毛泽东后来也总结过当时自己的一些不足,比如,他曾讲到中央苏区时期有一次和毛泽覃争论,气急处举手就要打,毛泽覃说了一句"共产党不是毛家祠堂",对他触动很大。不少亲历者在回忆中都说到,毛泽东的这种性格是在遵义会议后开始改变的。

中共早期领导层的"不成熟",还体现在因路线之争而形成的宗派主义风气,这种风气相当程度上影响了对主要领导人作出正确的选择。

大革命失败前,中共党内虽然也常有意见分歧,但宗派主义还没有形成气候。大革命失败后,毛泽东这些到各地组织起义和创建根据地的领导人还在苦苦探索,难以对中央决策发挥影响。在中央,则先后有三拨"左"倾领导人主持工作,特别是1931年1月六届四中全会后的那一拨,主要是从苏联回国的年轻人,被称为"青年共产国际派",对中国革命的实际情况不很了解,在各个根据地也缺乏根底。他们统治中央的思想武器和决策指导思想,主要照搬苏联经验和马克思主义理论词句。这种教条主义的思想路线,反映在组织路线上,就是搞宗派。在中国革命道路的探索中,在一些重大危机面前认识不统一,本来是很正常的事情,但由于搞宗派,则常常通过所谓"反倾向"斗争来更换和选择领导人。应该说,这种做法多少是从苏联党那里学来的。王明这批人此前在莫斯科中山大学学习的时候,便耳濡目染了苏联党内斗争风气,并以此方式在莫斯科中山大学内搞宗派斗争,介入学校内部的所谓"教务派"和"支部派"的争论,一会儿反托派,一会儿反中共驻共产国际代表团,一会儿反"浙江同乡会",并逐步在莫斯科的中共成员中形成了被称为"二十八个半"这样的群体。他们回国后,当时没有任何优势,唯一的优势是拼所谓"路线"。当时的中共领导层内，似乎谁能证明自己的路线正确，谁就上台，证明不了，就下台。博古等人在六届三中全会结束不久，便写信给中共中央，抢先打出反对"立三路线"和"三中全会调和主义"的旗帜，随后宣称"党中央领导已经垮台"，要求"把那些在与李立三路线和其他错误倾向的斗争中表现坚定的同志推举和吸收到领导机关中来"。如果在反倾向斗争中，态度客观一些，冷静一些，调子低一些，即使有能力、资历和经验，也不行。例如周恩来，大革命失败后一直在中央领导层负责具体工作，三中全会时却被扣上"调和主义"的帽子。1930年12月2日，在准备四中全会的时候，米夫便给共产国际写信汇报说，周恩来、瞿秋白"遭遇到了组织严密的李立三集团，他们开始有些动摇，因而采用了调和主义。周恩来更甚一些"，信中却表扬王明等人"向中央递交声明，批判李立三路线和三中全会"。当时的中央领导层中，除了李立三、瞿秋白此前被指犯了错误外，能够发挥作用的既有一批建党初期的领导人，例如周恩来、蔡和森、张国焘等，也有项英、何孟雄、罗章龙等一批从事工人运动的领导人，这些人似乎在路线上都不能入米夫之眼，他决意要把王明这批人扶上台。从六届三中全会到四中全会，宗派性的争论最为激烈。罗章龙便是以自己的宗派反对王明的宗派，并发展为分裂中央的极端错误行为。四中全会以后，王明、博古在中央工作中体现出来的宗派意识更明显了。当然，从客观上讲，由于非常时期非常环境中的信息阻隔，他们在指导各地实践和选派干部的时候，难免主观武断，脱离实际。但从主观上讲，他们为了推行自己的主张，却也是无所顾忌地合我者用，不合我者斗，风气很不好，从而使有不同意见同时又有实际经验的上不来。他们派到各苏区的人，也是着力排挤有经验的领导人。在中央苏区，就排挤和批判毛泽东等人。毛泽东在1936年的一次政治局会议上曾谈到，

1931年的宁都会议撤掉他的军职"是缺席审判,并且不通知",完全是一种"高慢的宗派主义"。1934年1月在瑞金召开六届五中全会,同在瑞金的中央政治局候补委员、中华苏维埃共和国临时中央政府主席毛泽东不知为什么竟没有与会。五中全会后,博古等借口毛泽东"有病",要把毛泽东送到苏联去养病。好在共产国际没有同意,并回电说:"他不宜来莫斯科。必须尽一切努力在中国苏区把他治好";"对于毛泽东,必须采取最大限度的克制态度和施加同志式的影响,为他提供充分的机会在中央或中央局领导担任(相)当负责工作"。

中共早期领导的不成熟和没有能力,一个最重要的体现是作为共产国际的一个支部(30年代共产国际共有65个支部),不仅思想上受到共产国际很大影响,组织上也受到明显约束,中共早期领导人的选择,不能不考虑共产国际的态度,甚至可以说是由共产国际来主导安排的。

共产国际对中共党的领导人的主导安排,大体说来有三种方式。一是直接插手选举。共产国际负责处理中国问题的东方部负责人米夫亲自圈定出席六届四中全会的37人名单中,当时身在上海的一些现任中委和候补中委竟然不在其列,反而让王明、博古等15个从莫斯科回来的年轻人列席,并规定列席者也享有选举权和被选举权,由此为王明、博古上台做了程序上的准备。二是事后认可。遵义会议改变中央决策层结构后,就不得不先后派出陈云、潘汉年分两路远赴莫斯科向共产国际汇报,以争取认可。潘汉年出发前,博古便明确对他说:"交权不仅是交印章、文件,最重要的是要向共产国际交代,让他们批准张闻天接班。"陈、潘到莫斯科后,王明在刚刚结束的共产国际"七大"上当选为共产国际执行委员、主席团委员,事实上成为共产国际处理中国问题的主要负责人,然后又由王明派中共驻共产国际代表团成员张浩及潘汉年分两路回国，向中共中央传达共产国际"七大"文件和表达对张闻天代替博古的认可。三是仲裁纠纷。张浩1935年12月回国时，正好碰到张国焘率部在川西北另立党的"中央"，还宣布开除毛泽东、周恩来等人的党籍，下令"通缉"。在陕北的中央领导层对此分裂行为鞭长莫及，双方陷入僵局。在这种局面下，张浩以共产国际"特使"身份给张国焘发电报说，"共产国际派我解决一四方面军的问题……我已带有密码与国际通电。兄如有电交国际可代转"。这一下子就把张国焘给镇住了，他明白，在当时的组织架构下，无论搞什么样的"中央"，都绕不开共产国际的认可和支持，尽管内心不情愿，还是对张浩的电报作了正面的回应。在张浩说明"共产国际完全同意中国党中央的政治路线"后，张国焘才回电表示"一切服从共产国际指示"。这些，都反映出共产国际在中共领导人的选择上拥有的特殊影响力。

  需要说明的是，共产国际虽然支持王明、博古等人，但对毛泽东的才干和贡献也是认可的。毛泽东发表的《湖南农民运动考察报告》，引起共产国际的好评，还在机关刊物《共产国际》的俄、英、中三种文字版上译载介绍，共产国际主席布哈林称赞这个报告"写得极为出色，很有意思"。1929年朱、毛红军开辟赣南闽西根据地的时候，毛泽东的名字便在共产国际和苏共中央领导层里耳熟能详了。苏共中央机关报《真理报》多次介绍朱、毛红军的活动，并称他们俩人是"中国游击运动"的领导人，是"极为出色的领袖"。1930年9月六届三中全会补选毛泽东为中央政治局候补委员，1931年11月毛泽东出任苏维埃中央临时政府主席，1934年1月毛泽东没有出席六届五中全会仍然成为中央政治局委员，都是共产国际提议和同意的。对此，博古在1943年写的一个材料也能从一个侧面说明问题。他说1933年1月他到中央苏区前，曾向共产国际远东局负责人爱佛尔托征求过进入苏区后如何工作,包括毛泽东的工作安排。爱佛尔托回答说:"要尽量吸收毛工作,但路线必须贯彻,领导机关不可成为讨论俱乐部。""五中全会所选的政治局及书记处名单,是经国际批准并有增减的。"此后,共产国际不同意把毛泽东送到苏联"养病",坚持让他在中国党内"担负相当负责工作"。这些,渗透出共产国际对毛泽东的一个基本态度,这就是:毛泽东虽然不是中共党内决策层起根本作用的人选,但作为领导层人选是不能缺少的。

今天的人很难理解,中共早期为什么那样听从共产国际的意见。这有诸多因素,其中最根本的原因在于自己没有形成一套成熟的并且成为全党共识的关于中国革命的理论、方针和政策,只能唯"共产国际路线"是从。这种"被指导"的关系非常容易演变为"被领导"的关系,由此难以独立自主地选择出能成为全党接受的权威。毛泽东在中央苏区时期被排挤和打击,其源也盖出于此。事实上,中央初到延安时,还流行这样的顺口溜:"毛泽东的实际,王明的口才,博古的理论,周恩来的人才。"这样的概括未必准确,却反映出当时人们推崇毛泽东的实践之功,但还没有认为他是理论权威。共产党人为什么如此看重理论?一个重要原因是中国革命是一批知识分子接受马克思主义以后搞起来的,人们所崇尚的马克思、恩格斯、列宁、斯大林,也都是理论家,这在一定程度上影响到人们对中国革命主要领导人的期望和选择倾向。也就是说,如果不能在理论上、战略上说出道道来,便不大能够服人。陈独秀、王明、博古乃至张闻天等,在中共早期领导层中是以理论出名的。陈独秀作为"五四"思想界的"明星",又是党的主要创始人,不能说他没有理论。陈独秀之后,中国革命处于巨大的转变中,讲清楚中国革命道路的理论一时很难,就是出现了,也难以一下子被人们接受,于是照搬苏联经验和马列理论词句便成为主流。这是留苏学生一回来地位都很高的重要思想土壤。反观"土生土长"的毛泽东，虽然能够和善于做事情，但在引用马列理论和词句上确实比不上他们，而做的事情又常常与他们照搬的马列词句不合。博古1934年5月派人到莫斯科参加共产国际七次代表大会，并向王明等报告国内情况，就带去一个口信说，毛泽东"大事有错，小事没有错的"。大事有错，就是认为他路线方针有问题；小事没错，就是觉得他具体事情做得来。当时扣在毛泽东头上的帽子名称就是"狭隘经验主义"和"山沟沟里出不了马列主义"。

此外，从早期共产党人的品格上讲，他们中的大多数人确实没有把名义上的地位看得很重。这是中国共产党在艰难环境中没有因为领导层的经常变化而失去凝聚力的诸多原因中的一个。

关于1927年大革命失败前的情况，邓小平晚年的一个回忆很能说明问题。他讲："我们那时候的人不搞终身制，不在乎地位，没有地位的观念。比如说，在法国，赵世炎比周恩来地位高，周恩来比陈延年地位高。但回国以后，陈延年的职务最高。陈延年确实能干，他反对老子（陈独秀），见解也比别人高，他牺牲得很可惜。赵世炎回国后工作在他们之下，并不在乎。大家都不在乎地位，没有那些观念，就是干革命。"大革命失败后，一直到1943年最终明确毛泽东的政治局主席职务，主持中央工作的主要领导人都没有总书记或主席的名分，有的是以"总负责"的名义，如博古、张闻天，有的连"总负责"的名义都没有，如瞿秋白、李立三。向忠发在叛变前虽有总书记之名，但大家都知道是个摆设，做实际工作的是周恩来等人。这固然是因为环境恶劣，没有条件召开党代会进行选举，但也反映出那时的共产党人确实是把干事放在第一位。毛泽东1924年底离开中央二把手的岗位，没有参加随后召开的中共四大，由此连中央委员都没有选上。但这并没有妨碍他在国共合作时期担任国民党中央宣传部代部长，后来又担任中共中央农民运动委员会书记。1927年4、

5月间，毛泽东出席了党的五大，选出的31位中央委员中，并没有他。这年召开的八七会议，陈独秀已经不主持工作，毛泽东在会上观点鲜明，提出"政权是从枪杆子里取得的"这一著名论断，于是被选为中央临时政治局候补委员。1927年八七会议后，瞿秋白曾邀请毛泽东到上海中央工作，毛泽东拒绝了，还开玩笑说，我不去跟你们住高楼大厦，我要去当绿林好汉（指领导秋收起义），这也反映出他那时的兴趣在于实干。三个月后，临时中央因不满毛泽东把秋收起义部队带向井冈山，撤销了他的政治局候补委员之职。这种境遇，似乎也没有妨碍毛泽东、朱德率红军开辟出中央苏区的红火局面，并且担任当时最大的红军部队红一方面军的总政委。遵义会议后，博古已不适合担任中央总负责，有人提出换上毛泽东更适合一些，但毛泽东没有同意，觉得应该让张闻天出来做一段时期。有人劝博古不要"交权"，但他还是服从集体决定，把几担装有中央文件、记录和印章的挑子交由张闻天负责。不久，中央讨论派一位负责人到白区工作并和共产国际联系，张闻天主动要求离职前去，结果毛泽东等人不同意，改派陈云前往。红一、四方面军会师后，张国焘伸手要权，张闻天又主动提出让出"总负责"这个位置给张国焘，大家觉得这样做不合适，商量的结果是把周恩来担任的红军总政委职务给了张国焘。

　　这些事例透露出，那时真正的共产党人，对待自己在党内的上上下下，大体上能视为寻常之事，并取比较淡然的心态。

遵义会议后毛泽东的领袖地位是怎样确立的

毛泽东虽然在遵义会议上进入了中央决策层，但仍然要遭遇一个还没有完全成熟的政党在选择自己的核心领导时所必须的各种考验。

遵义会议出现的变局，主要不是因为当时的中央领导层在整体上对政治路线或思想路线的认识，有多大改变和提升，而是基于大家对第五次反"围剿"的失败和长征以来没有章法的溃退强烈不满，并形成了"仗不能再这样打下去"这个共识。一向谦虚稳重的朱德，甚至在发言中说出"如果继续这样的领导，我们就不能再跟着走下去"这样的重话。于是，改变领导决策层迫在眉睫。毛泽东此前在创建红军和开辟中央苏区过程中积累了很高威望，虽然屡受排挤和打击，不能参与决策，但毕竟还是中央政治局委员，还是名义上的中华苏维埃中央临时政府主席。在出席遵义会议的人员中，他和张闻天（洛甫）、王稼祥的主张也最鲜明，一批红军将领也支持他。在危急关头，大家觉得还是让毛泽东出来参与指挥更好些。

后来，人们一般都说遵义会议确立了毛泽东的领导地位，这主要是指毛泽东在中央决策层起的实际作用而言。从名义上讲，他在中央的领导地位和权威并不是遵义会议后立刻就明确起来的。遵义会议增选毛泽东为中央政治局常委后，常委有五人：张闻天、周恩来、毛泽东、博古、陈云，会议明确"以毛泽东同志为周恩来同志的军事指挥上的帮助者"。也就是说，当时党内最高的军事指挥者是周恩来，政治上则明确张闻天代替博古负总责。这个安排大体有这样一些考虑。第一，在非常时期，保持领导层的稳定很重要，只能做小幅度的调整，用原来的中央常委继续负责，大家容易接受。在此前的常委中，张闻天在遵义会议上确实唱了主角，周恩来也是此前的常委，并且还是此前的决策核心"三人团"的成员。一个掌党，一个掌军，比较合适。第二，张闻天是从莫斯科回来的，以前和王明、博古属于同一"阵营"，共产国际和王明那里也容易通过，如果用此前"左"倾教条主义者主要打击的对立面（毛泽东）来代替博古，变化太大，阻力也大，还涉及对共产国际的政治路线的看法，而这是当时很难去讨论的问题。第三，在长征途中，谁在党内负总责，并不是特别重要，关键是谁能够领导红军打好仗，只有在战争中不断得到军队拥护的人，在战争中让党和红军转危为安的人，才能真正成为党的领袖。所以，毛泽东 1943 年 11 月 13 日在中央政治局会议上回顾这段历史时说："遵义会议只集中弄清军事路线，军事领导是中心问题。组织上不久也取消了博古的中央书记而以张闻天（洛甫）代之，因为当时只有如此才能团结我们内部。"

却说遵义会议后毛泽东虽然参与军事指挥，但大家对他的地位和权威的认识并非那么明确和固定。有四个例子。第一个例子是遵义会议上，政治局委员何凯丰对毛泽东说：别人都说你打仗行，我说你不行，你只不过是按《孙子兵法》打仗。遵义会议后毛泽东指挥的第一场战斗在土城失利，博古也曾嘲讽说，"看起来，狭隘经验论者也不成"。第二个例子是1935年3月10日的政治局扩大会议上，大家都主张去进攻一个叫打鼓新场的地方，唯有毛泽东不同意，他甚至提出，如果你们坚决要去打，就辞去前敌司令部政委职务。大家说，你要辞就辞，结果就真的举手通过了他的辞职。第三个例子是在四渡赤水过程中，林彪不满意毛泽东总是让部队走"弓背"路的指挥方式，径直向中央发电报要求换彭德怀来直接指挥。第四个例子是中央红军到陕北以后，毛泽东提出过黄河东征的战略计划，决策层便争论得很厉害，多数人不赞成，原因是走了一年多，好不容易找到一个安身之所又要走，大家都怕脱离根据地。但毛泽东还是坚持东征。东征战绩不错，后头形势发生变化，又回到了西边。从这四个例子看，在非常时期，在重大考验关头，领导层内部出现不同意见，甚至出现个别人先于多数人作出正确判断的情况，实属不可避免，但从中也看出，那时候毛泽东的权威地位还没有真正树立起来，还需要一个通过实践来检验进而逐步认同和选择的过程。所以，邓小平晚年谈到第一代中央领导集体时，用语是"从遵义会议开始逐步形成的"。

到了延安，也没有平静下来。1937年底，王明从莫斯科回来，便很闹了一阵子。他一回来，便提议召开了中央政治局会议（史称"十二月会议"），作了专题报告，声称是传达共产国际和斯大林的指示，还咄咄逼人地指责中共中央此前制定的抗战路线，主张"一切经过统一战线"。毛泽东1943年11月13日在中央政治局会议上谈到这个情况时说："1937年12月会议时，王明回国，进攻中央路线，我是孤立的。当时，我别的都承认，只有持久战、游击战、统战原则下的独立自主等原则问题，我是坚持到底的。"

王明一回国就"进攻"中央路线,底气依然来自在抗战问题上觉得自己代表了共产国际的意见,而且他的身份就是共产国际执委会主席团委员和书记处候补书记,在国际共产主义运动史上,中共领导人得此职务者,只有王明。十二月会议事实上对王明的特殊地位也给予了一定程度的认可。惟其如此,除了党在抗日战争中的基本路线这个根本原则,毛泽东在有些问题上是让了步的("别的问题我都承认")。惟其如此,当时中央领导层普遍觉得王明的主张不可忽视、不好反对,多持赞成态度。周恩来在 1943 年的中央会议上,就谈过自己在王明回国后的一段时间,"对王明的机会主义和投降主义有容忍和退让的地方。"张闻天 1943 年 12 月写的《反省笔记》中也说到,自己对王明回国后宣传的那一套,一度有所"迷惑",不够"清醒"。毛泽东在十二月会议上虽然做了辩白,最终还是采取了忍让态度,服从了多数人意见,所以他说自己"是孤立的"。随后,王明到武汉,担任中共中央长江局书记,大有与在延安的中央分庭抗礼之势,甚至提出把中央全会拿到武汉去开。李维汉曾回忆说,"有一次我去看望毛泽东,他说:'我的命令不出这个窑洞。'"1996 年笔者在杭州采访江华时,江华也有过同样的回忆。

在不断的摩擦中,直到 1938 年 10 月六届六中全会前的政治局会议上,王稼祥从莫斯科回来传达共产国际的意见,说中国共产党"在领导机关中要在以毛泽东为首的领导下解决",这才明确了毛泽东实际上的领袖地位,但职务并未明确。当时,陈云等提议由毛泽东担任总书记,但毛泽东觉得时机还不成熟,没有同意把这个问题拿到六中全会上去讨论。全会以后,张闻天主动把工作逐渐向毛泽东转移。1939 年初,张闻天把政治局会议的地点从自己住的蓝家坪移到杨家岭毛泽东住的地方开,虽然仍主持政治局会议,但一切重大问题实际上由毛泽东做出决断。1939 年夏季后,张闻天开始提出把自己名义上的总负责"完全解放",实际上他也主要去做宣传教育方面的工作了。到 1940 年 5 月,张闻天索性把住处和自己负责的中央秘书处这个机构,也搬到了毛泽东住的杨家岭,事实上把党内总负责的工作全部交给了毛泽东。后来毛泽东赞叹说,"洛甫这个同志是不争权的",是"开明君主"。

在这样的情况下,毛泽东和中央依然没有对中央领导层进行正式调整。原因恐怕有两个,一是不调整也不影响毛泽东实际主持中央工作,二是毛泽东或许觉得条件仍然没有完全成熟。

所谓没有完全成熟,就是说,当时中央领导层在对待"左"倾教条主义给中国革命造成的危害这个问题上,认识上还不一致,特别是王明,还继续坚持他的主张。具体情况是,王明 1940 年不经中央同意,将他 1931 年出版的"左"倾教条主义纲领性小册子《为中共更加布尔什维克化而斗争》印发到延安及各抗日根据地,这说明他仍然坚持已被实践证明是错误的那套"左"的东西。与此同时,关于中共中央抗战以来的政策路线,虽然毛泽东在 1938 年六届六中全会上作的《论新阶段》的报告已经充分阐述,但王明并没有心服。他在会后写的一首诗中说:"相持阶段只空吟,对日屈从是实情;抗战心消反统战,诬加马列教条名。"1940 年 1 月毛泽东发表《新民主主义论》后,王明又写一首《新民主主义论——评毛泽东这篇论文的根本错误》的诗,说:"新民主主义,理论自托陈;资革成功后,资行社不行。""列义被修正,前途迷雾存。"1940 年 10 月,王明在一首题为《亲法西斯的汉奸路线》的诗中,称毛泽东主张的统一战线是"愿作汉奸缘底事,策同托派胡乱来",并在诗下加注说:毛泽东搞的是"在中国实行联日联汪反蒋的统一战线"。1941 年 9 月底 10 月初,王明还当面同毛泽东争论,提出中央的抗战路线和处理国共关系的原则,都是错误的。毛泽东 1943 年 11 月谈到这场争论时说:

"前年九月会议，提到抗战时期党的路线问题，王明坚决不承认路线错误。我说，不说路线错误也可以，但有四个原则错误，即（一）速胜论，（二）运动战，（三）对国民党只要团结不要斗争，（四）组织上闹独立性。但王明仍不承认，不久来了反攻，说他的路线是正确的，中央路线是错误的。"

除了王明的因素，毛泽东还觉得整个中央领导层结构存在着问题，由此认为进行调整的时机没有成熟。还是在1943年11月政治局会议上，他说道："遵义会议前被诬为机会主义者的，今天已变为主要领导者。但这个码头仍是四中全会、五中全会选出的中央。这是一个矛盾，已经忍耐了多少年，从前年九月会议到现在又忍耐了两年，我还要求同志们再忍耐一下，不忙解决这个问题。"毛泽东在这里指出的"忍耐了多少年"的"矛盾"，是指目前在中央起决策作用的"主要领导者"是过去"左"倾教条主义所排挤的人（当然包括毛泽东自己），但中央领导层的整体班子（"码头"），却是"左"倾教条主义统治中央时形成的，由此还有不甚协调的地方。为此，必须在领导层当中彻底弄清是非，从思想上解决问题。从1941年9月起，开始在高级干部中进行整风学习活动，这个活动随后在全党普遍展开。

经历逆境的毛泽东深知，要使党成熟，必须要靠思想理论建设。一到陕北，他就发愤地读书学习和写作，先是写《中国革命战争的战略问题》这类总结土地革命经验教训的著作，然后又在哲学方面发表《矛盾论》和《实践论》，军事战略上写出《论持久战》，最重要的是《新民主主义论》，回答了中国革命的性质、目的、方法、对象以及我们要建立什么样的社会等等，在文化上还有《在延安文艺座谈会上的讲话》。这些著述，渐渐把中国革命的基本模样说得清晰起来。与此相应，通过整风学习运动，逐步弄清了土地革命时期以来的路线是非，毛泽东的权威地位也就逐步明确并在全党形成共识。

毛泽东在理论上的成熟和建树，对中央领导层产生的影响是不言而喻的，甚至可以说，从根本上改变了党内领导层对毛泽东的认识。1941年10月8日，陈云在中央书记处工作会议上发言说："过去我认为毛泽东在军事上很行，因为长征中遵义会议后的行动方针是毛泽东出的主意。毛泽东写出《论持久战》后，我了解到毛泽东在政治上也是很行的。王明回国后自以为政治上高明，对中央不尊重，犯了许多错误。我素来对王明是尊重的，但对他武汉时期的许多做法不同意。"这年10月22日，陈云在中央政治局会议上又讲："遵义会议前后，我的认识有一个过程。会前不知道毛主席和博古他们的分歧是原则问题，对毛主席也只是觉得他经验多。遵义会议后，开始知道毛主席是懂军事的。红军南渡乌江后，方才佩服毛主席的军事天才。到莫斯科及回国后直至十二月会议，在独立自主问题上、徐州会战问题上，对毛主席有了更多的了解，认识到他是中国革命的旗帜。"1942年6月30日，刘少奇在中共中央山东分局纪念"七一"干部大会上讲，毛泽东是"精通马列主义和中国实际情况为每一个党员所拥护的党的领袖"。这年7月，张闻天在陕北、晋西北从事农村调查期间，也对身边的同志说道："中国革命21年来最大收获和最大成果，就是在长期革命斗争中，形成了久经考验的、英明正确的党的领袖毛泽东同志的正确领导。"

比毛泽东那一代资格更老的革命家吴玉章，在其回忆录里的分析大概是最精辟也最到位的了。他说："《论持久战》的发表，使毛泽东赢得了全党同志发自内心的、五体投地的赞许、佩服甚至崇拜，从而最终确立了在党内无可替代的领袖地位和崇高威望。"在这之前，毛泽东在全党的领导地位"并不十分巩固"，"教条主义者们认为，毛泽东马列主义理论修养不足，内心并不服气，《论持久战》的发表，毛泽东以他对马克思主义哲学的娴熟应用和对抗日战争的透彻分析，征服了全党同志特别是高级干部的心。全党感到十多年曲折的历史，终于锻炼并筛选出自己的领袖。这种感情上对毛泽东领袖地位的认同与拥戴，与一般的组织安排绝不可同日而语。"

1943 年，终于水到渠成，在组织程序上巩固和确认了毛泽东的核心领导地位。标志是这年 3 月 20 日中央政治局会议通过《中共中央关于中央机构调整及精减的决定》。决定说："在两次中央全会之间，中央政治局担负领导整个党工作的责任，有权决定一切重大问题。政治局推定毛泽东同志为主席"。"凡重大的思想、政治、军事、政策和组织问题，必须在政治局会议上讨论通过"。"书记处是根据政治局所决定的方针处理日常工作的办事机关，它在组织上服从政治局，但在政治局方针下有权处理和决定一切日常性质的问题"。"书记处重新决定由毛泽东、刘少奇、任弼时三同志组成之，泽东同志为主席"。书记处"会议中所讨论的问题，主席有最后决定之权"。

毛泽东的中央政治局和书记处这两个"主席"职务的确定，标志着从遵义会议后毛泽东在全党的领导地位不仅在思想上、政治上，也在组织上、体制上最终巩固和完成。

也是在 1943 年，发生了几件重要的事情，进一步巩固和明确了毛泽东在全党的核心领导地位。

第一件事，是共产国际解散。1943 年 5 月 20 日，季米特洛夫致电毛泽东，通报关于共产国际主席团将于 22 日宣布解散共产国际一事。翻译师哲把这封电报送给毛泽东时，毛泽东兴奋地说："他们做得对，我就主张不要这个机构。"通俗地说，头上没有了"太上皇"，无疑更有利于中共能够独立自主地按照中国实际情况来处理中国革命问题，也有利于中央领导层更权威地发挥对全党的凝聚作用。

第二件事，是中央其他领导人提出了"毛泽东思想"这个概念。1943年3月，蒋介石出版了《中国之命运》一书，提出"没有国民党就没有中国"，把共产党领导的军队说成是新军阀，强调一个主义，一个政党，一个领袖。国民党方面还乘共产国际解散之机，制造舆论，要求解散中国共产党，取消边区，同时调集二十多个师的兵力，准备向边区发动突然袭击，形势十分严峻。这时候，中共必须强化内部的团结和统一，确立并高扬自己的思想旗帜。于是，1943年7月5日，王稼祥在延安《解放日报》发表文章提出："中国共产主义，毛泽东思想，便是马克思列宁主义与中国革命运动实际经验相结合的结果"，文中还称毛泽东是"我党英明领袖"。第二天，刘少奇在延安《解放日报》上发表文章，提出"应该用毛泽东同志的思想来武装自己"。这样，毛泽东不仅成为政治领袖，也是全党名副其实的思想领袖了。

第三件事，是1943年9月到11月，中央政治局召开多次会议，总结历史经验，对抗战以来王明的路线错误开展了严肃的批评，在思想认识上达成空前共识。在这一过程中，中央领导层纷纷表态，对毛泽东的历史贡献和领袖地位给予了充分的认可。

9月，博古在政治局会议上明确表示：武汉时期（1938年）有两条路线，一条是毛泽东为首的党的正确路线——布尔什维克路线；一条是王明在武汉时期的错误路线——孟什维克的新陈独秀主义。

10月6日，从井冈山时期起就和毛泽东患难与共的朱德，在政治局会议上说：毛泽东是一个"有魄力、有能力，遇到困难总能想出办法"的人。有毛泽东领导，各方面都有发展。照毛泽东的方法办事，中国革命一定有把握胜利。"我们这次学习，就要每人学一套本事，主要学好毛泽东办事的本事。"

11月15日，周恩来在政治局会议上说："做了二十年以上的工作，就根本没有这样反省过。经过这几年的实践，对毛泽东的领导确实心悦诚服地信服。"事实上，周恩来在8月2日从重庆回到延安，就发表了一个演说，其中讲："有了毛泽东同志的领导和指示，这三年来许多紧急时机、许多重要关键上，保证了我们党丝毫没有迷失了方向，没有走错了道路。""没有比这三年来事变的发展再明白的了。过去一切反对过、怀疑过毛泽东同志领导或其意见的人，现在彻头彻尾地证明其为错误了。""我们党二十二年的历史证明：毛泽东同志的意见，是贯串着整个党的历史时期，发展成为一条马列主义中国化，也就是中国共产主义的路线。"这段话收入了《周恩来选集》。

11月下旬，在中央苏区时期曾经说"山沟沟里出不了马列主义"的任弼时，在中央高级学习组会上说：去中央苏区前，对毛泽东已有右倾的印象。到中央苏区后，正遇反"围剿"，认为毛有独特见解，有才干，故后来推毛为中央局代书记。但同时认为毛讲反对本本主义，讲没有调查就没有发言权是"轻视理论"。1938年到莫斯科及回国后，阅读了毛泽东的《论持久战》《新民主主义论》《论革命战争的战略问题》，又看到毛泽东在处理国共关系、领导整风运动以及对各种政策之掌握，对毛泽东则完全"爱戴佩服"，而且认识到他一贯正确是由于坚定的立场和正确的思想方法。

12月，张闻天在其《反省笔记》中写道，从9月中央政治局会议以来，"给我思想上的转变帮助最大"，"我从党史上发现了毛泽东同志的路线是中国党的真正的布尔什维克的路线，而我从莫斯科带来及四中全会后中央当权时所发挥的一套是完全错误的"，"毛泽东同志，不但是我党的政治家、军事家，而且是理论家的这个观点，也就是这个时候建立的，我对毛泽东同志心悦诚服的感觉，也是从此时发展起来的"。

大势所趋，人心所向，自然也影响到王明。王明称病没有参加这期间的政治局会议，毛泽东多次去看望他，并派人向他传达政治局会议精神，听取他的意见。12月1日，王明的妻子孟庆树代笔为王明写了致毛泽东和中共中央的信，不管是诚心之举还是应付之辞，他在信中终究表示："我完全放弃我自己的那些意见"，"重新学起，改造自己的思想意识，纠正自己的教条宗派主义错误，克服自己的弱点"。

历史的选择，由此尘埃落定。

如果还要说几句，上述过程，确是给后人留下一些启示。一个领导团队同它的核心人物是共生同构的。领导团队什么时候形成，它的核心人物就什么时候产生；领导团队成熟到什么程度，其核心人物就成熟到什么程度；团体内部的思想认同和感情联系达到什么程度，核心人物和领导团队的关系就紧密到什么程度。结果是：有什么样性质和水平的团队，就有什么样性质和水平的核心人物；有什么样的核心人物，就干出什么样的事业。

国共两党领袖人物与黄帝陵

1937年的清明节，对陕西省黄陵县桥山的黄帝陵来说，是一个很特殊的日子。经历十年内战，共处民族危亡之秋的中国共产党和中国国民党，同时派代表来祭奠血脉祖先。中国共产党方面，以中华苏维埃政府主席毛泽东、人民抗日红军总司令朱德名义致祭，祭文是毛泽东撰写的，代表是曾为国民党早期党员的林伯渠。中国国民党方面，则以其中央执行委员会名义致祭，代表是张继、顾祝同。祭文不知何人所写，致祭那天，顾祝同去了茂陵，未曾到场。

两党的祭文，均为四言古体。国民党的祭文32句[1]，除祭文小序"焕发我民族之精

---

[1] 国民党中央执行委员会的祭文全文为："维中华民国二十六年民族扫墓之期，追怀先民功烈，欲使来者知所绍述，以焕发我民族之精神，驰抵陵寝，代表致祭于我开国始祖轩辕黄帝之陵前曰：粤稽遐古，世属洪荒；天造草昧，民乏典章。维我黄帝，受命于天：开国建极，临治黎元。始作制度，规距百工，诸侯仰化，咸与宾从。置历纪时，造字纪事；宫室衣裳，文物大备。丑虏蚩尤，梗化作乱；爰诛不庭，华夷永判。仰维功业，广庇万方；佑启后昆，恢廓发扬。追承绩猷，群情罔懈；保我族类，先灵攸赖。怀思春露，祀典告成；陈斯俎豆，来格来歆！"

神"一语尚有些现实感外，其他都显得很程式化。通篇限于追述黄帝功业，未提团结抗日之事，篇末提到，"追承绩猷，群情罔懈；保我族类，先灵攸赖"，似也点而未透，让人觉得执笔者像是在做例行公文。毛泽东写的祭文56句①，用8句概括黄帝的伟业，其余均写中华民族的现实遭遇和中国共产党对时局的看法。全篇昭告明志，一切以国家和民族的现实命运为念，"万里崎岖，为国效命"的情怀更是溢于言表，同时呼吁各党各界，求同存异，同仇敌忾，共御外侮，使赫赫始祖之伟业，如凤凰之再生。此番告祭情怀，可为历代祭文之拔萃者，说其在国民党祭文之上，当不为过。

毛泽东很重视这篇祭文。他在3月下旬即已写好，并于29日寄给曾以《大公报》记者身份到陕北采访过的范长江，希望他"可能时祈为发布"。但不知为什么，这篇祭文没有在国统区的报刊上发表出来。更耐人寻味的是，查国统区当时有影响的报纸，《大公报》4月5日发表了国民党中央的祭文，4月6日的《大公报》、《申报》和天津《益世报》，均报道了张继等祭谒黄帝陵以及其他人祭扫明孝陵的消息，而对毛泽东、朱德派林伯渠致祭黄帝陵一事都只字未提。只有《益世报》很蹊跷地来了一句："陕甘边区新编军队，亦派代表四人

---

① 毛泽东、朱德的祭文全文为："维中华民国二十六年四月五日，苏维埃政府主席毛泽东、人民抗日红军总司令朱德敬派代表林祖涵，以鲜花时果之仪致祭于我中华民族始祖轩辕黄帝之陵。而致词曰：赫赫始祖，吾华肇造，胄衍祀绵，岳峨河浩。聪明睿智，光被遐荒，建此伟业，雄立东方。世变沧桑，中更蹉跌，越数千年，强邻蔑德。琉台不守，三韩为墟，辽海燕冀，汉奸何多！以地事敌，敌欲岂足，人执笞绳，我为奴辱。懿维我祖，命世之英，涿鹿奋战，区宇以宁。岂其苗裔，不武如斯，泱泱大国，让其沦胥。东等不才，剑屦俱奋，万里崎岖，为国效命。频年苦斗，备历险夷，匈奴未灭，何以家为。各党各界，团结坚固，不论军民，不分贫富。民族阵线，救国良方，四万万众，坚决抵抗。民主共和，改革内政，亿兆一心，战则必胜。还我河山，卫我国权，此物此志，永矢勿谖。经武整军，昭告列祖，实鉴临之，皇天后土。尚飨。"

1937年清明时节，毛泽东、朱德派林伯渠与国民党的代表一起前去祭扫黄帝陵，图为毛泽东亲自撰写的《祭黄帝陵文》，摘自《毛泽东画传》第116页，中央文献出版社2003年版参加，以示尊崇整个民族祖宗之意。"那时国共两党正在谈判，红军尚未纳入国民革命军序列，朱德用的还是"人民抗日红军总司令"的名义，何来"新编军队"一说。此番曲笔，尚待考证。

毛泽东的《祭黄帝陵文》，是在延安《新中华报》当年4月6日一篇题为《苏维埃代表林伯渠参加民族扫墓典礼》的报道中披露的。该报是苏维埃中央政府机关报，当时还是蜡版刻写，发行量很少。在这篇祭文前，有几句话点明此次祭祀活动的意义："苏维埃政府代表苏区内全体公民，为对中华民族之始祖致敬，并表示誓死为抗日救亡之前驱，努力实现民族团结计，特于五日派遣代表前往参加。"

1939年2月7日毛泽东为延安《新中华报》题词，摘自《毛泽东题词手书珍集》第136页，中央文献出版社2001年版

1939年4月毛泽东为延安《新中华报》题词，摘自《毛泽东题词手书珍集》第102页，中央文献出版社2001年版

"誓死为抗日救亡之前驱",正是毛泽东《祭黄帝陵文》的要旨所在。1937年8月22日,红军改编为八路军一事公开见报。中共中央政治局同时在洛川举行扩大会议,讨论八路军开赴对日作战前线等事宜。洛川离桥山不远,8月25日会议结束后,八路军总指挥朱德、副总指挥彭德怀、政治部主任任弼时一行拜谒了黄帝陵。据《任弼时年谱》记载,此时轩辕庙内的供案上,还陈列着毛泽东手书的《祭黄帝陵文》。他们一边阅读,一边交谈,任弼时说了一句名言:"这是我们开赴前线的《出师表》哩!"说起诸葛亮北伐中原前向蜀汉后主刘禅上书明志的前后《出师表》,人们不难想到其中的一些名句,诸如"此诚危急存亡之秋也";"当奖帅三军,北定中原,庶竭驽钝,攘除奸凶,兴复汉室,还于旧都";"受命之日,寝不安席,食不甘味,思惟北征";"鞠躬尽瘁,死而后已"等等,这些同毛泽东《祭黄帝陵文》所言之事虽异,情志却相类。视毛泽东《祭黄帝陵文》为中国共产党及其军队奔赴抗日前线的《出师表》,也是一个比较恰当的定位。

毛泽东与黄帝陵的故事还没有完。1955年,南洋华侨领袖陈嘉庚赴西北参观,顺谒黄帝陵,10月9日给毛泽东写信反映:陵庙无人看管,庙宇木料多已腐坏,势将倾塌。院中草地,多为农民耕种,陵山附近,私坟如鳞。回忆1940年访延安时,亦曾谒陵,"当时陵庙山树均有专人看管,庭院整扫清洁,古树逢枯补植,鉴今想往,不胜差异"。"窃以为黄帝陵乃我国民族历史遗迹,解放后我人民政府对历史文物及各处寺庙,尚且保护修饰,而黄帝陵庙竟任荒废,或中央主管部门因偏僻未暇顾及。"11月1日,毛泽东读到这封信,批示周恩来阅后交有关部门处理,并说:"我看陈先生的提议是有道理的。"阅读中,毛泽东还在信中"当时陵庙山树均有专人看管,庭院整扫清洁,古树逢枯补植,鉴今想往,不胜差异"诸句旁画了竖道，似对新中国成立后无专人看管清扫有所不满。根据毛泽东的意见，周恩来明确批示："黄陵应明令保护和整修。"1962年，国务院把黄帝陵列为古墓葬第一号，公布为全国重点文物保护单位，接着又拨款对黄帝陵庙进行了一次全面整修。

在国民党方面，值得一提的是，辛亥革命前夕，曾有一批同盟会会员到黄帝陵前盟誓，立志"扫除专制政体，建立共和国体"，至今还保存有他们在陵前盟誓的照片。辛亥革命后，孙中山于1912年3月曾委派一个由15人组成的代表团赴黄帝陵致祭，还以中华民国临时大总统的名义，写了篇祭文让代表团在黄帝陵前宣读。文曰："中华开国五千年，神州轩辕自古传。创造指南车，平定蚩尤乱。世界文明，惟有我先。"这份祭文取名《黄帝赞》，手迹已经遗失。其中"世界文明，惟有我先"一句，体现出强烈的民族自信心和自豪感，成了孙中山推崇和理解黄帝的名言。

在国民党要人中，于右任先生的黄帝情结也颇让人感佩。他1918年回陕祭陵，返南京即约友人搜集整理先秦以来有关黄帝事迹和传说的记载，花十数年时间，分目编纂，详加考证，辑成一书，取名《黄帝功德纪》，于1935年出版。1942年冬，当时任国民党总裁兼国民政府行政院长和军事委员会委员长的蒋介石，曾题写"黄帝陵"三字，刻成高大石碑，立在黄帝陵。前述陈嘉庚给毛泽东的信中，还说看到"蒋中正题"几个字，建议换下来，后来有关部门接受这个建议，请郭沫若重写了一碑。这也算是一个小插曲吧。黄帝陵如今已恢复了蒋介石的书碑。

这样，在黄陵轩辕庙里，便有四座石碑格外引人注目。西侧二座，前边是毛泽东《祭黄帝陵文》，后边是邓小平在20世纪80年代题写的"炎黄子孙"四个大字。东侧二座，前边是孙中山的《黄帝赞》，后边是蒋介石的"黄帝陵"三个大字。如此安排，确也让人感慨多多。中华儿女之间，不分党派政见，不管居住何地，无论是身处战乱，还是躬逢和平，他们都拥有一个不能割断的精神纽带——被称为人文始祖的炎、黄二帝。

中华儿女自称"炎黄子孙"。有史可考的祭祀黄帝的活动，最早为战国初年的秦灵公。汉初建轩辕庙，唐朝正式把祭祀纳入国祭。对炎帝的祭祀，则始于唐朝，宋初在湖南茶陵县修陵建庙（陵庙所在地后划归酃县，今改名炎陵县），并形成朝廷御祭定例。在民族大融合时期，炎、黄二帝起着"协和百族，揖睦四邻"的整合作用。在国家遭遇外侮或处于低谷的关头，他们又是凝聚民族力量渡过难关的精神动力。在和平发展时期，人们寻根祭陵，也是要发扬光大人文始祖开拓进取、自强不息的精神。

大陆实行改革开放政策后，更为注重炎、黄二陵的修缮和保护。20世纪80年代开始修复炎陵，时任中共中央总书记的胡耀邦在1985年题写了"炎帝神农氏之墓"的墓碑。1987年6月19日，炎陵修复工程指挥部派人请陈云题词，把炎帝陵资料送交于若木时，于若木说："陈云同志年纪大了，又有病，他一般不肯再题词了。我等他精神好点的时候把材料送给他看，争取为炎帝陵题词。"结果，第二天，陈云就题了"炎黄子孙，不忘始祖"几个字，并说：别的词不再题了，炎帝陵的词是要题的。到90年代，中央领导同志又指示对黄帝陵进行了大规模的整修，面积扩大了许多。1993年4月，江泽民为黄帝陵题词："中华文明，源远流长"。同年9月，又为炎帝陵题写"炎帝陵"陵款，并写了横、直两幅。

与此同时，包括台湾在内的海外同胞，祭祀炎、黄二陵，更是不绝如缕。人们记忆犹新的，自然是台湾的中国国民党和从国民党分裂出来的亲民党、新党三党领导人，在2005年春夏先后率团参访大陆，其意也是寻民族之根，搭两岸之桥。中共陕西省委书记送给国民党主席连战的礼物中，便有一件精美的青铜制品"轩辕圣土簋"，簋中所盛之土，即采自黄帝陵。亲民党主席宋楚瑜在黄帝陵前宣读的祭文中，则有"兄弟扶持成大业，廿一世纪振八荒；炎黄子孙不忘本，两岸和平一家亲"诸句。

显然，炎黄在今天已成为增强海内外中华儿女的凝聚力，为实现民族复兴团结奋斗的一个象征。题写过"炎黄子孙"的邓小平，便是从这个角度来阐发和运用这四个字的。1983年10月21日，邓小平会见蒋经国早年在莫斯科中山大学的同班同学高理文时，专门询问了蒋经国的近况，并说：你看我们有希望联合起来吗？我带信给台湾的老人，我说我们老一辈来解决这个问题，至少我们有一个共同点就是都是炎黄子孙，这个观念比年轻人更明白，这是我们共同的语言。1988年6月25日，邓小平会见台湾客人时说：实现国家统一是所有炎黄子孙的共同愿望，反对任何导致台湾独立的言论和行动。双方应明确建设现代化，发展经济改善人民生活，振兴中华是人民的愿望。一个是政治统一，一个是发展经济，使中华民族立于世界之林。1990年6月11日，邓小平会见香港的包玉刚时说：大陆和台湾要解决统一问题，这样全民族就都发展起来了。许多人不懂得这是炎黄子孙难得遇到的机遇。

如果说，毛泽东的《祭黄帝陵文》，是民族危亡时刻炎黄子孙抗击外侮的《出师表》，那么，邓小平历次所谈所念，则可视为炎黄子孙的"统一歌"和"复兴曲"。

"韩荆州"在哪里？

1945年4月25日，毛泽东在党的七大上作了一个很长的口头政治报告。在谈到1942年的整风时，他说起了那时知识分子的情况："当时很多文化人总是和工农兵搞不到一起，他们说边区没有韩荆州。我们说边区有韩荆州，是谁呢？就是吴满有、赵占魁、张治国。这个故事可以说一下。唐朝时，有一个姓韩的在荆州做刺史，所以人们把他叫作韩荆州。后来有一个会写文章的人叫李太白，他想做官，写了一封信给韩荆州，把他说得了不起，天下第一，其实就是为想见韩荆州，捧韩荆州就是为了要韩荆州给他一个官做。因此就出了'韩荆州'的典故。那时延安有很多人想找'韩荆州'，但是找错了方向，找了一个打胭脂水粉的韩荆州，一个小资产阶级的韩荆州，就是《前线》里的克里空。他们找不到韩荆州在哪里，其实到处都有韩荆州，那就是工农兵。工人的韩荆州是赵占魁，农人的韩荆州是吴满有，军人的韩荆州是张治国。广大的党员还认识不清这个问题。"

引起毛泽东关注的"韩荆州话题",缘自诗人艾青1942年3月31日发表在延安《解放日报》副刊上的杂文《了解作家,尊重作家》,文章的结尾一句说:"让我们从最高的情操上学习古代人爱作家的精神——'生不用封万户侯,但愿一识韩荆州'。"艾青的话,反映了知识分子渴望得到理解和尊重的心情,其中也透露出当时到延安的一些知识分子在寻找干事业的立足点上,还有些困惑。

首先对"韩荆州话题"作出回答的是朱德。他在1942年5月的延安文艺座谈会上说:要看得起工农兵。现在的"韩荆州"是谁呢?就是工农兵。当时对"韩荆州话题"比较一致的解决思路,是要求知识分子与工农兵相结合,才会更有作为和成就。朱德如此,毛泽东三年后的看法也是如此。他列举的工农兵"韩荆州",赵占魁是农具厂的司炉工,吴满有是逃荒到延安的农民,张治国是八路军警备第三旅的一个副班长,三人都被评为陕甘宁边区的劳动英雄。

"韩荆州"这个典故的来历,确与知识分子渴望干些事业却又致仕无门有关。中国古代士人阶层多具有强烈的社会责任感与使命感,企盼拥学从政,藉此建功立业,拯时济世,安身立命。在唐代,一些尚未入仕的学子,多向社会名流和权贵上书自我推荐,若能得到他们的赏识和引见,不失为做官的一条捷径。有些官员也以援引才能之士为己任,担任过荆州长史的韩朝宗就是其中之一。他因向朝廷举荐了严适之、崔宗之、房习祖等名士,而享有奖掖后学的美名。唐开元年间,30岁出头的李白滞居安陆,苦于没有出路,便给韩朝宗写了封信,即有名的《与韩荆州书》。在信中,李白一上来就对韩朝宗大加赞誉:"白闻天下谈士相聚而言曰:生不用封万户侯,但愿一识韩荆州。何令人之景慕一至于此。"当然,写信的正题是自我推荐:

"幸愿开张心颜,不以长揖见拒。必若接之以高宴,纵之以清谈,请日试万言,倚马可待。"其入朝为官心情之迫切、对韩朝宗寄予的厚望,跃然纸上。然而,这位提携了不少后学的韩朝宗并没有推荐李白,具体原因不得而知。也许韩朝宗认为李白虽然才华横溢,但任情不羁,书生气太浓,并不具备做官的素质。从历史记载看,韩朝宗虽没有太突出的政绩,品行倒还端正。看来,他也不是随便向朝廷推荐人才的。

李白走"韩荆州"之路没能遂愿,但古往今来在这条路上走的人不绝如缕,并留下一个让人思考的话题。能寻得安身立命去处的"韩荆州",究竟在哪里?人们容易想到的,大体有两处,一是靠掌握权力的人识拔,一是靠掌握舆论的士子们捧场。前者如韩朝宗,后者即毛泽东说的那个苏联话剧《前线》中的记者克里空。那位克里空是派到前线采访的记者,他靠捕风捉影、捏造事实写宣传文章,而前线总指挥戈尔洛夫却很欣赏他,让他为自己写了一些华而不实的形象宣传文章。后来"克里空"便成了说空话、假话的记者的代名词。毛泽东所以想到"克里空"这个形象,是因为延安《解放日报》曾在1944年连载过《前线》这个剧本,还配发了一篇社论《我们从考涅楚克的〈前线〉里可以学到什么》,而这篇社论是经毛泽东大量改写和加写的。在毛泽东和朱德看来,无论是"韩荆州"还是"克里空",似乎都不是正途,他们为延安的知识分子指出的正途,是走向人民群众。只有人民群众,才是真正可靠的"韩荆州"。

需要说明的是,毛泽东和朱德都是把"韩荆州话题"作为党员干部队伍建设问题来看待的,也就是说,他们不是泛泛地要求所有的知识分子如抗战时期在国统区的教授和文化人,都必须到工农兵那里去寻找自己的立足点。事实上,毛泽东在七大口头政治报告中谈及此事，也是从党员如何处理"个性与党性"的关系这个角度提出来的。当时指明的这条路，对党员知识分子后来的发展确实起了重要作用。1943年2月，艾青创作了长诗《吴满有》，艾青在诗后写了一个附记，颇有意思。他说，他1943年春节到延安吴家枣园向吴满有当面征求意见，"不一会，同庄子的人都来了，他的窑洞里人站得满满的。我把《吴满有》拿出来念给他听——这是我找他的目的，我坐在他身边，慢慢的，一句一句，向着他的耳朵念下去，一边从他的表情来观察他接受的程度"。原有一句"人们叫你老来红"，因吴满有非常不喜欢，就删掉了。艾青由于写了这样一些作品，后来被评为边区甲等模范工作者。

艾青的困惑解决了，"韩荆州话题"在今天是不是就过时了呢？或者说，"韩荆州话题"是不是仅适用于知识分子呢？对从政者来，甚至可套用老话讲，"自古已然，于今为烈"。无论是举荐别人，还是求助于有社会名望之人推荐自己，这在任何社会都是常有的事。一个干部想有一个更好的平台干点事，更无可厚非。各级"韩荆州"要有伯乐胸怀，扬清激浊传正声，自当提倡。但问题依然在于，施展抱负才干的根基，恐怕还是在实践，在实践就离不了老百姓这些"韩荆州"的支持，施展抱负才干的目的，也应该是为了这些"韩荆州"们。正像毛泽东1944年8月12日在修改一篇文章时说的那样："一切问题的关键在政治，一切政治的关键在民众，不解决要不要民众的问题，什么都无从谈起。"如果只走"韩朝宗"们的路子，根基是不会牢固的，且于人于己都是难堪之事。倘若碰上个尚有些分寸，头脑也还清醒的"韩朝宗"，大体也不会管用。

一封电报的解读

1944年7月28日，毛泽东给七个地方的中央局或中央分局负责人发了一封不短的电报。电文开门见山："下列问题，请予电复。"

哪些问题呢？计有十个：

（一）经过时事教育、整风、反特、减租之后，对于党外人士的团结、"三三制"的推行是否生长了一种"左"的现象？党外人士是否对我们发生不满，其不满之点主要是什么？他们是否感到有职无权，如何使他们有职有权？如何使他们经过参议会、座谈会、参加政府工作与社会事业，把他们进一步团结起来？同时，右的现象是些什么？（二）减租中的偏向，明减暗不减是否还存在，减租是否还应定为今年的任务？同时，减租中的过"左"现象是些什么？（三）拥政爱民与拥军优抗两项工作是否较前进步，两项工作的缺点各是什么？（四）据你们看，秋冬军队轮番大整训可能性如何,你们是否已在着手研究此事?现在军队军事与政治工作两方面的主要缺点是些什么?(五)民兵工作的缺点是什么?是否还有大量发展的可能性?如何使民兵及地雷战普遍大量发展?并如何使战斗与生产相结合在民兵运动中完全实现?(六)沦陷区、接敌区合法与非法工作相配合的工作是否有更大发展?赤白对立现象是否发生过及如何克服的?(七)据你们看,中央对城市工作指示其实现的可能性如何?你们是否已在着手研究此项工作?(八)经过今年大生产运动后,是否可以酌量减轻人民负担?例如减轻百分之十至二十,是否不致损害财政支出?(九)在今年部队、机关生产发展基础上,是否已经看得见战士及工作人员的生活有了相当改善?或者还是很苦的?同时,在我们帮助农民发展生产方面,是否已经看得见农民收益的增长?农民对于安家计划、互助组织及合作社的态度如何?在这些工作中存在的命令主义是否很严重?全根据地粮食、棉花及各项工业品其自给程度及可能性如何?(十)对于将民众团体的工作在减租减息后转到领导各界人民发展生产、文化、卫生方面,你们意见如何?据你们看,是否只在作了这种转变后,民众团体(各救)的工作人员才有事做,才不是空架子?各地是否正在作这种转变?

电文最后说:"以上十项问题,请作一次或分作几次答复(每项不必太详,以能扼要说明问题为限),以便中央在今年秋能对其中几项工作作恰当的指示。"

一封纯粹工作性质的电报,粗看似无奇处。通常情况下,面对历史文献,特别是一些指示性、决策性的历史文献,人们大多比较关注它记载的内容,重视文献的写作者下了哪些指示,做了什么样的决策。就毛泽东的这封电报来说，其所列问题，已成为历史，如果不是专门研究那段历史，大多不会在意，不会去思考求解，至多是觉得电文密集地提供了1944年7月毛泽东关注的问题，展示了中国共产党在各抗日根据地开展工作的具体内容。

但是，如果我们换一个角度解读这封电报，譬如，从电文不经意间传达出来的领导思想和工作方法的角度去解读，或可发现一些可圈可点的地方。

这封电报的主要目的很明确，就是为使中央在秋天"能对其中几项工作作出恰当的指示"，即为制定正确的政策寻求依据，作一个调查。这是电文写得俨然如一篇调查提纲的根本原因。同时，从电文急切直露的问句来看，又仿佛是毛泽东在梳理自己思考的或感觉到需要解决而目前尚未有成熟和明确判断的问题。把这些问题同各个根据地的负责人通通气，吹吹风，既可以请在一线工作、更了解实际情况的地方负责人帮助想办法，也可以使分散各地的他们及时了解中央考虑和关注的事情，知道中央下一步制定政策的重点将放在哪些方面。这样做，显然有助于具体指导和促进各地的工作，有助于促成中央和地方的良性互动。

电文的内容和写法更值得一说。

第一，电文所列问题，对各地负责人的工作作风和工作水平，是一个检验。毛泽东当时想要了解的，不是单个方面的工作情况。从"三三制"民主政权的建设到要求地主减租的经济政策，从军队整训到民兵和群众团体的工作现状，从城市工作到敌占区、沦陷区工作，从部队机关的大生产运动到农民对互助组、合作社的态度以及粮食、棉花的生产数量，从人民的经济生活到文化卫生事业，涉及中国共产党在抗日根据地工作内容的方方面面。凡此种种，既要求反映某些政策下发后的执行情况，又要求回答执行过程中出现的新情况和新问题，同时还要求发表对这些新情况的看法和解决新问题的思路。怎样回答这些内容，对接受电报的负责人来说，自然是个挑战，不能草草就章，非得下点工夫不可。毛泽东还要求"每项不必太详，以能扼要说明问题为限"。显然，平时如果高高在上，不了解情况，不勤于思考问题，就难以回答或回答不好；平时不注意学习，不熟悉中央的各项政策，也难以回答或回答不好。

第二，提出的问题都很明确具体，直奔主题，防堵了虚与应付的可能。整个电文不穿靴戴帽，没有关于形势和任务的阐述，也没有一句说到所列的这些问题多么多么重要，关系到什么什么。每一句话都是一个问号，如若细数，这十个问题实际上包含了35个问句。有的话题，更是层层追问。诸如："党外人士是否对我们发生不满，其不满之点主要是什么？他们是否感到有职无权，如何使他们有职有权？如何使他们经过参议会、座谈会、参加政府工作与社会事业，把他们进一步团结起来？"这样的提问，答复时很难躲闪，绕弯子，必须直面问句，据实相述。而且，必须要有所调查才可能提出意见，靠原则性地拟出几条，或靠翻翻既有的中央政策、指示或某某领导人的讲话来对付，显然不能算是交了好的"答卷"。

第三，电文提出问题的方式，同时也给各地负责人留下了很大的思考空间。电文中没有特意往哪个方面引导的问句，言语间不显露自己的倾向性。诸如，关于"三三制"推行后的情况，毛泽东既问"是否生长了一种'左'的现象？"又问"右的现象是些什么？"关于大生产运动后的情况，问题是"是否已经看得见战士及工作人员的生活有了相当改善？或者还是很苦的？"同时，电文中的问题，大都是要求回答缺点、不足和面临的困难，而不是摆成绩。这样一来，各地负责人就不会有哪些是上面愿意听的，哪些是上面不愿意听的，是"报喜"好，还是"报忧"好之类的担心和揣测。解除了这些顾虑,有利于大胆反映真实情况,说出自己的真实意见。

毛泽东发这封电报,当然是要尽可能全面地搜集各个根据地的情况,悉心倾听各地负责人的想法和意见,以利集思广益、群智群策和求得上下沟通、相互补充、相得益彰之效。同时,是不是也可以起到观察、考量和品鉴干部的作用呢?我想,这是很自然的一个效果。接受电报的负责人,都是主政一方的根据地党的一把手。他们是鄂豫皖边区书记李先念、华中局代理书记饶漱石、山东分局书记罗荣桓、平原分局书记黄敬、北方局代理书记邓小平、晋察冀分局代理书记程子华、晋绥分局代理书记林枫。毛泽东收到他们的答复之后,很自然地对这些负责人的答案会有个比较,吸收到自己的决策思路中的内容,自然也会是有的多一些,有的少一些。由此对他们的领导方法和工作水平,自然会有一个进一步的了解。因此,把这封电报视为不是考试的考试,或许可以说得通。

再说后事。

电报发出后,各根据地均陆续作了答复。毛泽东在1944年12月15日在陕甘宁边区参议会第二届第二次会议上发表的《一九四五年的任务》报告,一共谈了15件事,其中许多内容便是从这封电报列的十个问题演变而来,所谈内容,自是吸收了各地答复的意见。电报和这个报告均已收入《毛泽东文集》第三卷,读者有意,可找来比较一下。在作完这个报告后不久,毛泽东还从各地答复中央电报的材料中,选择了一些加以转发。这样做,一则是表彰各地负责同志为中央决策作出的贡献,二则也是对各地从实践中创造和总结出来的经验加以介绍和推广。

例如,12月25日,毛泽东专门就邓小平的答复发了这样一封电报:"关于十个问题的答复,早已收到,内容极好。除抄给此间许多同志阅读外,并转发各地参考。我完全同意你们的路线,望坚持贯彻下去。并请告知太行区党委负责同志,我十分感谢他们给我关于今年生产的非常有用的总结报告。"看来,他对邓小平的答复是很满意的。同一天,毛泽东还给山东的罗荣桓、黎玉发电,肯定了他们的答复,同时就十个问题中值得注意的事情作进一步的交代,诸如"城市工作希望一年内有普遍发展",减租后,"地主富农负担则须酌减,方见公平",等等。

一封工作电报的诸多问号,到这里也就变成了句号。

第一个"历史决议"通过之后

1941年9月,毛泽东为中央政治局会议起草了一个《关于四中全会以来中央领导路线问题结论草案》,还在封皮上题写了"历史草案"四字,初衷显然是要对党的历史,特别是对1931年1月六届四中全会后以王明为代表的"左"倾教条主义在中央占据统治地位的情况做一个清理和总结。但是,由于当时党内的思想认识还不统一,条件不够成熟,毛泽东起草的这个"草案"事实上被搁置起来。

经过将近三年的整风学习,到1944年5月,中央书记处成立以任弼时为召集人的"党的历史问题决议准备委员会",才又把这项工作提上日程。"历史决议"稿出来后,张闻天改了一道,出席六届七中全会的各代表团进行了充分的讨论修改,还几次征求了王明的意见。毛泽东自始至终领导决议的起草工作,并亲自修改了至少七稿。这样,到1945年4月20日,中共六届七中全会最后一次会议才原则通过了《关于党的若干历史问题的决议》。

从这个过程可以清楚地看出，中国共产党成立以来的第一个"历史决议"，充分发扬了民主，集中反映了中央领导层的共识和全党在当时所能达到的认识水平。即使这样，也还只是"原则通过"。也就是说，以后还有作个别修改的余地。

"原则通过"这个调子，是毛泽东定下来的。

在通过那天，毛泽东发表了一篇不算短的讲话。其中说道："决议现在还有缺点，还需要修改。所以今天也只要求基本通过。我想，决议的基本思想是不错的，……至于各个历史问题的叙述是否完全正确，那就不一定了。我们现在只能准备在二三十年后来看，这个决议还是功大过小，那就很好了。"

第二天，也就是4月21日，在党的七大预备会议上，毛泽东再次谈到这个"历史决议"。他说："若干历史问题的决议，经过三番四复的研究，现在还是基本通过，选举了新的中央委员会之后，再拿去精雕细刻。但这样是不是还会有漏洞呢？还可能有。经过十年八年之后，修中共党史的时候可以看出来，如果有漏洞，就是有漏洞。就说'这一条历史过去搞掉了，不对，要重新添上'。这没有什么，比如积薪，后来居上。我们对前人也是这样。有漏洞就改，原则是'坚持真理，修正错误'。"

两次所谈，一个意思：这个决议在目前看不出漏洞，但不能保证将来也看不出漏洞。中央决议的严肃性是毋庸置疑的，中国共产党做第一个历史决议的现实针对性和重要性，以及它在当时达到的认识高度，也显而易见，那么，毛泽东为什么还要反复表达他留有余地的谨慎态度呢？

搞历史决议，目的无非是澄清是非，治病救人，总结经验，统一认识。为此，毛泽东在领导起草和修改第一个历史决议的过程中，提出了一个著名口号，叫作"坚持真理，修正错误"。这两句话在紧随其后召开的七大上，很醒目地悬挂在会场两侧，可见其当时的影响。对这两句话，毛泽东1945年2月15日在中央党校的讲话中有过这样的解释：所谓真理就是符合客观事实的东西，它符合人民的要求。认识了真理就要坚持，如果不坚持会怎么样呢？那就不得了了。把真理打烂，就是把中国人民打烂，把中国共产党打烂。还有一个东西叫错误，在实际工作中行不通的，话讲错了，事做错了，决议案写错了，就应该修正。如决议案有十条，有九条不错，一条错了，那错的一条就要修改，坚持真理是公道，修正错误也是公道。

拿"坚持真理，修正错误"来看第一个"历史决议"，实际上有两层意思。

第一层意思，指决议本身的内容要"坚持真理，修正错误"。对此比较好理解。但其中两个含义值得一说。一是做历史决议，要坚持党的历史上曾经被认为是不正确的甚至受到过批判，但经过实践检验证明是正确的东西；修正党的历史上曾经被认为是正确的，但后来被实践证明是行不通的东西。这就需要对党在历史上的成功与挫折、党内出现的分歧与斗争有一个实事求是的"公道"分析。第二点，不能因为党在幼年时期犯了错误，就把一些正确的东西一并"打烂"；不能因为一些同志在历史上犯了错误甚至很大的错误，就对他们的一些正确主张一概否定，这也是"公道"。我们知道，第一个历史决议虽然是总结中国共产党成立以来的经验教训，其主体部分却是分析1931年1月六届四中全会到1935年1月遵义会议这四年时间里"左"倾教条主义的错误及其根源。但决议并没有因为"左"倾错误使党的事业遭受严重挫折，就把党的这段历史看成一团漆黑。即使对于犯了错误的领导人，也依然写明：他们"在反帝反封建、土地革命、反蒋战争等问题上的若干观点，同主张正确路线的同志们仍然是一致的"。

第二层意思，在"历史决议"通过之后，仍应继续"坚持真理，修正错误"。"经过三番四复的研究"写出的历史决议的基本思想,是应该坚持的真理,毛泽东对此给予了充分肯定。但是不是就没有一点"漏洞"了呢?当事人恐怕不好下这个断语。任何决议,只能反映当时人们的认识和需要。有的问题,"十年八年之后"或"二三十年后"再来看,或许更清楚、更科学。因此,要有接受未来历史检验的思想准备。一般说来,认识到了真理并且把它坚持下去,似乎不是太难,难的是能不能看出自己过去说的话,办的事,甚至做的决议里面,有没有"漏洞",有没有需要改的地方。毛泽东在这方面提醒人们,强调"积薪成堆,后来居上",表明他对自己领导起草的历史决议,同样抱持"坚持真理,修正错误"的科学态度和公道之心。

事实上,第一个"历史决议"在六届七中全会最后一次会议原则通过后,还根据七大和七届一中全会提出的修改意见,到1945年7月又改出了一稿。再经过讨论,一直到8月9日七届一中全会的第二次会议才正式通过。所改的内容不少,这里不再列举,可见《胡乔木回忆毛泽东》一书中的有关说明。既有修改,自然就存在着毛泽东说的"漏洞"。一个决议文件,经过两届中央委员会来讨论通过,中间还吸收全国党代会全体代表的意见,这在党的历史上,恐也是绝无仅有的。

修改的事情还没有完。

毛泽东在1945年4月20日原则通过"历史决议"那天的讲话中,还说了这样一段话:"决议把许多好事挂在我的账上,我不反对,但这并不否认我有缺点错误,只是因为考虑到党的利益才没有写在上面,这是大家要认识清楚的。首先是我。孔夫子七十而从心所欲不逾矩,我即使到七十岁相信一定也还是会逾矩的。"这段话表达的意思很可以体会。做历史决议,强调什么,不强调什么,总要顾及现实的需要,否则,就是没有重点。而没有重点,也就缺少政策的导向性和对现实的指导作用。但是,在遵循这个规律的同时,心理大体也应该有数,决议上的有些内容,也是会随着历史条件的变化而有所变化的,决议中有意没写的内容,也未必不是真理。

果然,到了1950年,毛泽东在把第一个"历史决议"作为附录收入正在编辑的《毛泽东选集》时,又作了修改,主要是把凡有"毛泽东思想"、"毛泽东思想体系"用语的地方一律删去了。为此,他还专门给中央政治局委员们写了一封信,请他们审阅并提出修改意见。政治局委员们都圈阅同意。毛泽东为什么要作这些修改?主要是因为在共产国际解散后,第一个"历史决议"和七大确立并强调"毛泽东思想",是为了树立中国共产党自己的理论旗帜,这正是毛泽东说的"考虑到党的利益"。这样做,也是历史的必然。但是,"毛泽东思想"这个提法出来以后,苏联方面却一直拒绝承认,而新中国成立后的建设事业,又需要苏联的支持和帮助。再加上怎样建设新中国,还处于探索阶段,还没有一套成熟的思想。考虑到这些因素,毛泽东才又删去了"毛泽东思想"的提法。

根据目前看到的材料,毛泽东修改这个提法,是从1948年12月开始的。他在1948年12月27日和1949年1月修改新民主主义青年团团章草案时,把原稿中提及"毛泽东思想"的地方,都改为"马克思列宁主义的理论和中国革命实践的统一的思想",或者是"马克思列宁主义的理论"。50年代前期,毛泽东更是屡屡在各种文件上删去"毛泽东思想"这样的提法,并要中央宣传部专门发了文件,提出以后凡是需要提毛泽东思想的文字,均改为"毛泽东同志的著作"。这也是党的八大没有提"毛泽东思想"的一个重要原因。由此可见,时代环境和奋斗目标的变化,对人们看待历史以及有关历史的决议问题会产生重要的影响。

"在最坏的可能性上建立我们的政策"

在中国共产党的历史上,用"团结"和"胜利"来定位全国代表大会,是从1945年的七大开始的。七大召开时,党的历史上一些是非问题的争论解决了;艰难困苦的抗日战争,胜利指日可待;战后党的路线方针也有了明确的共识。形势一片大好,光明的未来似乎就在不远处热情招手。称这次大会为"团结的大会,胜利的大会"确不为过。

但是,毛泽东在5月31日作大会结论报告时,却意外地告诫人们,要"准备吃亏"。有什么难事?准备吃什么亏?他一口气讲了十七条——

第一条,要准备挨外国人的骂。第二条,国内大骂。第三条,准备被他们占去几大块根据地。第四条,准备被他们消灭若干万军队。第五条,伪军欢迎蒋介石。第六条,爆发内战。第七条,外国干涉,帮助蒋介石打我们。第八条，外国不承认我们。第九条，形势不利于我们时跑掉、散掉若干万党员。第十条，党内出现悲观心理、疲劳情绪。第十一条，天灾流行，赤地千里。第十二条，经济上没有搞好，发生经济困难。第十三条，日本军队集中到华北，挤压我们。第十四条，国民党暗杀我们的负责同志。第十五条，党的领导机关发生分歧。第十六条，国际无产阶级长期不援助我们。第十七条，其他意想不到的事。

在胜利就要到来的时候，设想这么多困难，是不是无事自扰，会不会传染消极情绪，影响人们的信心呢？对此，笔者想到胡乔木1991年11月关于毛泽东七大讲话的一个回忆。他说："我记不得是哪一次讲话了，他拿太平天国作例子，表示宁可失败，决不投降。太平天国那么多人最后死在南京。讲到这里时，他非常激动。"查了一下档案资料，胡乔木说的是七大闭幕几天后，毛泽东在中国革命死难烈士追悼大会上的演说，其中有这样一段很悲壮的话："太平天国有几十万军队、成百万的农民，打了十三年，最后在南京城被清兵攻破的时候，一个也不投降，统统放起火烧死了，太平天国就这样结束了。他们失败了。但他们是不屈服的失败，什么人要想屈服他们，那是不行的。"就像讲十七条困难一样，这样讲当然不是让人们气馁，而是为了激发更昂扬的气概。胡乔木在回忆中发表的感受也是如此："讲这个话是表示一种决心，一方面认为必然会胜利，同时带有一种誓师的味道。"越是在胜利的时候，越要有一种应付重大事变或艰险的精神准备，甚至想到失败了从头做起，由此看，这不能说是无事自扰，相反倒是一种理性的自信。

在5月31日讲话前，有的代表也希望毛泽东讲讲光明面。在讲了十七条困难后，毛泽东确实也讲了八条"一定要胜利"的光明面。包括：暂时吃亏，最终胜利；此处失败，彼处胜利；一些人跑了，一些人来了；一些人死了，一些人活着；经济困难让我们学会做经济工作；克服天灾，太行根据地有经验；党内发生纠纷，使我们得到锻炼；没有国际援助，学会自力更生。

这八条也很有意思，讲光明，不是抽象地谈必然规律，也不是主观地描绘蓝图。这八条都是与困难并存的，或者是从困难中引申发展出来，甚至是被困难"逼"出来的。看起来是在说"一定要胜利"，其实是在讲该往哪个方向努力，怎样寻找办法，克服困难。就像毛泽东解释的那样："如果我们不准备不设想到这样的困难，那困难一来就不能对付，而有了这种准备就好办事。"

毛泽东设想的十七条困难，在抗日战争胜利后，有的是果然遭遇了，有的是部分地出现了。如抗战胜利后，大多数伪军都摇身一变，挂起了国民党军队的旗帜；内战在一年后也确实爆发了；美国武装国民党军队帮助打内战；解放战争初期，有的根据地让国民党军队占去了；也有一些党员（当然是极少数）跑了、散了，甚至跑到国民党那里去了；国民党特务曾实施过暗杀阴谋；等等。

在十七条可能的困难中，最后一条"其他意想不到的事"，最可玩味。俗话说，"人算不如天算"，无论怎样周密设想，都不可能涵盖一切，总会有预料不到的困难。毛泽东加上这一条，就是提醒人们，不要只注意设想到的困难，当没有设想到的困难到来的时候，才会因为事前有精神准备而不至于惊慌失措。毛泽东当时的解释是："要准备对付非常的困难，对付非常的不利情况。"比如，七大时谁也不会想到中央所在的延安会被国民党军队占了去。正是有了应对一切困难的思想准备，在胡宗南20万大军进逼的时候，毛泽东果断决策放弃延安，并充满信心地说：要拿延安换整个中国！随后从容地在陕北同胡宗南部队兜圈子。也正是有了应对各种困难的准备，毛泽东原来设想解放战争打五年取得胜利，结果打了三年就胜利了。

准备最坏的,更有利于争取最好的,这就是事物的辩证法,工作的辩证法,也是毛泽东的一贯主张和做法。用他的话来说,就是"在最坏的可能性上建立我们的政策"。在委派将领外出开辟局面的时候,毛泽东总是这样提醒他们。1944年王震率南下支队出发时,毛泽东对他们讲,要"准备各种不如意的事,多少封锁线,敌人的袭击,不开欢迎会"等等。1947年让刘邓大军千里挺进大别山,毛泽东在电报中交底说:可能有三种前途,一是付出了代价站不住脚,准备回来;二是付出了代价站不稳脚,在周围坚持斗争;三是付出了代价站稳了脚。正是因为有了对困难的充分估计和准备,从而使人们在实施中央决策的过程中,能够处变不惊,采取主动的应对之策,争取到好的结果。1944年王震、王首道率部南下北返,经历艰险,被誉为"小长征",最后把部队完整地带回了陕北。而1947年的刘邓大军在"杀出一条血路"之后,也争取到了第三种也是最好的一种前途,"付出了代价站稳了脚"。

在毛泽东看来,要从最困难的方面着想,争取最好的前途,无论是战争年代还是建设时期,无论是处于劣势还是处于优势的时候,都需如此。1957年1月27日在省市自治区党委书记会议的讲话中,谈到在社会主义社会里少数人闹事的问题,毛泽东说:"事情的发展,无非是好坏两种可能。无论对国际问题,对国内问题,都要估计到两种可能。你说今年会太平,也许会太平。但是,你把工作放在这种估计的基础上就不好,要放在最坏的基础上来设想。……七大的时候,我讲了要估计到十七条困难,其中包括赤地千里,大灾荒,没有饭吃,所有县城都丢掉。我们作了这样充分的估计,所以始终处于主动地位。现在我们得了天下,还是要从最坏的可能来设想。"

1958年3月25日，毛泽东在成都中央工作会议上的讲话中再一次谈到他讲十七条困难的事情，他说："以后究竟有些什么是出于我们的预料之外会要发生？我记得七大的时候，罗列了十七条，其中有'赤地千里'就是大旱。还有一条所有县城都丧失，我们只有乡村。这个问题你们有工夫的时候是不是谈一谈，国际国内有些什么事情是我们预料不到而可能发生的。开头少数人研究一下，开一个单子，不是十七条，十六条也可以。如果我们没有准备，那个事情来了，我们就要差一些了。西藏少数头人可能叛变，他们的心在印度、英国，这就可以列一条。"顺便说一下，毛泽东这里说的"西藏少数头人可能叛变"，一年后果然成为了现实。

毛泽东讲十七条困难，显然也是有针对性的。一是中国革命的实际进程本来就充满曲折，过去如此，未来也必然如此；一是有感于"从前我们党内有个传统，就是讲不得困难，总说敌人是总崩溃，我们是伟大胜利"；再就是历史转折到来时，在一片团结胜利的气氛中，确有些党的高级干部滋长了盲目乐观的情绪。

那么，毛泽东在七大上一口气讲出十七条困难，在七大代表们心中究竟是否留下了印象，以及留下了什么样的印象呢？

正好手头有一本中央党史研究室第一研究部2000年编的《忆七大——七大代表亲历记》。752位七大代表，在他们编这本书的时候，在世的只剩下116位了，其中年龄最大的99岁，最小的也已77岁。编者征集到100位代表写的回忆文章。翻阅之下，意外地发现，除了党的七大路线外，给代表们留下深刻印象的细节，一个是王明在预选中央委员落选后，毛泽东三次向代表们解释，希望选上王明；再一个就是毛泽东讲的十七条困难。记得前一个细节，是可以理解的，因为涉及王明这样赫赫有名的党史人物，再加上许多当事人本来就是在毛泽东做工作后才投王明的票的。而记得后一件事，便殊为难得了。据一位叫彭德的代表回忆,领导人在大会上的讲话,他们是记了笔记的,但是,"会后,大会秘书处将这些笔记本收回统一保存,不允许个人带走"。也就是说,这100位代表在回忆时并没有翻阅当时的笔记本作参考,却一共有12位写到毛泽东讲十七条困难的事,有的还列举了毛泽东讲的十七条困难中的几条,最多的列了八条。要知道,这可是事过55年之后的记忆呀。

至于留下了什么样的印象,不妨引述几位七大代表的体会。

担任过吉林省委第一书记的强晓初说,毛泽东讲的这些困难,"当然有些是极而言之,但这样讲了以后,就使党的高级干部有了应付各种困难的精神准备,不要被胜利冲昏了头脑。毛主席这种从最坏处着想争取最好前途的思想,是他一贯的思想。给人的启发是非常深刻的。任何时候,对于做好各种工作都是非常重要的。"

担任过煤炭工业部部长的高扬文说:"虽然以后这些困难并未全部出现,但有应付困难的准备,就有了胜利的保证。"

担任过北京农业大学副校长的王明远说:"对以后会遇到什么困难,都对人家交了底。我们此后到胜利一直没有受过大的挫折,就是靠七大。"

最近因为要写一篇关于陈云的文章,笔者在翻阅陈云1953年10月10日在全国粮食会议上的讲话记录稿时,又发现了一段与毛泽东讲十七条困难有关的文献。陈云在讲完实行粮食统购统销可能出现的种种毛病之后,说了这样一段话:

"除此以外,还能不能举出其他毛病呢?还可以举出好多好多。毛主席一共讲了十七条,他要我也举,我只讲了几条,最后加了一条,就是'有意想不到之毛病'(笑声)。因为我们没有经验,想不到的毛病一定会出得很多。"

这个记录稿没有经过陈云本人的核校,尚不清楚他讲的是七大时候的事，还是 1953 年决策粮食统购统销的事。但无论是哪种情况，都表明毛泽东在七大上讲十七条困难，作为一种重要思想方法、工作方法、领导方法，确实影响了那一代领导干部。

从山水诗人到造反诗人

——毛泽东读评谢灵运

1949年5月5日，刚进北平的毛泽东把柳亚子接到香山双清别墅叙谈。两位现代旧体诗坛的巨匠，兴致勃勃地谈到古今不少诗人诗作，分手时，毛泽东应柳亚子之请，在他的《羿楼纪念册》上题写了几句话："'池塘生春草'，'空梁落燕泥'，'竹外桃花三两枝，春江水暖鸭先知'。一九四九年五月五日柳先生惠临敝舍，曾相与论及上述诸语，因书以为纪念。"看得出，这是一次轻松的聊天。毛泽东在开国前夕的繁忙间隙，同人漫论山水闲情诗句，也算一桩雅事。

毛泽东和柳亚子"相与论及"的"池塘生春草"，是谢灵运《登池上楼》一诗中的名句。至于这句诗写得究竟是怎样的好，前人大体说，在雕琢繁绮的六朝诗歌中，此句无所用意，却自然天成，刻画出春天到来的神韵等等。谢灵运的诗歌多写山水，好庄老玄言。毛

"饮茶粤海未能忘,索句渝州叶正黄",1949年毛泽东与柳亚子在北平重逢。摘自《毛泽东画传》第223页,中央文献出版社2003年版

泽东喜读其诗,在《古诗源》里收录的24首谢诗中,圈画了22首,并在该书编者评论谢诗"一归自然"、"匠心独运"、"在新在俊"等处,画上了曲线或圆圈。看来,毛泽东是重视前人对谢诗这些评价的,也多少传达出他对谢诗的欣赏所在。

一个人在现实中的角色固然会影响他的欣赏旨趣,但其旨趣不会固定单一,不同的处境和心境会引发不同的欣赏要求,不同的年龄也会形成不同的欣赏习惯。毛泽东的诗风、诗趣,均偏于豪放,却依然喜读谢灵运描摹山水的轻盈闲适之作,反映出他的欣赏心理的丰富性和复杂性。对此,毛泽东在1957年8月1日的一封信中,有过专门的分析。他说:"婉约派中的一味儿女情长,豪放派中的一味铜琶铁板,读久了,都令人厌倦的。人的心情是复杂的,有所偏但仍是复杂的。所谓复杂，就是对立统一。人的心情，经常有对立的成分，不是单一的，是可以分析的。词的婉约、豪放两派，在一个人读起来，有时喜欢前者，有时喜欢后者，就是一例。"这段议论谈诗词欣赏规律，也可视作毛泽东喜读谢灵运诗歌的一个注脚。金戈铁马、叱咤风云的毛泽东，倾心体会清新自然、恬淡闲适的山水诗，也算是英雄本色的一个侧面。

作为诗家，毛泽东在欣赏谢灵运诗歌的同时，也自有理性评价，并且一出言便把谢诗放到中国诗史发展的长河中来看待。1975年，毛泽东请北京大学中文系教师芦荻为其读书时，便多次同她评论过谢灵运在开创中国山水诗题材方面的贡献。他说：山水诗的出现和蔚为大观，是文学史上的一件大事。如果没有魏晋南北朝人开辟的山水诗园地，没有谢灵运开创的山水诗派，唐人的山水诗，就不一定能如此迅速地成熟并登峰造极。就此一点，谢灵运也是"功莫大焉"！这番见解，让搞文学史研究的芦荻感到惊讶。因为在20世纪70年代，文学史界对谢灵运的评价并不很高。可见，毛泽东论诗，不光从自己的欣赏感受出发，也自有其诗家见识。

不过，作为政治家，毛泽东体会谢诗，却又是另一番景致。

他从谢诗中看到最集中的东西，是作者进退失据的内心痛苦和矛盾。在一本《古诗源》所录谢灵运的山水诗代表作《登池上楼》旁边，毛泽东写下这样一段批语："通篇矛盾。'进德智所拙，退耕力不任'，见矛盾所在。此人一辈子矛盾着。想做大官而不能，'进德智所拙'也。做林下封君，又不愿意。一辈子生活在这个矛盾之中。晚节造反，矛盾达于极点。'韩亡子房奋，秦帝鲁连耻。本自江海人，忠义感君子'是造反的檄文。"

山水诗人心中不只存闲情余事，这是不难理解的常识。就谢灵运而言，从写山水到写"造反的檄文"，看似反差很大，其实也自有来历。毛泽东洞悉谢的底细，对其家庭及其生平事迹了然于胸，才有如此分析。谢灵运出身于钟鸣鼎食的显赫世家，东晋的大功臣谢安是其曾祖辈，淝水之战的前线总指挥谢玄是其祖父，谢灵运则自幼袭封康乐公。这样的出身和地位，一生不忘朝廷，总想再起腾达，是很自然的。1975年，毛泽东在一部清乾隆武英殿版的二十四史的《晋书》封面上曾批道："九月再阅第七十九卷《谢安传》、《谢琰传》、《谢玄传》。"在《南史》列传中，毛泽东还仔细圈点了叙述谢灵运及其家族史迹的文字。看来，他把读史之得引入了读诗之得，这大概便是古人说的"知人论世"、"以意逆志"吧！

谢灵运家族，是支撑东晋王朝的"族阀"。刘宋王朝建立后自然对谢氏有所警惕，谢灵运也就被贬出朝廷，去做了永嘉太守。或许是出于政治上的考虑，本来喜欢侈谈老庄玄言，忘情自然山水的谢灵运，索性更肆意地投入其中。这样一来，倒真的成就了他，单凭其《登池上楼》中的一句"池塘生春草"，就可以千古留名了。在其大量山水诗赋中，也是常常援引佛道之语，或曰"心放俗外"，"投吾心于高人"（《山居赋》）；或曰"昔余游京华，未尝废丘壑"（《斋中读书》）。这些表白虽大多是有意给世人看的，却仿佛是"弄假成真"，看起来是不想过问政事了。这些表面文章，倒也瞒过了朝廷。宋武帝死后，继位的宋文帝把他请回京城，"唯以文义见接"，也就是说，既然你好老庄之道，诗文也写得好，放在朝廷谈论点文化问题也无大碍。但宋文帝哪里知道，这谢诗人真正希望的却是"自以名辈应参时政"。久而久之，不得志的谢诗人就有些绷不住了，经常"称疾不朝"，似乎要给宋文帝一点颜色。不料，宋文帝也不是省油的灯，又把他罢免出朝，去当临川内史。这时的谢诗人就有点招摇了，一路上竟有几百个门生故人浩浩荡荡地给他造桥开路，乃至地方官误以为来了一千山贼。

到这个局面，便有人来落井下石，在宋文帝面前告谢灵运"谋反"。这一招，真是把谢诗人逼到了墙角，不愿再"恬淡"下去了。史书说他"遂有逆志"。第一次外放，最多只是说说"进德智所拙，退耕力不任"，意思是，要进取有为，但无德智可施；想退耕山林，又无力可用。按毛泽东的说法，做"林下封君"，其实是不愿意的，结果只好在模棱两可中遮遮掩掩，无奈自嘲。第二次外放，却是想掩饰也掩饰不住了，竟写出"韩亡子房奋，秦帝鲁连耻。本自江海人，忠义感君子"这样的句子，其格调离忘情山水已是十万八千里。诗人的内心不再徘徊，直接称颂起秦灭六国后心有不甘的韩国贵族张良（子房）。所谓"韩亡子房奋"，说的是张良18岁为报国仇，在博浪沙用重金雇一大力士，甩出一个六十来斤的铁椎狙击秦始皇，结果误中副车。所谓"秦帝鲁连耻"，说的是战国末期，秦昭王派兵围困赵国都城邯郸，赵求救于魏国，但魏王畏惧秦国，劝赵王尊秦昭王为西帝，以求罢兵。齐国高士鲁连听说后，劝道，为人处世应有气节，自称东帝的齐湣王欺侮弱小的鲁国、邹国尚引起反抗，堂堂赵国怎能随便尊秦昭王为西帝呢？这才坚定魏、赵两国的抵抗决心。联系谢灵运由晋入宋的经历，称颂张良、鲁连，显然是在无所顾忌地吐露其压抑已久的心底真声。不久，谢灵运果然起事，但毕竟是书生，结局是兵败被杀。

被毛泽东称为"造反的檄文"那几句诗，并没有收进《古诗源》，他是在《宋书·谢灵运传》里读到的，看来留下的印象不浅。1958年10月，毛泽东在以国防部长彭德怀名义起草的一篇《再告台湾同胞书》的结尾处，便充满感情地写道："台湾的朋友们，不可以尊美国为帝。请你们读一读《鲁仲连传》好吧。美国就像那个齐湣王，说到齐湣王，风烛残年，摇摇欲倒，他对鲁、卫小国还要那样横行霸道。六朝人有言：'韩亡子房奋，秦帝鲁连耻。本自江海人，忠义感君子。'现在是向帝国主义造反的时候了。"这时候,在毛泽东的心目中,谢灵运的形象似乎已经由山水诗人变成了造反诗人。这种体会,倒也很吻合毛泽东作为革命家的欣赏习惯。

毛泽东读谢灵运,从读者赏诗,诗家解诗,到政治家论诗,革命家用诗,真应了苏东坡说的:"横看成岭侧成峰,远近高低各不同。"是诗人诗作的丰富多彩,还是读诗人诗作的人本身丰富多彩?人们尽可去想。品诗论人,或本该如此。

两晋南北朝知识分子的言行"异相"

两晋南北朝时期很乱。"乱世英雄"起四方,城头常变"大王旗"。乱世中的知识分子,也大体是穷形尽相地各展其能。口中说的,笔下写的,心里想的,手上做的,也就五花八门,以致弄出一些怪异的现象。所谓怪异,即从历史的长河来看,难以划入主流价值形态和行为规范,但在特定时期,却又是社会瞩目乃至追捧的时髦,我们统称之为"异相"。拿两晋南北朝来说,知识分子们写的不少诗文,便"异相"纷呈,读之要格外小心,切莫把他们说的和写的,当作他们想的和做的。观其文,还要察其行,更要知其底,方能识其人。

南北朝写点诗文的知识分子,言行不一的异相,大致有如下几种。

第一种异相,本来热衷功名、攀龙附凤,却在笔下故作清高,标榜出世。针对这种异相,毛泽东1975年同北京大学中文系教师芦荻谈话时说道:"知识分子一遇麻烦,就爱标榜退隐,其实,历史上有许多所谓的隐士,原是假的,是沽名钓誉。"

两晋时期,玄学盛行,清谈勃兴,濡染了一大批达宦文士。其背后当然也有一点与乱七八糟的当局"不合作主义"的味道。但此风一旦成为时髦,就有人追"风"而言、而写。似乎不玩点"酷",就是自贬身价,就难以立足。当时社会推崇的"酷",不光是善写诗文,还必须在诗文里向世人宣达自己不屑与尘世为伍的高蹈情志。

人们都读过西晋时期"石崇斗富"的故事,也都知道这位石崇是靠抢掠商贾"以致巨富"的怪人。他的官也做得不小,奢靡之名更是远播,但却偏偏是他,竟也舞文弄墨,写了《思归叹》、《思归引》诸多诗篇,反复宣称自己"超逍遥兮绝尘埃","少有大志,夸迈流俗","志在不朽,傲然有凌云之操"。知道其为人的读者,便会觉得是在搞笑。这位石大人写出这些搞笑的东西,实际是因为他在仕途倾轧中一时失意而已。一旦用"恬淡"的外衣把自己包裹起来,就觉得可以维持一些残存的尊严了。如果说,石崇在当时的知识分子圈还算不得什么角色的话,那么,他的朋友潘岳,却是文坛上有名的人物。这位老兄的有名,除了嗜谈庄老外,更在于他的有些篇章哪怕是为文造情、违志作诗,也还算过得去。如其有名的《闲居赋》,以老庄自饰,声称"览止足之分,庶浮云之志";又作《秋兴赋》,表示要"逍遥乎山川之际,放旷乎人间之世"。然而,《晋书·潘岳传》却揭了他"性轻躁,趋时利"的老底。他和石崇等人常常等在权贵贾谧的大门前,"每候其出,便望尘而拜",到底是希望手握大权的贾谧能够看到自己对他的向往和归心。知道了潘岳的这番媚态婢膝之状,再看他写的"放旷乎人间之世"一类文字,不知人们该作何感想。很像今天有些人喜欢在屋里挂着郑板桥写的"难得糊涂",其实是提醒自己在名利场中做事情千万不要犯糊涂。事实上,无论是石崇还是潘岳,最后都耐不住寂寞,参与西晋的"八王之乱",同时被杀。由此想到南宋朱熹的一个观点:"晋宋人物,虽尚清高,然个个要官职,这边一面清谈,那边一面招权纳货。"他们笔下的那类装点门面的作品,也正如刘勰在《文心雕龙·情采篇》中说的那样,"言与志反,文岂足征"?

对两晋期间这类人物,毛泽东直接评点过的是大哲学家、清谈派的代表人物郭象。毛泽东读《晋书·郭象传》的批注是:"郭象无行。"毛泽东的这个评语,一是指郭象以清高扬名,最后却"任职当权,熏灼内外,由是素论去之";一是指郭在学术上有剽窃向秀《庄子注》之嫌。

第二种异相,表面上安于恬淡,忘情山水,好像是不过问政事,实际上是为了掩饰内心的不满,一有机会总还是要发点牢骚的。这类知识分子的选择,主要是出于政治上的考虑,山水诗人谢灵运便是其中做得比较到位的一个。如果说,石崇、潘岳者流的心口不一属于喜剧和闹剧的话,那么,谢灵运的选择则多少有点悲剧的味道了。毛泽东便从谢的诗歌中看到他进退失据的内心痛苦和矛盾。对此,本书前面一篇已详细论及。

第三种异相,是在对仕途绝望、对功名绝念后,达到了内心世界的平衡,而决意退隐。在两晋南北朝时期,声称退隐甚至真的远离尘世的知识分子的确不少,但其中大多数仍属装模作样。不过,在东晋和刘宋,倒真有一个高人,不是那些伪装恬淡者所能比拟,甚至也超越了谢灵运的内心矛盾,大体上算是心口如一,言与志同。不用说,那就是陶渊明。后世看重他,主要原因不是他有什么济世的抱负无由施展而让人感念和遗憾,而是他确实对官职做到了真个能够不要。有学者说他是读书人中最想得开的,其实,他的想得开,实在是因为其个性无法适应仕途。陶先生做了几天县令,深感"违己交病"的痛苦。痛苦为何？是因为深受老庄思想和隐逸风气的影响，不愿降志辱身与人周旋，于是便自己炒了自己的鱿鱼，真的归隐山野，并且一去不回。在生活困苦得"偃卧瘠馁"时，后来建立宋王朝的刘裕要他去当著作佐郎，他不理睬；刘宋朝初期，江州刺史檀道济再次劝他出仕，他也拒绝了，连檀道济送给他解燃眉之急的米肉也"麾而去之"。了解陶先生这番行为，读其《归去来辞》、《桃花源记》、《饮酒》、《归田园居》诸作，倒也心生敬意；咏其"采菊东篱下，悠然见南山"，"暧暧远人村，依依墟里烟"诸句，也感亲切可信。可惜，历来文人，真能做到陶先生这个份上的，实在数不上几个，陶令和陶诗也就显得格外珍贵。所以珍贵，一是学不来，一是不可学也不必学。毛泽东同芦荻谈话时就评论说："即使真隐了，也不值得提倡。像陶渊明，就过分抬高了他的退隐。"想想，其情志与诗文固然相合，但在历代社会，读书人不是总有修身、齐家、治国、平天下的责任吗？结果你却躬耕田亩，把说说而已的事情当了真，白白浪费了教育资源不说，忘却了自己更大的社会责任和历史使命，实在是有违士子们的共识。再说了，如果真的像老庄宣扬的那样，全社会都绝圣弃智，有文化有知识的人都陶然自乐于山野之间，文明的脚步还怎样向前？从这个角度讲，陶先生的选择也就属于一种异相了。

  第四种异相，是一批宫廷御用文人的选择，他们只是把自己的知识、才华乃至情感当作谋生的手段，胸中未必有什么大的政治抱负和对时事的定见，甚至也不需要真情实感，只要哄得上面高兴即可。南朝梁简文帝萧纲周围，就有这样一批人，热心于写作他所倡导的轻靡绮艳的宫体诗。其中影响最大的是徐陵和庾信，当时即号称"徐庾体"。吟咏宫廷琐事，竟也成"体"，可见追慕此风者不少。但留下来的都是形式艳丽、内容空洞的奉和应制之作，如庾信的《咏舞》、《奉和示内人》等，用后世的话，实属危国之音。

不过，这类文人，一旦脱离开需要他们的土壤和环境，情况就可能不一样了。后来，徐陵出使东魏，庾信出使西魏，皆被扣留，两人的命运陡然拐了一个大弯，内心感受的变化可想而知。北齐代东魏之后，徐陵给掌权的北齐仆射（似于宰相）杨遵彦写信，陈述思乡念国之情，其中，"东平拱树，长怀向汉之辈；两济孤坟，恒表思乡之梦。千祈以屡，哽恸增深"，都是词义深挚的文句。这期间，他也委实作了不少很有思想内容的诗，如《出自蓟北门行》。后来，他回到了南方，尽管已是陈氏王朝的天下，但生活在不知不觉中恢复到了从前，徐陵又安然地做起宫廷文人来，卖力地替陈朝君王填写淫声媚态之作。能传于后世的作品也就寥寥，成为昙花一现的诗人。与徐陵不同，庾信一直被扣留在北方，生活了29年，最后客死他乡。出使被留并屈仕于敌国，是庾信生活、思想变化的转折点，其诗文的内容风格也随之发生了根本性的变化。这集中地体现在他的27首《拟咏怀》中。其第20首云："在死犹可忍，为辱岂不宽……其面虽可热，其心常自寒。"这种因为屈身事敌而感到面热心寒的尴尬处境，经常折磨着他。其《寄王琳》云："玉关道路远，金陵信使疏。独下千行泪，开君万里书。"境界开阔，感情真切，怀念故国的痛苦溢于言表。代表庾信创作高峰的，是脍炙人口的《哀江南赋》和《枯树赋》。前者描绘了人民流亡的生活图景，对梁朝君臣的昏庸苟安也作了沉痛的指责。怀念故国的深沉感情，更是入木三分："信年始二毛，即逢丧乱，藐是流离，至于暮齿，燕歌远别，悲不自胜，楚老相逢，泣将何及"。后者也是历来为人们所喜诵之作。毛泽东晚年很喜欢诵读庾信的《枯树赋》。1975年4月至9月，他曾五次让人为其读《枯树赋》。每读至赋末"昔年种柳，依依汉南；今看摇落，凄怆江潭；树犹如此，人何以堪"诸句，毛泽东都沉默不语，怆然陷入沉思。可见此作的感染力。对庾信的其他作品，毛泽东也很稔熟。1949年冬，他在中南海颐年堂约见章士钊、刘斐、符定一等民主人士时，大概知道语言学家符定一有一句口头禅是"你认得几个字"，便把庾信《谢滕王赉马启》中的一段顺口背了出来："柳谷未开，翻逢紫燕；陵源犹远，忽见桃花。流电争光，浮云连影。"接着风趣地问符定一："他（庾信）总能认几个字吧?"

　　后人说"庾信文章老更成"，如果单单是"老"，却不感时事，没有真情实感，恐也难"更成"。正因为有了特殊的处境和心境，庾信及其诗文便脱开了早年的轨道，和徐陵分手了，也和当时知识分子的那些"异相"分手了。

器识为先

——毛泽东谈古代知识分子参政言政

历史上的知识分子,大多想以仕途为依归,但有的是天生的文人秀才,即使遇到了甚至拥有了政治空间,也终无建树,如曹魏时期的曹植、南唐后主李煜以及李白之类;有的满腹经纶,甚至初露政治才干,但却没有机会或身不由己,终以文人学者名世,如贾谊、辛弃疾、顾炎武之类;有的因主客观条件具备,得以风云际会,遂成为政治集团中的重要智士或颇有建树的政治家,如郭嘉、诸葛亮以及唐太宗身边的"十八学士"等等。知识分子命运如此同途殊归,抛却客观因素不论,其主观上大体源自政治器识上的差异。所谓政治器识,应该包括观察事物的敏锐眼光,判断时事的深刻洞见,处理人际关系的练达胸襟,以及知行合一的行动能力等等。

关于文人秀才搞政治的毛病,毛泽东曾

有两次鲜明的论说。1959年6月，他同吴冷西谈到《人民日报》的工作时说：新闻工作，要看是政治家办报，还是书生办报。有些人是书生，最大的缺点是多谋寡断，没有要点，言不及义。要一下子看到问题所在。1975年又同身边工作人员讲：古人说，秀才造反，三年不成。我看古人是说少了，光靠秀才，三十年，三百年也不行噢。因为秀才有两个通病，一是说得多，做得少，向来是君子动口不动手；二是秀才谁也看不起，文人相轻嘛。两次所谈，直指一些知识分子所缺少的政治器识。

掌握了知识，不等于拥有智慧和才华，拥有智慧和才华，也不等于具备政治识见和谋断能力。从知识分子到政治家的转变，需要机缘，更需要主观的努力和实践的历练。在这个过程中，知识分子须有某种自觉，培养出必备的政治器识。宋代有个叫刘挚的学者，曾官至尚书右仆射，算得上朝廷的重臣，他经常告诫晚辈，"士当以器识为先，一命为文人，无足观矣。"意思是知识分子应该把气度与见识放在第一位，一旦被称作文人，就没有什么值得显扬于世的了。他是把文人秀才和从政之士分得很清楚的。明末清初的思想家顾炎武从《宋史》里读到刘挚这番话，感慨万千，在一封拒绝为他人去世的母亲写传记的信中说："仆一读此言，便绝应酬文字，所以养其器识而不堕于文人也。悬牌在室，以拒来请，人所共见。"

毛泽东赏识的知识分子，是他1945年4月24日在七大上谈到的："能说明中国的革命运动，说明这个运动的各个方面，说明它的内部联系，包括军事、政治、文化、经济，整个革命工作的各个侧面及其内部联系，并总结经验，把它提高起来，使之条理化、系统化。"说明革命各个方面的内部联系并提升为理论，不是普通知识分子所能为，非有政治器识不可。也就是说，知识分子从政，纵使以理论见长，也需着眼于时代精神和现实需求，懂得社会实际的情形，具有社会实践的经验，才能创造出有助于实践的理论。对此，毛泽东1958年6月说的一句话切中肯綮："单从学院中过来的哲学家大都不行，必须务点实。马克思因为是搞革命的，才有马克思主义的理论。"

作为知识分子出身的大政治家，毛泽东早年既研读和崇尚过宋明理学和心学，也研读和崇尚过明清的实行之学。像颜习斋提倡的"要在行字着力"，以及"试观天下秀才晓事否？读书人便多愚，多读更愚"之论，毛泽东是知晓的。他在《实践论》中多次提及"知行"问题，强调既要知，也要行。

历史上的知识分子中，明末清初的顾炎武是毛泽东颇为推崇的一个。顾炎武虽不以政治才干名世，但其器识却远非一般文人秀才可比。他有政治抱负，也有良好的政治素养和对时事的深刻洞见，只是缺少机缘时会而已。这不仅因为他提出的"天下兴亡，匹夫有责"，为后世学子敬慕，更在于其讲求经世要务、民生利病的治学之道，在于他年轻时参加复社反对宦官专权，明亡后又参加抗清斗争的政治实践，在于他后半生遍历华北各地，结交豪杰义士，观察山川形势，了解民生疾苦的"尚行"作风。其心血之作《日知录》，以"明道""救世"为宗旨，按经义、吏治、财赋、史地、兵事、艺文等分类编入，绝非书生的空泛之论。毛泽东1913年底在湖南第四师范读书时，便把顾炎武的学生潘耒为《日知录》写的序言中，有关顾的政治行宜和讲求实学的内容，抄录在自己的《讲堂录》里，奉为立身行事的准则。在1917年4月公开发表的第一篇文章《体育之研究》中，毛泽东还把顾炎武标举为中国历史上少数几个"可师"的"文而兼武"之人，期期向往之意，见诸笔端。毛泽东如此推崇顾炎武，可视为他后来作为理论和实践大家的思想品格的一条伏线，也是他后来主张知识分子必须融入实践才能有所作为的一个端倪。

历史上知识分子从政，免不了通过疏策书谏等方式发表政见。

毛泽东读史，很注意他们在这方面的建树。对切中时弊能给人启发者，推崇有加，并常常根据现实的需要作些发挥。比如，读战国时宋玉借与楚襄王对话写成的《风赋》，毛泽东认为赋中描述了贵族之风和贫民之风的区别，"有阶级斗争意义"，还说对政治形势也要在宋玉说的"风起于青苹之末"时看出动向。读李斯献给秦王嬴政的《谏逐客书》，毛泽东觉得"有很大的说服力"。读西汉时贾谊向汉文帝进的《治安策》，他认为"是西汉一代最好的政论"，"全文切中当时事理，有一种颇好的气氛"。读枚乘借吴客与楚太子的对话写成的《七发》，他认为对现实政治有"颇多的批判色彩"，"是给吴国贵族们看的"。读司马迁的《报任安书》，他的体会是受到错误处理，可以锻炼意志。读东汉末年李固致黄琼书，他强调"人贵有自知之明"。读西晋江统为杜绝"四夷乱华"向晋惠帝建议把少数民族从关陇一带迁走的《徙戎论》，他批注说"迁亦乱，不迁亦乱，封建时代非乱不可"。读唐代李百药写给唐太宗的《封建论》，他总结出"李世民的工作方法有四"。读马周贞观十一年给唐太宗言得失的上疏，他认为是"贾生《治安策》以后第一奇文"。读朱敬则就"览秦、汉之得失"，"窒罗织之源，扫朋党之迹"等问题给武则天的上疏，他批注说"朱敬则政治家、历史家"。读姚崇奏对唐玄宗的十条建议，他认为"如此简单明了的十条政治纲领，古今少见"。读姚崇劝谏皇帝节制佛事、削减僧尼的奏对文字，他赞其为"大政治家、唯物论者"。读柳宗元的《封建论》，则赋诗说"百代都行秦政法"，"莫从子厚返文王"。读刘蕡在唐文宗测试贤良时关于铲除专权宦官的对策，也赋诗称道"中唐俊伟有刘蕡"，"万马齐喑叫一声"。

对古代知识分子的器识政见，毛泽东觉得有现实意义的，还常作古为今用的发挥。仅就读《明史》而言，朱升本为教书先生，在朱元璋"召问时务"时，建议"高筑墙，广积粮，缓称王"，毛泽东对此颇为欣赏，说朱升"很有见识"，并在1972年提出了"深挖洞、广积粮、不称霸"的现实策略。明朝嘉靖皇帝即位之初励精有为，几年后便疏于朝政，御史杨爵沉痛谏奏，期望嘉靖"念祖宗创业之艰难，思今日守成之不易，览臣所奏，赐之施行"，毛泽东读后批道："靡不有初"。"靡不有初，鲜克有终"，出自《诗经·大雅》，意思是万事万物无不都有一个开始，但是很少能有善始善终的。1970年庐山会议期间，毛泽东曾引用这两句话来提醒中央委员们要注意保持晚节。读海瑞给嘉靖皇帝的著名上疏，毛泽东认为"海瑞是明朝的左派，代表市民阶级和经营商业的大官僚"，并称赞海瑞批评皇帝的勇气"比包文正高明"，由此在公开场合提倡人们学习海瑞。

相反，对那些空泛之文，毛泽东则很不以为然。读马周给唐太宗言得失的上疏时，他想到宋代一些人的书策，批注说"宋人万言书，如苏轼之流所为者，纸上空谈耳。"这个看法不是随便提出的。毛泽东读宋代一些散文大家的史论和政论文章，评价普遍不高。即使像欧阳修这样在政治上颇有作为的散文家，毛泽东读其《朋党论》的批注是"似是而非"。欧阳修在《为君难论》中提出历史上的一些失败现象，原因在于"乐用新进，忽弃老成"，毛泽东颇不以为然，批注说，"看什么新进"，况且老成之人开始的时候"皆新进也"。读曾巩的《唐论》，毛泽东批注："此文什么也没有说。"读苏洵的《谏论》，他认为是"空话连篇"，"皆书人欺人之谈"。读苏洵的《六国论》，对文中提出六国如果联合起来"并力向西"，就不会为秦国所灭的议论，毛泽东批注："此论未必然"，因为"凡势强力敌之联军，罕有成功者"。

毛泽东爱读古代知识分子的史论、政论文章，自然与他想从中体会和梳理出一些为政治国的历史经验以及带规律性的东西有关。而他的评点及其包含的所褒所贬、所扬所抑，也明显反映出他对知识分子在从政言政时所寄予的期望与要求。宋代一些知识分子虽然也搞些政治，有的还做到很高的位置，但毛泽东明显不喜欢他们抽象说教、言不及义的书生意气。

书生意气和政治器识之间，毕竟隔着一道不浅的沟壑。

"务虚"之用

唐贞观二年（公元628年），礼部侍郎李百药在朝廷讨论封建诸侯的时候，写了篇《封建论》呈给唐太宗李世民。这篇文章关于封建诸侯的观点已被人遗忘，但其中说的李世民执政治世之道却被毛泽东注意到了。李百药说：李世民平定四方，用怀柔政策，不急功近利，劳民损兵；不贪图游乐，每早视朝，用心听取各种建议，出言周密；罢朝后和大臣们推心置腹讨论是非；晚上同人高谈经典文事。毛泽东在《旧唐书·李百药传》所记这段话旁批注："李世民的工作方法有四。"

李百药概括的李世民这四个特点，是说他的决策风格和每天的几大工作内容。毛泽东以"工作方法"称之，自是政治家读史的旨趣所在。在李世民的这四种"工作方法"中，后两种显然可归入"务虚"性质的讨论，毛泽东予以重视，从一个侧面反映出他在领导思想和工作方法上的考虑。

关于李世民的后两种工作方法，李百药

的原文是:"罢朝之后,引进名臣,讨论是非,备尽肝膈,唯及政事,更无异辞。才及日昃,命才学之士,赐以清闲,高谈典籍,杂以文咏,间以玄言,乙夜忘疲,中宵不寐。"显然,此两举都不是直接处理具体的或紧要的政务,多半属于务虚闲谈,时间均在上午罢朝之后和傍晚夕阳西斜之后。讨论事情的是非曲直而"备尽肝膈",足见相互畅谈的坦诚气氛;和文人们高谈典籍诗文,中间还插些抽象的"玄言",就更是自由自在的务虚之举了。

为了能够经常务虚,李世民还从体制上做了设计。还是天策上将军时,他便在其天策府开设了文学馆,广招天下学士18人入馆,号称"十八学士"。这些人都是些博览古今、明达政事、善于文辞的大知识分子,大致可分三类:一是以诗文写作著称于世者,如虞世南、褚亮等;一是以经史学问名重当时者,如孔颖达、陆德明等;一是知识渊博且善于治道的人,如房玄龄、杜如晦等。有个成语叫"房谋杜断",即指此二人一个多谋,一个善断。李世民让这些学士,每天"值宿于阁下,每军国务静,参谒归休,即便引见,讨论坟籍,商略前载。预入馆者,时所倾慕"。依侍之重,为士子向往。人们都知道李世民曾让人图画24位功臣之像悬挂于凌烟阁内供人瞻仰,孰不知他也曾让人为18学士画像,辑成《十八学士写真图》,"藏之书府"。画像的时候,一个叫薛收的学士已经去世,李世民还泣叹着说:"恨不早图其像。"李世民即皇位当年,曾搜集二十多万卷书置于弘文殿,并在弘文殿旁设置弘文馆,精选才学渊博之人充任弘文馆学士,仍然是让他们分班值夜,"引入内殿,讲论前言往行"。李百药说他们的讨论达到"乙夜忘疲,中宵不寐"的程度,可见李世民对务虚何其看重,兴味是何等浓厚。

要务虚且善于务虚,前提是深知务虚之用,自身还得有丰富深厚的素养。李世民自陈,"贞观以来,手不释卷",这使他在大量文治武功的实践基础上，更添丰厚学识，由此同文学馆和弘文馆的学士以及大臣们，才有太多的话题去"务"，并且能"务"出不少为政的妙义要道。

在政治和哲学思想方面，李世民著有《帝范》之书，和文臣们的对话被人辑为《贞观政要》，都是成体系的论政要籍。后者成为以后历朝储君们必读课目，连日本皇室也将其列为从政必览之作。李世民除以儒学治世外，还很推崇老子和道家，高度评价崇尚黄老之学的汉文帝。同时，他也支持高僧玄奘翻译从印度带回的佛经，并亲自为慈恩寺书写了碑文。

作为马上打天下的君主，李世民武略之高自不待言。有一本传世的《唐李问对》，便是他同大将军李靖讨论兵法的理论著作，被宋人列为《武经七书》之一。毛泽东对李世民的军事指挥艺术和军事理论建树，也推崇有加，在冯梦龙的《智囊》里读到李世民"每观敌阵，则知其强弱，常以吾弱当其强，强当其弱"诸语，随即批注："所谓以弱当强，就是以少数兵力佯攻敌诸路大军。所谓以强当弱，就是集中绝对优势兵力，以五六倍于敌一路之兵力，四面包围，聚而歼之。自古能军无出李世民之右者。"这个评价是很高的。

李世民论史用史，在历代君主中也最为有名。他经常和文学馆学士虞世南一起读历史典籍，和文臣们讨论"前言往行"，实际上都是在总结历史上的经验教训。他的许多政治思想，多从读史、论史中引出。他还在中书省内设置秘书内省，组织人力专门编写南朝梁、陈，北朝齐、周和隋五个朝代的史书以及《晋书》和《南史》、《北史》，并下诏让魏徵、长孙无忌、房玄龄、岑文本、令狐德棻、姚思廉、李百药、李延寿等一干重臣负责修撰。李世民自己还执笔为《晋书》撰写了晋宣帝司马懿、晋武帝司马炎的纪论，和文学家陆机、书法家王羲之的传论。

在文学艺术方面，李世民喜欢写诗，常与文臣唱和。咏兰花，他以"会须君子折，佩里作芬芳"，喻芳兰之香与君子之德相配才算和谐。赠大臣，他以"疾风知劲草，板荡识诚臣"，表达对诚臣的渴求和称赞。这些，也算是他的名句。一次，李世民偶然从太子那里读到李百药规讽太子的一篇辞赋，立刻让人传话给李，说写得好，以后要继续这样做。他喜欢书法，尤好王羲之，传说去世时还嘱以王羲之的《兰亭序》陪葬。在音乐舞蹈方面，也颇有兴趣，曾根据早年打仗时军中传奏的乐曲《秦王破阵乐》，让魏徵填词，又亲自画出《破阵舞图》，让音乐家吕才按图教128个人执戈戟而舞，史称其舞像和音乐"发扬蹈厉，声韵慷慨"。

李世民的"务虚"，和在他治下出现的"贞观之治"有什么关系呢？大致可理出三个方面。

第一，李世民和文臣们的务虚，最终目的是"知风化之本，见政理之源"，讨论以求其是，博学以成其道，务虚以为其用，遂使贞观年间的政风民风，良可足观。李世民是封建社会中少有的自觉探讨、总结执政规律和领导艺术，并能够在一定程度上运用其务虚所得的大政治家。这也是贞观年间特别是贞观前中期的政策失误相对较少的一个重要原因。他们通过务虚总结的一些经验，对后来的当政者也不乏其借鉴和启发意义。其中，"用人如器，各取所长"；"愿为良臣，勿为忠臣"；"兼听则明，偏信则暗"；"上畏苍天监视，下畏群臣仰望"；"四海之主，不得独私故人"；"国以人为本，人以衣食为本"；"凡营衣食，以不失时为本"；"安不忘危，理不忘乱"；"崇虚名而受实祸"；"水能载舟，也能覆舟"；"草创难，守成更难"；"以人为镜，以史为镜"等等，千百年来，成为人们经常引用的政治格言。

第二，通过励精图治所成就的"贞观之治"，一个重要特点是拥有遍及域外远国的"软实力"。对李世民的文治，不能因为毛泽东说过"唐宗宋祖，稍逊风骚"而予以低看，那毕竟是写诗，并主要是拿整个封建统治者同新时代的人民创造相比而言。事实上，熟读"二十四史"的毛泽东，对有唐一代的政治、经济、文化诸方面的成就和经验格外重视。仅从文化上讲，他对那时的佛教传播、哲学观念、文学创作乃至音乐成就，论述颇多。具体说来，李世民很注重汉文帝的经验，强调"去奢守俭"，"积德累业"以固国本。在即位之初，有人建议他"耀兵振武，慑服四夷"时，他却采纳魏徵主张，"偃革兴文，布德施惠，中国既安，远人自服"，还宣布自己要对所有的少数民族"爱之如一"。循此政策，大大促进了同周边部族的融合和对外经济文化交流。后人所称的盛唐气象，便始于斯时。李世民本人被域外远国称为"天可汗"，用今天的话来说算是国际领袖，而唐辖之域在当时被称为"中土大唐"，后人也曾写诗说，"一半胡风似汉家"。凡此等等，均见其"软实力"之影响广泛。

第三，李世民经常和文臣们讨论学问时事，在其干部集团中形成一种善于思考天下大事，勇于进谏规讽的浓厚风气，并培养和造就了一大批人才，这是形成贞观之治的重要基础。同李世民一道务虚的学士们，大都成为了政治家。他曾对房玄龄说："薛收若在，朕当以中书令处之。"而房玄龄则主修过《晋书》，还是晓畅军机、长期执掌兵权的宰辅。这些人才追随李世民，为国家统一、政治稳定和文化建设作出了很大贡献，乃至武则天和唐玄宗两朝，都曾仿效李世民重建过"十八学士"这样的干部团队。对于唐初的人才辈出、济济多士，毛泽东甚为称赏。他读《旧唐书》和《新唐书》，常常写下列传所记文臣武将的名字。例如，在《旧唐书》卷63至64的封面上写了封德彝、萧瑀等10人，在《新唐书》卷88至93的封面上写了李靖、李勣等28人，在《新唐书》卷94至98的封面上又写了侯君集、马周等20人。多次书写这些名臣的名字，大概是为了增加对这个盛极一世的干部集团的记忆。有时候，毛泽东还特意在这些人名后面注明其才学特征，诸如："姚思廉（历史家）"，"令狐德棻（历史家）"，"朱敬则，政治家，历史家"，"钟绍京，书法家"，"大政治家，唯物论者姚崇"等等。

"务虚"，作为领导思想和工作方法之一种，始终为毛泽东着力提倡并善于运用。诸如，他经常要求领导干部读哲学，读历史，读文学，读了好的篇章，就推荐给其他人，甚至经常开列一些书目，供领导干部学习。同一些领导干部聊天，也常常是"思接千载，视通万里"，即使在一些重要的中央会议上，也往往作古今中外的漫谈。1958年1月，毛泽东专门写了一篇《工作方法六十条（草案）》，其中说道："成天忙于事务，那会成为迷失方向的经济家和技术家，那很危险。"这年11月，他又专门给县级以上的各级党委写信，提出要"联系中国社会主义经济革命和经济建设"去读斯大林的《苏联社会主义经济问题》和苏联《政治经济学教科书》，"使自己获得一个清醒的头脑，以利指导我们伟大的经济工作"。信中还希望领导干部"不要像热锅上的蚂蚁，整年整月陷入事务主义，搞得很忙乱，要使他们有时间想想问题"。因此，"要把他们拿出来冷一下"。所谓"冷一下"，就是务虚。

1958年3月26日，在成都召开的中央工作会议上，毛泽东对"务虚"的问题作了专门阐述——

"过去也不是一点虚没有务，也谈了一些，可以有那么一点时间不谈具体问题，专谈一般的思想性质和理论性质的问题。""先实后虚或先虚后实都可以，可以专门开一次实的会，也可以专门开一次虚的会。也可以同时并举。不过现在就希望多一点虚更好，因为过去太实了。我看我们这些人,比较太实了一点。要逐步引导我们各级党委的同志关心思想、政治、理论这样一些问题。""中央一级、省一级包括地一级的第一书记恐怕解放一点,还要加一点,及其他同志。中央只解放我一个人,恐怕是不够,恐怕还要有几个同志,把他们从繁重的工作中解放一部分,这样有可能做些研究工作,注意比较大的问题。如何解放法,大家去研究,总而言之,是少管一点事情,少管一点就能够多管一点。"

"少管一点就能够多管一点"这句话,深刻道出了务虚和务实的辩证关系。领导干部处理事情,光靠一个人关在屋子里面想不行,有时仅仅就事论事也不行。除了走出去调查研究,除了阅读各种各样的简报信息,还必须经常同人交谈,以相互启发,获得新的思想资源,或者把一些未必成熟的想法交给人去琢磨,以求丰富和完善等等。特别是在一些比较高级的领导岗位上,主要任务是出思路、谋战略,务一些虚更不是可有可无之事。务虚,看起来没有和具体实践扣得很紧,但可以提高领导干部的理论素养和政策水平以及总结实践的能力;看起来似乎没有实打实地去解决某个具体问题,但却能够为分析和解决具体问题提供不可或缺的思想方法和智慧经验。所以,务虚这件事,说起来好像有些超然,但有时候却很管用。涉及的事情越是方方面面,碰到的问题越是复杂难办,越是需要触类旁通的宏观思维去统筹考虑,这时候,务虚所发挥的作用就可能很关键。

曾经在中央工作多年的李德生同志,在回忆录里记述毛泽东第一次同他谈话的情景以及他的体会,可作务虚之用的一个生动范例。

李德生说:"我等着他对我到中央工作后提出具体要求。然而,毛主席思路纵横驰骋,完全不像我想象的常规的工作方法。他谈起了党的历史,又问我平常爱读什么书。我看到毛主席房间里那么多书,顿感惭愧……谈到学历史,他又提出,《天演论》和《通鉴纪事本末》也要看。""毛主席对我是不谈工作任务,不谈工作要求,只谈一个学习问题。我感到对我这个从军长岗位上刚到中央工作的人来说,真是特别重要。""我领悟到,在中央工作不能只想到如何工作,如何克服困难,而应该努力学习,这样才能使自己视野广阔,思路清晰,不致为狭隘的经验主义、脱离实际的教条主义所束缚。后来我从实践中体会到这恰恰是在中央工作最重要的条件。""我体会,把学到的知识,融会贯通,去指导实践,运用之妙,是门艺术,是领导干部必须努力把握好的一门艺术。"

一般说来,人们比较警惕只会务虚不能务实的毛病,对只务实不务虚的做法,却不大容易看出它的弊端。如果换一个角度思考,把一个又一个的事务比作大海,那么,要赴海而不被淹死,就得抬出头来呼吸;要找到最佳的划游路线,也得抬出头来观察。这呼吸,这观察,就是"务虚",就是在前人的经验和知识中,在别人的思考和言行中,在相互的讨论乃至争论中,找出可遵行的规律和解决问题的思路和方法。

"看得到,抓得起"

——毛泽东1959年初做的一件事

1959年1、2月间,有一件大事困扰着毛泽东。1958年,都说粮食丰收了,但转过年来不少地方却在喊缺粮、缺油、缺肉。为何如此?他苦思不得其解,心里颇为烦恼。

恰好这个时候,广东省委报来的一份材料里说:粮食紧张是生产队瞒产私分造成的,应该明确粮食消费以生产队为单位进行包干,以解除大家对粮食问题的顾虑。这个材料启发了毛泽东,使他从粮食紧张的现象中发现一个更深层次的问题:"公社成立后,广大基层干部和农民惧怕集体所有制马上变为国有制,'拿走他们的粮食'。"

这个判断涉及对前段时间政策导向的反思,自然要谨慎一些。实际上毛泽东起初也没有多大把握。2月22日,他为广东的这份材料写了个批语,用电报转发各地,目的是引起地方领导注意，一同思考。

既然感觉到问题所在，就必须弄个究竟，看看自己的判断是不是准确。第二天，毛泽东登车南下，一路调查求证。他先后同河北、天津、山东等省市领导座谈，甚至找来一些公社书记和生产队长进行调查。2月25日下午，毛泽东的专列停在济南西郊机场的专线上，请了山东省委第一书记舒同、省委秘书长吴建、历城县委书记王任之、历城东郊人民公社党委书记郑松、东郊公社大辛管理区党总支书记李兰生、大辛大队支部书记张印水到专列上座谈。毛泽东专门问了全县的人口和地理条件，社队的规模，粮食亩产情况，农民的收入和伙食，大兵团耕作的情况，干部的作风等等，由此掌握了第一手材料。26日到郑州，当天晚上和第二天上午，他两次把自己了解到的情况和想法，同河南省委的领导和一些地委书记"吹"了一下。大概是获得了共鸣，毛泽东心里有了底，就想趁势解决这个问题，由此决定在郑州召开一次会议，讨论一下1958年秋季成立人民公社以来的"共产风"，以确定公社的所有制关系。

这次会议的正式名称叫郑州中央政治局扩大会议，又称"第二次郑州会议"。从2月27日到3月5日，除了邓小平等在河南省委招待所西楼会议室主持开了九次会议以外，毛泽东还在停靠在郑州东郊的火车上主持了七次会议。从会议记录稿看，毛泽东主持的会，多数是座谈式的。有时候，主要由他讲，别人随时插话。有时候，主要由别人讲，他听，有时插话。

2月27日下午，毛泽东在同第一批到郑州的省委书记谈话时，把"共产风"概括为三条："一是贫富拉平。二是积累太多，义务劳动太多。三是'共'各种'产'。"他提出公社应当下放权力，实行三级核算，并且以队的核算为基础。这个意思，在此后几天的会议讲话中，说得更通俗和幽默：

人民公社办事，不要拦路抢劫，现在的绿林豪杰可多啦，都是戏台上那种不扣衣襟的豪杰。你们是不是在内？我们对农民，能许可吗？唯一的办法是等价交换，要出钱购买。公社内部、三级之间都是买卖关系，等价交换。

一开始就摆明问题，提出自己的主张，便于集中思路讨论。这也是毛泽东主持会议的一贯方法。但是，与会者的反应，却是复杂的，多少有些出乎毛泽东的意料。

河南省四级干部（省、地、县、社）会议在26日晚上讨论毛泽东的讲话时，基层干部们大多承认毛泽东指出的问题确实存在。有人说，他们那里的一个公社就规定，"卖猪的钱完全交社，连死猪肉队里也不得吃，一律上交公社屠宰场"，有个村在春节前"因怕外调藏起了19头大猪"。还有人反映，有个村按领导的安排到另一个村去拉粮食，当地干部就让妇女阻拦，并质问来拉粮食的人："俺庄光身汉多，你庄大闺女多，为啥不调来几个哩？"弄得双方关系很紧张。但是，说到要纠正，一些干部却明确表示"弯子转得太陡"，"思想毫无准备"。有一个公社书记说得更形象，把急转弯比作"吐唾沫钻到鼻孔了"。还有人讲，如果退回去，"社会主义成分少了，实现全民所有制的时间推迟了"，担心"否定过去成绩，引起群众思想混乱"。有的干部甚至认为："毛主席的指示是倒退了，对农民太让步啦！"这是"富农路线"，是"右倾"。

当天夜里，河南省委把这次讨论的情况原汁原味地整理出一万多字，报给了毛泽东。在保留下来的毛泽东的披阅稿中，几乎每段话下面都画着道道，有的地方还写了批注，仿佛是又做了一次调查。他意识到要真正让干部们转好弯子，并不是件容易的事情。此后几天，他一直关注河南四级干部会议的情况，要求每天上报讨论记录，并转

毛泽东工作照，摘自《毛泽东画传》下册第430页，中央文献出版社2003年版

给中央会议与会者们阅看。

　　这种做法，意在把问题彻底摊开，不回避意见分歧，同时还可以在中央会议和地方干部会议之间形成良性的沟通和互动。

　　事实上，基层干部们的想法，在一些省委书记那里也存在。如参加毛泽东2月28日晚上同第二批到郑州的省委书记座谈的王任重，就在日记里说："主席的谈话像丢了一个炸弹，使人一惊，思想一时转不过弯来"，"这次主席谈话，我们几个人跟他唱反调"。

　　几个省委书记，竟当面同党的主席"唱反调"，可见意见分歧之大，解决问题之难。毛泽东又是怎样看待意见分歧的呢？他3月1日上午给刘少奇、邓小平等人写信说："听了昨天十位同志的意见，我感觉有一些同志对我讲的那一套道理，似乎颇有些不通，觉得有些不对头，对他们那里的实际情况不相符合，感觉我的道理有些不妥。当然还待商量。我可以这样说，同志们的思想有些是正确的，但是我觉得我的观察和根本思想是不错的，但是还不完善。有些观点需要同志们给我以帮助，加以补充、修正及发展。"

如果不能同省委书记们形成共识，就不可能及时纠正"共产风"倾向，以调整公社所有制关系。3月1日下午，毛泽东把所有与会的省、市委书记们召集在一起，从下午4点一直座谈到晚上9点多。从保留下来的会议记录看，大家你一言我一语，渐渐形成了共识。会议中，毛泽东大概考虑到省委书记们回去传达时，也会在某种程度上面临中央会议上的情形，便提议把河南四级干部会议讨论记录寄给各省，以期在各地基层干部之间，围绕同一个话题形成互动。

在这天会议上，毛泽东还说：

> 印成一本，快马加鞭，鸡毛文书。你们开会的时候，开头三天到四天不要发，先让他们辩论一下，等到第四天、第五天，分批发给他们，作参考，给他们看，河南也是这样思想混乱，河南有些办法也是可以作参考的。

这段话的意思，自是提倡先让人们敞开思想谈真实意见，这样转过来的弯子，才是可靠的。如果一开始就由领导定调，基层干部们表面上通了，真正落实起来，肯定会打折扣的。

根据毛泽东的意见，会议拟了一个整顿人民公社的方案。为慎重起见，也是为了在中央领导层取得共识，3月2日一大早，毛泽东请在北京的周恩来、陈云、陈毅、彭德怀、李富春、薄一波等九人，于当日下午赶到郑州参加会议。这样，会议最终形成了整顿人民公社的十四句话的基本方针："统一领导，队为基础；分级管理，权力下放；三级核算，各计盈亏；分配计划，由社决定；适当积累，合理调剂；物资劳动，等价交换；按劳分配，承认差别。"

3月2日晚上的会议就显得轻松了许多，主要是研究如何传达郑州会议精神。不过，王任重的日记则为人们记述了一个值得注意的细节：

> 二号晚上，主席又找大家去，当面宣布几项结论，征求大家意见。大家都同意，是真同意了。他为了察言观色，让我们坐在他的对面。在这两天，主席写了三封信，申述了他的主张，要各省开六级干部大会，看来，主席抓得很紧。

毛泽东的确抓得紧。3月5日第二次郑州会议结束后，他重点抓会议精神的贯彻。各省分别召开省的六级干部会议和县的四级干部会议传达整顿人民公社的基本方针，大体上澄清了一些糊涂思想。有的地方干部在检查自己热衷于"共产风"的原因时说：一是对人民公社的性质认识不清，总以为全民所有制成分和共产主义成分越多越好，少了就不光彩；二是外出参观"取经"来的，看到人家轰轰烈烈，生怕自己落后，就大赶风头；三是从某些负责人和报纸谈话"走火"来的。

与此同时，毛泽东也发现个别地方的领导干部还不敢把郑州会议的要点一竿子捅到生产队和群众当中，于是，他四次致信各省、市、自治区党委书记，并连续批发河南、湖北等十多个省报来的召开六级干部会议的讨论材料，或比较异同，或介绍经验，同时亲临湖北、江西指导。这当中，又根据群众提出的问题，进一步完善了郑州会议中的一些决策。如把"队为基础"的基本核算单位，明确为生产队而不是生产大队。郑州会议说"旧账一般不算"，毛泽东提出，"应改为旧账一般要算。算账才能实行那个客观存在的价值法则。"

据上所述，我们可以把毛泽东在1959年2、3月间围绕人民公社所有制问题做的工作，划分为这样三个阶段：发现问题、讨论办法、贯彻落实。从2月22日感觉到问题所在，到2月27日上午形成一个明确的认识，属第一个阶段，这期间，毛泽东同各地领导干部座谈五次，写信、批注或转发文件三件（封）。从2月27日晚上第二次郑州会议正式开始到3月5日会议结束，属第二个阶段，这期间，毛泽东在专列上主持开会座谈并发表讲话七次，写信、批注或转发文件七件（封）。从3月6日到3月31日，围绕贯彻第二次郑州会议的决定，他写信、批注或转发文件33件（封）。以上数字，属不完全统计。特别是第三个阶段，毛泽东还亲自到一些省份同地方领导座谈，检查各地落实第二次郑州会议决定的情况。在他看来，解决问题，议而不决，决而不行，是领导工作的大忌。

历史早已翻开了新的一页。今人面临的已不是毛泽东碰到的那些事情。但他发现问题、解决问题的眼光、魄力和方法，则可圈可点，给人启悟良多。怎样来概括呢？不妨用六个字，这就是"看得到，抓得起"。

这六个字，毛泽东在此前的1958年3月25日成都中央工作会议上的讲话中，从反面说起过。他说："过去几年，我们有些同志就是对大问题看不到，抓不起，而自己并不自觉。以为看到了，抓起来了，而后头证明一没有看到，二没有抓起。"

这六个字，毛泽东在1964年10月修改陈伯达的一个讲话稿上加写的一段话中，从正面作了阐发——

> 凡办事，要看得到，抓得起。要有这两种能力。凡办事，首先要看得到。如果那件事连看都没有看到，当然谈不到抓的问

题。有许多人，对于当前已经出现了苗头，甚至大量出现了的事实，缺乏看到的能力（感觉和理解），当然谈不到抓起来做的问题。至于抓得起，是指抓全局，更需要有一种大的能力，普通叫做有魄力。有些人对于某些事，不是没有看到，甚至著书立说，长篇大论。至于做，他就抓不起来了，或者抓了片断面，忘了全面。说到抓，既要抓得起，又要抓得对，又要抓得紧。抓不起，等于不抓。抓不对，就要坏事。抓得不紧，也等于不抓。看也有看得对不对的问题。看得不对，等于不看，或者还要坏。

"只唱一出《香山记》"

明朝戏剧家罗懋登根据佛教故事《观世音菩萨本行记》,写了一部传奇《观世音修行香山记》,后人简称《香山记》。剧情是:妙庄王的女儿妙善违背父意,不愿嫁人,遭受妙庄王种种严酷的刁难和折磨,因佛祖保佑,屡屡脱离苦难之境。妙善后来在香山修成正果,并暗中治好了父亲的病,终使妙庄王大悔大悟。佛祖遂封妙善为观世音菩萨。显然,这是一部借人间故事演绎佛教教义的典型之作。

毛泽东在青年时代读过这部传奇,对其内容,没有留下什么评论,倒是对剧中"不唱天来不唱地,只唱一出《香山记》"这两句开场戏文,印象深刻,后来多次谈到,并从领导思想和工作方法上做了引申。

据目前查到的文献,毛泽东第一次引用这两句戏文,是1958年6月21日在中央军委扩大会议上的讲话。他说:打了抗美援朝战争以后,我就把军队工作的事推给彭德怀同志了。我做工作就是单打一,搞那么一件事就钻进去了。我也提倡这个方法。有本书叫《香山记》，讲观音菩萨怎么出身，别的我都忘记了，头两句叫作"不唱天来不唱地，只唱一出《香山记》"。我就采用这两句作为方法，这几年是不唱天来不唱地，就是只唱一本别的戏，军事，我就没有唱了。这个方法是不坏的。你唱《打渔杀家》不能唱《西厢记》，你不能两个戏同时在台上唱。

1963年5月8日，毛泽东在杭州召开的中央工作会议上谈到要抓工作中的主要矛盾时，又说：就是不唱天来不唱地，只唱一出《香山记》。这是描写妙庄王女儿的一本书，头两句就是这样。事物是可以割断的。天也不唱，地也不唱，只唱妙庄王的女儿如何如何。比如看戏，看《黄鹤楼》，天也忘了，地也忘了，其他的戏如《白门楼》也忘了，只看我的同乡黄盖。你们中央局就开这样的会，不唱天，不唱地，只唱《香山记》。

1964年3月28日，山西省委第一书记陶鲁笳向毛泽东汇报工作时说：去年杭州会议后，我们根据主席提出的"只唱一出《香山记》"的办法进行传达，效果很好。毛泽东说：我四五十年前看过这本书，开头两句是"不唱天来不唱地，只唱一出《香山记》"。唱这个戏，别的戏就不唱了。就像你们河北唱《劈山救母》一样，不能什么都唱。这个方法要普遍运用。

三次所谈，意思差不多。把"不唱天来不唱地，只唱一出《香山记》"，作为希望"普遍运用"的领导思想和工作方法，当然是个极而言之的比喻，并不是说在做某件事的时候，对其他事情一概不管不顾。但这个比喻的指向也是明确的，简单地说，就是领导干部在一段时间里，想事情，看问题，定政策，抓工作，应突出重点，善于抓主要矛盾、主要任务，切忌眉毛胡子一把抓。

如果再往深处理解，毛泽东还曾根据中心工作的需要，用以下一些说法，来阐发与"只唱一出《香山记》"大体相近的意思。

一是"不要四面出击"。

这是毛泽东1950年6月6日在中共七届三中全会的讲话中提出来的一个口号。新中国成立之初，头绪繁多，要紧的事，便有肃清国民党残余、特务、土匪，解放台湾、西藏，进行土地改革，调整工商业，恢复经济，解决就业，改革旧社会教育文化事业，协调好各个阶级的关系，在国际上还要对付敌视新中国的帝国主义的压力和封锁，等等。但七届三中全会的主题，却是毛泽东提交的书面报告《为争取国家财政经济状况的基本好转而斗争》。也就是说，国家财政经济工作能否好转，是关系到新生政权能不能立得稳的关键问题。为此，毛泽东在说明这个主题报告的时候，特别强调："我们不要四面出击。四面出击，全国紧张，很不好。我们绝不可树敌太多，必须在一个方面有所让步，有所缓和，集中力量向另一方面进攻。"这里讲"不要四面出击"，就是要在诸多事务中，分清主次先后、轻重缓急，有所为，有所不为，有所大为，有所小为，目的是不要把社会关系搞得过于紧张而影响经济恢复，以利实现国家财政经济状况基本好转这个中心任务。

二是"反对多端寡要"。

1959年3月，毛泽东在郑州召开的中央政治局扩大会议上，谈到三国时袁绍败于曹操的一个原因是"多端寡要"。在讲了袁绍决策多端寡要、瞻前顾后的一些事情后，他接着说："我借这个故事来讲，人民公社党委书记以及县委书记、地委书记，要告诉他们，不要多端寡要。""端可以多，但是要抓住要点，一个时候有一个时候的要点。这是个方法问题。这个方法不解决，每天在混混沌沌之中，什么没有功劳也有苦劳，什么当驴狗子，什么辛辛苦苦的官僚主义。"这年6月，毛泽东同新华社社长兼人民日报社社长吴冷西谈话时又说道:"有些人是书生,最大的缺点是多谋寡断。要反对多端寡要,没有要点,言不及义。要一下子看到问题所在。"

所谓"多端寡要",在一些领导干部身上,常常表现为在一大堆问题面前看不到主要矛盾,抓不住要害问题,决策起来,头绪多端,力求面面俱到,什么都要讲、要做,结果却什么都讲不透、做不细,办起事来难免在枝枝节节的问题上疲于奔命,而影响全局的实质问题却得不到解决。避免多端寡要,关键在能及时判断出什么是当务之急、是急要之务。所谓当务之急、急要之务,是指那些必须解决的紧迫而又重大的问题,如不解决,就会使全局陷入被动,造成困境甚至危机。

三是"没有重点就没有政策"。

1959年4月5日在上海召开的八届七中全会上的讲话中,毛泽东一开始就说:别的事我不讲,只讲工作方法,现在的中心问题是工作方法,要会做工作。然后,一口气讲了十几条,诸如多谋善断,留有余地等等。其中说道:搞经济计划,要有重点,有重点就有政策,没有重点,平均分配,就无所谓政策。这是很好的经验,跟我们历来搞政治、搞军事相适合。总要有重点,一个时期总要搞个重点嘛。打张辉瓒就打张辉瓒,别的敌人放弃,搞点小游击队去牵制。毛泽东这里讲的"没有重点就无所谓政策",是希望制定政策要有明确的现实针对性。各级领导部门制定政策,总是为了回答和解决现实中的一些重点问题,总会提出某方面或某阶段工作需要努力实现的目标,并围绕重点问题和努力目标制定切实可行的政策措施。如果泛泛而论,在政策中过多挟带这也重要、那也重要,这也要做、那也要做的要求,把"重点"湮没在"全面"之中,落实起来,真正想解决的问题和实现的目标就可能要打折扣。

"没有重点就没有政策"的工作方法,毛泽东后来还多次谈到。

1961年3月，毛泽东在广州中央工作会议上就说过这样一段话："今后不要搞那么多文件，要适当压缩。不要想在一个文件里什么问题都讲。为了全面，什么都讲，结果就是不解决问题。"1971年夏视察南方时，毛泽东又说：三大纪律，八项注意，"条条要记清"，特别是三大纪律的第一条，就是一切行动听指挥，步调一致，才能取得胜利。这是重点。没有重点就没有政策。三大纪律，八项注意，加起来有11条之多，他单单把"一切行动听指挥"作为重点来强调，显然是一种别有深意的提醒，即就林彪集团的事情给沿途各地党政军的负责人吹吹风。

由上所述，四面出击、多端寡要、没有重点，是一种不好的、需要纠正的领导方法和工作方法。"只唱一出《香山记》"，则是与"不要四面出击"、"反对多端寡要"、"没有重点就没有政策"相辅相成的一种正面倡导。从毛泽东自己的领导方法和工作方法来看，他确实习惯于集中一段时间抓必须做的和看准了的关键大事和急要之务，而且抓住不放，抓得很细，反复谈话，沟通思想，达成共识。即使下面已经执行了，他还常常转发材料，推广典型，以使大家加深对此急要之务的认识并交流贯彻执行的经验。这种做法，有利于把问题搞透，把工作做深，把事情办好。

新中国成立后，毛泽东有不少"只唱一出《香山记》"的工作实例。1950年秋天到1951年，他的工作重心是决策、指挥抗美援朝战争。1954年春，为了筹备第一次全国人民代表大会，他远离北京，到杭州专注于新中国第一部宪法的起草工作。1955年9月至12月，他做的一件主要事情是推动农业合作化运动，看了大量材料，写了一百多篇按语，主持编辑了《中国农村的社会主义高潮》一书。1956年春，为了掌握社会主义建设带规律性的问题，他用43天的时间连续听取国务院34个部门及国家计委的工作汇报，随后发表著名的《论

1961年1月，毛泽东与其他中央领导同志在中共八届九中全会上。
摘自《毛泽东画传》下册第353页，中央文献出版社2003年版

十大关系》的讲话。1957年春，他集中精力做的事情是贯彻落实"双百方针"，思考并阐述在社会主义条件下如何正确处理人民内部矛盾的问题。1958年冬到1959年上半年，他着重解决已逐步察觉到的"大跃进"运动中出现的"左"的错误问题。这年年底到1960年初，他还用一个多月的时间在杭州读苏联的《政治经济学（教科书）》，以便从理论上澄清对社会主义建设中一些问题的认识。1961年春，他抓的大事是推动全党进行调查研究，还亲自组织了三个调查组深入农村调研。凡此等等，不一而足。

抓关键的和急要的大事，毛泽东"只唱一出《香山记》"；对待日常工作，他也主张分清主次，突出重点。以阅看文件这种领导干部每天都要碰到的事情为例，1973年，他要求一位担负领导职务的同志多读书，对方回答说文件太多，没有时间。毛泽东就讲：文件要分主次，看主要的，无关重要的、与你毫无关系的你就跟着别人画圈好了。其实很多文件，本来是来自下面的第一手材料，很值得一看。可是到了上面已经经过几道关口的修饰了，面目全非，也就没有太大意思了。有的文件，头几页你就别看，没意思，就看中间是什么内容就行了。要是让你批，让你拿主意的文件，就要认真对待了。总而言之，忙中偷闲，科学安排，是能挤出时间看书的。

这段话，可视为他集中精力"只唱一出《香山记》"的又一个侧面注脚。

感悟七千人大会的开法

1962年初召开的扩大的中央工作会议，以其七千人的空前规模载入史册。

召开如此大规模的会议，是为解决粮食紧缺这个当时非常具体的难题引起的。1958年开始的"大跃进"运动以及1960年随之而来的严重自然灾害，造成全国粮食全面紧张，粮食征购计划无法完成，到1961年11月中旬，只完成当年任务的百分之二十多，京、津、沪三大城市随时有断粮的可能。为解决这个从1954年实行粮食统购统销政策以来从未遇到过的困难，刘少奇和邓小平专门主持会议，请来六个中央局的第一书记商讨办法。但这些地方大员多表现出畏难情绪，怕答应了中央要求的粮食征购数目后回去难以落实。中南局书记陶铸提出，干脆把全国的地委书记找来北京开一个会，以"打通思想"。这个建议似乎印证了中央此前的一个基本判断：对粮食产量，地方干部没有完全讲老实话，只有从思想上解决分散主义和本位主义，才可能完成粮食征购计划。为此,毛泽东不仅同意陶铸的这个提议,还决定再扩大规模,把县委书记们也请来。

这就是有七千多人参加的扩大的中央工作会议的由来。

怎样才能"打通思想"呢?毛泽东的设想是总结前一阶段的工作经验,讲清道理,把会议当成"小整风"。于是,中共中央在1961年11月16日发出的会议通知里明确提出:会议主要讨论这几年的工作经验和端正工作作风问题。工作中存在的不正确的观点和作风就是分散主义和本位主义,不讲老实话,"在执行国家收购农产品任务上不照顾大局,片面地只顾本地或者只顾农民一头",等等。

因落实粮食征购计划而引发召开大规模的会议来总结经验,体现

1962年1月30日,毛泽东在七千人大会上讲话,摘自《毛泽东画传》下册第356页,中央文献出版社2003年版

了中央见微知著的判断和值得提倡的领导方法。当然，这也不是灵机一动所致，此前在调整和制定经济计划时，即已出现中央的指示落实不畅的情况，不少地区和部门强调局部利益，和中央讲条件，并觉得前几年的工作不够理想，中央也没有作统一的和明确的解释。因此，召开七千人大会实为形势使然。从会议通知和稍后起草的大会报告稿来看，中央当时设想的大会主题实际上有两个：一个是总结经验，讲清楚"大跃进"以来的成绩和缺点；一个是解决问题，反对工作存在的分散主义。但这两个主题不是并列的，总结经验是为了反对分散主义，重点在后者。

把分散主义作为主要矛盾，是不是抓到了问题的关键，是否符合当时的实际情况呢？从毛泽东对具有定调性质的大会报告稿的处理方式看，中央似乎也没有十分的把握。毛泽东1月30日在七千人大会上有这样一个说明——

> 在这次会议开始的时候，刘少奇同志和别的几位同志，准备了一个报告稿子。这个稿子，还没有经过中央政治局讨论，我就向他们建议，不要先开中央政治局会议讨论了，立即发给参加大会的同志们，请大家评论，提意见。同志们，你们有各方面的人、各地方的人，有各个省委、地委、县委的人，有企业党委的人，有中央各部门的人，你们当中的多数人是比较接近下层的，你们应当比我们中央常委、中央政治局和中央书记处的同志更加了解情况和问题。还有，你们站在各种不同的岗位，可以从各种的角度提出问题。因此，要请你们提意见。

七千人大会在1962年1月11日举行时，没有搞开幕式，而是直接把中央起草的大会报告稿发给与会者阅读，然后分组讨论。讨论一开始，果然是议论纷纷。不少与会者明显不同意报告中提出的反对分散主义的主张。有的省说，工业上有分散主义，但非此不可，否则不能调动地方上发展工业的积极性；而农业上不仅没有分散主义，相反是集中过多，把农民搞得比较苦。有的省说，现在不是反分散主义的问题，而应该反主观主义。显然，中央和地方的认识并不一致，提出"反主观主义"，尖锐地触及到"大跃进"运动的失误原因，并传达出地方干部对前几年不好的领导作风尚有心结未解。

中央是在1月15日发现会议讨论的这个重要动向的，并面临一个重要选择：是坚持按原拟主旨开会，还是根据实际情况重拟报告稿？在这个问题上，毛泽东和中央决策层似乎没有怎么犹豫，便在16日果断决定，应该充分听取地方同志的意见，重新组成报告起草委员会来起草大会报告，并要求先弄清楚当前的主要矛盾是什么，统一思想后再写稿子。这个决定，实际上使大会原拟两个主题的关系发生了重要变化，即由反对分散主义为主，改成了以总结经验为主。

总结"大跃进"以来的经验教训，大家是拥护的。但在应该总结什么样的经验这个问题上，与会者的认识又出现了不一致的情况。

由于鼓励人们大胆思考和具体分析，一时间人们议论纷纷，并很快就突破了中央原来的认识范围。无论在新成立的报告起草委员会内部，还是分组讨论中，总路线、"大跃进"、人民公社这"三面红旗"还举不举？怎样看1959年的庐山会议？中央提出的从1963年到1972年的远景规划设想的指标是高了还是低了？反对分散主义是不是抓住了主要矛盾？中央原拟报告稿是否要推翻重来？这些异常尖锐的问题，都提了出来，进而对原拟报告中谈得比较抽象和笼统的"大跃进"失误的原因，也讨论得更加具体和深入了。

例如，原拟报告强调"大跃进"失误的一个主要原因是缺乏经验。原则上讲这当然是对的。但在分组讨论时，不少人提出，不能把什么问题都归结为缺乏经验。有人说，如果只是因为缺乏经验，就不能解释有的省区的失误特别严重，而有的省区则相对轻一些，有些稳重的省区甚至粮食也没怎么减产，可见，这与各省区负责同志的领导作风是有关系的。有人说，前几年人们对上面要求的经济高指标，有的确实是深信不疑，有的是随大溜将信将疑，有的是认为指标高一点便于鼓干劲动员群众，这三种情况确实是与经验不足有关。但还有两种情况就不能说是缺乏经验了。一是虽然心里认为完不成高指标，但是不敢说出来；一是明知不行，却硬说能够完成，为的是迎合领导。这两种情况显然属于思想作风上的，由此，直接触及党内政治生活是否缺乏民主气氛的问题。

再如，与会者认为，中央要求多做调查研究，这是对的，但同时也要解决怎样调查才能了解真实情况的问题。1958年，上至中央领导人，下至县委书记，是下基层最多的年份之一，国务院很多部的部长也都下去了，以至于周恩来不得不下令每个部必须留一个部级干部看家，免得中央有急事找不到人。可见各级干部并不是没有下去搞调查研究。问题是虽然下去了，却很难了解到真实的情况，听不到真实的声音；即使看到、听到了，回来后也不敢反映真实情况。结果调查研究表面上轰轰烈烈，却缺少实效。这样一来，失误的关键又归结到政治生活是否有民主气氛的问题上来了。在分组讨论中，几乎每个省的省委书记都谈到缺乏民主气氛的问题。

有的与会者说得更直接，提出当时党内出现了"四不讲"的现象：报上没发表的不讲，中央没讲的不讲，文件没规定的不讲，顶头上司没讲的不讲。如果按这样的"四不讲"来调查研究，自然看不到表面无而实际有的情况，听不到人们口中无而心中有的声音，也就提不出正确的意见和建议。

这些观点引起中央的高度重视。大会报告的第二稿对"大跃进"以来的经验教训作了更多的具体的分析。1月27日，刘少奇针对讨论情况在大会上作了口头报告。关于中央吸收大会意见的情况，毛泽东在1月30日的讲话中评论说："报告第二稿是中央集中了七千多人议论的结果。如果没有你们的意见，这个第二稿不可能写成。在第二稿里面，第一部分和第二部分有很大的修改，这是你们的功劳。听说大家对第二稿的评价不坏，认为它是比较好的。如果不是采用这种方法，而是采用通常那种开会的方法，就是先来一篇报告，然后进行讨论，大家举手赞成，那就不可能做到这样好。"

毛泽东1月30日在大会上发表的这个长篇讲话，是对会议讨论情况的真切回应。其中心意思是讲民主集中制，强调无论党内党外，都要有充分的民主生活，让群众讲话，领导干部要善于听取别人的意见和建议，有了错误，一定要作自我批评和接受别人的批评。为此，毛泽东在讲话中还又一次带头承担了"大跃进"失误的领导责任，作了自我批评。

会议原准备在30日结束，毛泽东感觉到大家似乎还言犹未尽，便提出延长会期，让七千人在北京过一个春节（2月5日）。延长的几天干什么呢？毛泽东说，"要解决的一个中心问题是，有些同志的话没有讲出来"，"在中央开会，还不敢讲话，回到地方就更不敢讲话了"，"我建议让人家出气，不出气，统一不起来，没有民主，就不可能有集中，因为气都没有出嘛，积极性怎么调动起来？"这个建议，显然是立竿见影地落实会议的认识成果。如果只是由毛泽东讲一篇话即宣告总结经验的事情做完了，地方干部憋在心里的疙瘩还是没有化解，他们希望结合本省区的实际，把总结经验的事情做得更具体更深入一些。

这样，从1月31日到2月7日的七千人大会，便以"出气"、"顺气"为主，即各省、市、部委听取地、县两级的意见，同时检讨过去几年的缺点错误，展开批评与自我批评。而对引发这次大会的粮食征购问题，不仅不再去纠缠，中央还根据实际情况减少了征购任务，反对分散主义这个提法也逐渐淡出。这些做法，使与会者心气平顺，认为这次会议总结经验，是百分之百的马克思主义的，是实事求是思想路线的真正贯彻。

民主气氛活跃了，心气顺了，认识统一了，接下来就是把总结出来的经验落实到具体的政策措施之中。毛泽东在1月30日的讲话中就曾提出，"工、农、商、学、兵、政、党这七个方面的工作，都应当好好地总结经验，制定一整套的方针、政策和办法"。因为，"有了总路线还不够，还必须在总路线指导之下，在工、农、商、学、兵、政、党各个方面，有一整套适合情况的具体的方针、政策和办法，才有可能说服群众和干部，并且把这些当作教材去教育他们，使他们有一个统一的认识和统一的行动"。在七千人大会前后起草或修改的工业七十条、农业六十条、商业四十条、高教六十条、科学十四条、文艺八条等，特别是七千人大会后，中央下决心对国民经济进行了大刀阔斧的调整，压缩"大跃进"期间盲目上马而耗资巨大的一些工程，精减城市人口等，都属于在当时认识条件下总结经验、修正错误、完善政策进而贯彻于实践的重要举措。

一个从粮食征购难题引出的原本是要反对分散主义的大会，在不到一个月的时间里，从中央到县级的领导干部在认识上出现了如此大的转变和提升，自是多善可陈。今天的人们已不再面临当时讨论的那些具体难题，但七千人大会的召开过程和方法，却沉淀了足可以让后人体会应该怎样去处理难题、总结经验的启示。

第一，解决难题，要上下通气，在互动中找出难题背后的深层原因。工作中出现一些难题，因角度不同、感受不同、对实际情况的了解不同而看法不一，是很寻常的事。寻找解决办法，不能只着眼于具体现象,而要首先找出背后的根源。统一思想,则忌主观武断,把结论强加于人。开会讨论,不是简单地让别人接受你的主张,要鼓励人们讲真话,不怕有分歧,只要是符合实际的讨论,即使改变原定会议主题也不是不可以。这样做,才能"各去所偏,归于一是"。

第二,总结经验,需要把碰到的实际问题具体地摆出来,深入下去进行分析,才能找到焦点问题和拿出有针对性的解决办法。如果只是抽象地泛泛而谈,只讲原则上如何,基本上如何,大体上如何,而涉及具体问题则语焉不详,即使总结出一些共性的东西,虽然不错,但不鲜明;虽然可能皆大欢喜,但却可能不痛不痒或浅尝辄止,最终不能从根本上解决问题。

第三,对需要解决的难题形成共识之后,还须落实到提出解决难题的具体政策、具体措施和办法,并把它们一一贯彻于实践当中。这样,总结经验才算是真正收到实效。七千人大会前后制定的各行各业切合实际的具体工作条例,大会结束后对不平衡的经济现象进行的有效调整,无疑为扭转国家当时的严重困难局面发挥了很大作用。

行文言事的繁与简

在延安整风的时候，毛泽东发表过一篇著名的讲话，题目叫《反对党八股》。所谓"党八股"，直译是党内行文言事套用历史上的八股文的风气。具体特点，可从毛泽东指斥的其"八大罪状"中看出，即：空话连篇，言之无物；装腔作势，借以吓人；无的放矢，不看对象；语言无味，像个瘪三；甲乙丙丁，开中药铺；不负责任，到处害人；流毒全党，妨害革命；传播出去，祸国殃民。毛泽东对党八股的深恶痛绝，已溢于言表。他说："一个人写党八股，如果只给自己看，那倒还不要紧。如果送给第二个人看，人数多了一倍，已属害人不浅。如果还要贴在墙上，或付油印，或登上报纸，或印成一本书，那问题可就大了，它就可以影响许多的人。而写党八股的人们，却总是想写给许多人看的。这就非加以揭穿，把它打倒不可。"

然而，打倒党八股并非一件易事。

去年看过一部纪念邓小平诞辰一百周年的

电视文献片，有一段纪录画面印象很深。大概是上世纪80年代前期的一次中央全会，邓小平坐在主席台上，看到一叠稿子，随手翻了翻，感慨地对身边的人说："稿子越讲越多，都七十多页了。"的确，七十多页的稿子，无论是念下来，还是听下来，都不是一件容易的事。讲话一向简洁明了的邓小平，发此感慨也属自然，其中暗含的批评之意，似也不难体会。

大凡执政办事，行文言事，常有繁简两面。对一些基本理论问题的明辨和论证，对一些关系全局的战略问题的研究和阐述，对一些重大决策条例的条分缕析，其繁者必繁，过程是不宜省略的，这就是人们常说的"多谋"。一旦弄清楚了问题，找到了办法，却是简者宜简，不必绕弯子。只有鲜明、准确，直奔主题，人们才好理解你的意思，事情才有可操作性。从繁到简，是人们了解情况、提出问题、提炼办法的思维规律。想问题，做决策，遵循了这个规律，就会体现出好的领导方法和工作方法。该繁的时候，如果图省事，会导致误判。该简的时候，如果绕来绕去，大话空话太多，会让人一头雾水，不得要领，甚至心生厌烦。

在古代，就有大臣不能简单明确地陈奏意见而挨板子的事情。明初洪武九年（1376年）十二月，刑部主事茹太素向朱元璋奏陈五件事情，洋洋洒洒17000字。朱元璋叫人念给他听，但听至6300多字，知道说的是这些年任用的多是迂腐俗吏，才能之士百无一二。至于要说哪五件事，还没有切入正题。这一下，朱元璋生气了，第二天上朝的时候把茹太素召来，当众打了一顿屁股，那时叫"廷杖"。晚上，朱元璋再叫人把茹太素的上书念给他听，耐着性子听到16500多字，才说到具体事情。朱元璋觉得五件事中有四件可行。他感慨地说："做国君很难，做臣子也不容易。我所以要征求真切的话，是想它符合实际情况和事实。文字太多，就会使人迷惑。茹太素所说的，只要500字就可以说完了。"

有人说，茹太素挨板子，是因为在奏折中说了些不中听的话，这或许是事实。不过，让一个国家的最高决策者拿出两个晚上来听读一件公文，且只有3%的实际内容，惹其生气也是难免。从朱元璋的处理结果来看，也还是把茹太素提出的可行的四件事交代下去办理了的。他还根据这个事例，下决心改革文风，制定了公文的格式，"立上书陈言之法，以示天下"。他亲自写了一个序，叙述了自己阅读茹太素奏文的过程，顺便也做了点自我批评，说自己因为"厌听繁文而驳问忠臣，是朕之过"。最后要求："官民有言者，许陈实事，不许繁文。"经过一番整顿，朱元璋听读文件省下了不少精力。效率也提高了。有人做过统计，说洪武十七年九月，从十四日到二十一日，八天内，朱元璋收到奏札1660件，他平均每天要看或听两百多件公文。倘若动辄是上万言的奏文，断难如此。

抛开茹太素挨板子这件事的是非曲直，朱元璋要求的行文言事之风，是可取的。大体说来，文风反映作风。喜弄长文言事者，或是因事先疏于周密调查，即省略了应有的"繁"而胸中无数；或是为卖弄才学而不着边际地引经据典；或是担心话说短了别人不明白，啰里啰唆；或是怕直陈意见得罪人、担责任而求四平八稳，讨好四面八方。凡此种种，只好用更多的套话、虚话、空话、大话搪塞行文。反对这样的文风，可谓古今一理。读过毛泽东《反对党八股》这篇文章的人，不难萌生联想，朱元璋之反对茹太素的奏文，事实上也是在反对那时的"党八股"。

与茹太素同为明初文臣的朱升言事，则要高明一些。1356年，朱元璋在集庆（今江苏南京）一带获得了一块立足基地。但那里地狭粮少，且四面受敌。东有元将定定扼守镇江，东南有张士诚占领着平江（今江苏苏州）、常州（今江苏常州）和浙西地区，东北有地主武装青衣军张明鉴占据扬州（今属江苏），南面有元将八思尔不花驻屯徽州（今安徽歙县），西面有徐寿辉占有池州（今安徽贵池）。朱元璋处境十分艰难，要成大事，很需要求贤问策。他听部下说有一位叫朱升的老先生很有学问，便去拜访。这老先生只给了他三句话九个字："高筑墙，广积粮，缓称王。"朱元璋虽是老粗，却很有悟性，立刻明了自己的战略：加强城防，巩固根据地；发展农耕，积蓄粮草；缩小目标，增强实力。根据朱升的建议，经过几年努力，朱元璋的势力果然迅速壮大起来。朱升也备受器重。

仔细想想，朱升若不是对朱元璋的处境和当时的政治军事形势有过切近的观察和深入的分析，是很难用如此简明的语言提出对策的。因为有了由繁及简的过程，虽只区区九字，却明白地揭示了当时形势发展的规律，抓住了根本问题，也更容易入脑入心，方便实行。这九个字，犹如诸葛亮的《隆中对》，是中国历史长河中政治智慧方面的精彩浪花。体会和欣赏这朵浪花，后人也就记住了朱升这个除此之外并无多大建树的历史人物。

善于汲取历史经验的毛泽东，在新中国成立后，就曾两次谈到朱升和他的对策。一次是1953年2月，在南京参观明孝陵时对陪同的陈毅说：朱元璋是一个放牛娃出身，人倒也不蠢，他有个谋士叫朱升，很有见识，朱元璋听了朱升的话，"高筑墙，广积粮，缓称王"，最后取得民心，得了天下。再一次是1972年，毛泽东对其他中央领导人说：明朝建国以前，朱元璋召见一位叫朱升的知识分子，问他在当时形势下应当怎么办。朱升说："高筑墙，广积粮，缓称王。"朱元璋采纳了他的意见，取得了胜利。毛泽东还根据当时的国际环境，把朱升的九个字化用为新中国的战略表述方式——"深挖洞，广积粮，不称霸"。相信过来人至今都记得这三句话，并且明白其特有的历史内涵。

干部团队的"和而不同"

1938年4月30日,毛泽东在抗大第三期第二大队毕业典礼上的讲话中,对《西游记》里的几个神话人物作了一段很有趣的评论。他说:唐僧这个人,一心一意去西天取经,遭受九九八十一难,百折不回,他的方向是坚定的。但他也有缺点,麻痹,警惕性不高。敌人换个花样就不认识了。猪八戒有许多缺点,但有一个优点,就是艰苦,七绝山臭稀柿胡同就是他拱开的(按:见《西游记》第67回)。孙悟空很灵活,很机智,但他最大的缺点就是方向不坚定,三心二意。你们别小看了那匹小白龙马,它不图名,不为利,埋头苦干,把唐僧一直驮到西天,把经取回来,这是一种朴素、踏实的作风,是值得我们取法的。

毛泽东根据唐僧师徒不同的个性,分别指喻了他大力提倡的坚定正确的政治方向、灵活机动的战略战术和艰苦朴素的工作作风,同时,也揭示出一个大道理:干事业的团队,必须要有多样化的人才组合。唐僧师徒,加上那匹小白龙马,各有优缺点,认识问题和解决问题的方式不同,能力水平各异,为打鬼降妖的战术主张常常吵架,但最终还是同心同德地克服困难,向西迈进,一路勤勤恳恳,各显神通,终于成就西天取经这番事业。这实在是一个很有意思的团队,套句我们常用的话,应该是既有目标一致的"党性",又有活脱脱的个性。用今天的哲学用语,该叫"多样化的统一";用古代哲学用语,就是"和而不同"。

"和而不同"是中国古代哲学中一个很重要的观点。聚集不同的事物,结为一种对立统一体,在这种统一体中,不同事物互为对立面,通过彼此相伴、竞争和比较,发挥各自的优势,相互取长补短,不断达到新的平衡,形成新的统一,这就是"和",这样才能产生新事物。所谓"同",则是单一的重复,是相同的事物简单相加,就不能产生新事物,事物的发展也就停滞不前了。古人所谓"和实生物,同则不继",就是这个意思。孔子把它用在人格上面,提出"君子和而不同",就是希望君子相交或共处于一个群体中,做人做事要有原则性,相互之间不能人云亦云,要敢于表达自己的意见主张,要承认不同的个性才具。对干大事的干部团队来说,"和而不同"是一种最佳组合方式。使用和依靠各具才性的人物,才能最大限度地实现优势互补,孕育出朝气蓬勃的创造力,形成克敌制胜的战斗力。

中国共产党在1945年召开七大的时候,便面临由哪些人组成中央委员会的问题。与会者提出的问题非常尖锐和实际,归纳起来,有三个方面:(一)对犯过错误的同志,应不应该选举?有两种意见,一种是不应该选举,一种是应该选举。(二)这次选举中央委员会要提拔许多过去不在中央委员会工作的同志到中央委员会来,要不要照顾各方面?就是所谓要不要照顾山头?也可以有两种考虑,一种是不要照顾,一种是要照顾。(三)中央委员的资格和标准是能够执行大会的路线,这是重要的,但对他的能力要求如何?是不是要有各方面知识的人我们才选他？还是有某一方面或者某些方面的知识的就可以选他？很明显，在这三个方面存在的两种不同意见，分歧的实质就是要一个"和而不同"的中央委员会，还是要一个清一色的同时也可能是"同则不继"的中央委员会。毛泽东在大会上作了详细的解释，最终确立了"和而不同"的选举方针。

干部团队的"和而不同"，首先是人才来源的多样化。但凡要做一件大事，复杂的事，长远的事，起事者开始时总是少数，或如星星之火散于各处，不通声气。但渐渐地，便汇聚在一面旗帜之下，成燎原之势。《水浒传》里梁山根据地开创者王伦，器量格局狭小，是不愿或不敢主张"和而不同"人才结构的，于是丢了性命。宋江与他不同，呼朋引类，各路英雄齐聚梁山，闹出一番红火局面。所以毛泽东说："《水浒传》要当一部政治书看。当时农民聚义，群雄割据，占据了好多山头，如清风山、桃花山、二龙山等，最后汇聚到梁山泊，建立了一支武装，抵抗官军。这支队伍，来自各个山头，但是统率得好。"如果说"来自各个山头"是多样化的"不同"，那么，"统率得好"就是统一的"和"。

聚集在一起的干部团队，有的是为"事"而来，愿意干那项事业；有的是为"人"而来，相信并追随某个领头的人物；有的是为"路"而来，即寻找自己的出路。这些"不同"，使团队总是面临一个很实际的问题：如何增强凝聚力，特别是有共同经历的人在团队里形成"山头"的时候，怎样让团队真正"和"起来。按毛泽东在七大时的说法，是要承认山头，照顾山头，但要反对山头主义。用好的干部政策让各个山头团结起来，是事业之幸，反之则成事业之危。毛泽东曾解释汇聚梁山的各路英雄之所以被"统率得好"，是因为有饭大家吃，有敌人大家打，内部的政治工作做得相当好。与此相似，毛泽东还推崇入关南下的清王朝的干部政策。在1949年新中国成立时,他曾对人说:清朝所以能够统治中国二百六十余年,就因为满族统治者一开始就定了一条统一战线政策,用汉人和其他少数民族的人,以少数团结了多数。让团队"和"起来,当然还要靠其他许多办法,诸如信念问题、纪律问题,这里不再岔开去说,主要是强调,在一个干部团队里,只有真正的"和","不同"才是有价值的。离开了团队这个前提,就无所谓"不同",因为大千世界本来就是丰富多彩的。团队的"和",不是桃花源里的那种人际关系,不是老庄提倡的绝圣弃智、抱朴守拙的无为状态,而是一种求大同存小异的境界。我们说成熟的团队该是"和而不同"的团队,指的是其成员志同道合、命运相关,为了同一个目标或围绕同一个事件相互砥砺、配合、补充,不仅使自己的人格才具在这种映照中更显异彩,也使群体行为获得更大的成就。

"和而不同"的干部团队,还表现为性格才具的多样化,也就是说,干部团队中的每个人都不可能十全十美。对团队的核心人物来说,要承认这种现实,不能希望把所有的人都按一种尺寸来塑造和使用。梁山的事业之所以干得轰轰烈烈,就在于大材大用,小材小用,通材通用,偏材偏用。毛泽东读《水浒传》,便常常体会其人物各具特色的性格才具而予以发挥。例如,关于李逵,他说:"不要学李逵粗野。李逵是我们路线的人,……缺点是好杀人,不讲策略,不会做政治思想工作。总之,要采取摆事实,讲道理的方法。"关于拼命三郎石秀,他说:"我们从前干革命,就是有一种拼命精神。"关于武松,他说:"在敌人面前,不可以表示丝毫的怯弱。我们要学景阳冈上的武松。"关于戴宗,他说:"梁山泊也做城市工作,神行太保戴宗就是做城市工作的。祝家庄没有城市工作就打不下来。如果没有内部动摇,内部不发生问题,就很难解决问题。"毛泽东甚至还注意到,梁山英雄中也有做特务工作的。在1938年关于保卫工作的一次谈话中说：梁山上有军队，有政府，也有保卫侦察这些特务工作。108位高级将领中，就有做特务工作的。在梁山的对面，朱贵开了一个酒店，专门打听消息，然后报告上面。如果有大土豪路过，就派李逵去拿了回来。毛泽东对梁山英雄这些不同特点的体会，说明干部团队只要实现了"和"，"不同"的个性才具，总会派上用场。

读者说了，无论是唐僧师徒还是梁山英雄，都是为追求艺术效果虚构出来的，当不得真。事实上，历史上大凡干出大事的政治集团，也从来都拥有"和而不同"的人才结构。

汉初将相有"三杰"之称。刘邦说他所以得天下，主要靠了三个人，即指挥千军万马、拔寨攻城的韩信，运筹帷幄、决胜千里的张良，安抚百姓、筹运粮草的萧何。"三个人"实际上是指"三类人"。韩信、张良、萧何不过是这"三类人"的代表，有了这"三类人"，天下何愁打不下来。所以"三杰"便是"和而不同"的人才结构。这里的"和"，就是都为刘邦所用，这里的"不同"，就是三杰之间不可替代的才具。如果反过来是"同而不和"会是怎样呢？刘邦手下若尽是些韩信，他那个仗，是无法打下去的，首先是没有根据地的依托，没有后勤保障，再就是没有人为他纵观大局，制定战略和操办外交，弄不好韩信们还会各自争功显能、相互拆台呢。反过来，如果都是些萧何、张良，没有前线指挥官的实施，恐怕有再多的粮草和计谋也无济于事。设若这三杰不归附刘邦而各立山头单干又如何呢？显然，没有"和"，能力再大也是单项突出，在综合较量的历史舞台上，恐早为项羽各个击破，恐怕连施展才干的机会都没有。

再说唐太宗。他搞出"贞观之治"，根本上也是得益于"和而不同"的济济人才。贞观十七年他让人图画于凌烟阁上的24位功臣，便可分为四类来源：以萧瑀为代表的高祖李渊的旧部，以房玄龄为代表的李世民做秦王时的亲信，以魏徵为代表的归顺之士，以马周为代表的新进寒门才杰。在李世民的领导下，他们各尽其能，各司其职，组成了创建唐王朝、成就贞观盛世的干部集团。

在这个干部集团中，各自的短长也非常明显，全赖唐太宗有罕见的包容胸襟和知人用人的智慧。贞观十八年八月，也就是唐太宗命图画24位功臣于凌烟阁的第二年，他对一些大臣的优缺点，一一作了评点。他说：长孙无忌"善避嫌疑，应物敏速，决断事理，古人不过"。高士廉"涉猎古今，心术明达，临难不改节，当官无朋党；所乏者骨鲠规谏耳"。唐俭"言辞辩捷，善和解人；事朕三十年，遂无言及于献替"。杨师道"性行纯和，自无愆违；而情实怯懦，缓急不可得力"。岑文本"性持敦厚，文章华赡；而持论恒据经远，自当不负于物"。刘洎"最坚贞，有利益，然其意尚然诺，私于朋友"。马周"见事敏速，性甚贞正，论量人物，直道而言，朕比任使，多能称意"。褚遂良"学问稍长，性亦坚贞，每写忠诚，亲附于朕，譬如飞鸟依人，人自怜之"。在被评点的几位大臣中，除了没有明说长孙无忌和马周的缺点外，其他人或者是不能直谏，即不敢说真话；或者是为唐太宗服务了30年竟然没有提一条能让唐太宗改变主意的好建议；或者是行事怯懦，关键时刻靠不上；或者是好引经据典，恃学傲物；或者是办事讲亲疏远近。总之，都有毛病，有的毛病还不小。但唐太宗都容忍了，关键是唐太宗善于对他们扬长避短，发挥每个人的特长，诚如他自己所说的"用人如用器，用其所长"。所谓贞观之治，显然是同这些挟带优缺点的"和而不同"的人才群体紧密联系在一起的，也是与唐太宗包容"不同"、"和"而用之的政治智慧联系在一起的。可以说唐太宗雄才大略能使用和驾驭"和而不同"的干部集团，也可以说是因为他善于使用和驾驭"和而不同"的干部集团而成其雄才大略。

有战斗力，能成事的干部团队，不怕来源不同有"山头"，关键是领军人物是否有凝聚力，并善于统率；不怕各种人才有缺点，有小算盘，关键是领军人物要心里有数并善用各人之长；不怕各种人才之间意见纷呈、主张分歧，关键是领军人物善采纳，有决断。看来，创造"和而不同"的人才局面，关键在于干部团队中的领军人物或者说核心人物。

团队核心人物的凝聚力

1964年11月26日，毛泽东听取西南三线建设的工作汇报，谈到领导应该统一，不能多头，否则会出现内部决策危机时，讲了一个历史上的教训，他说：领导多头总是要失败的。太平天国的时候，洪秀全回了一趟广东，杨秀清说他回到天国了。洪秀全再回来时，将领们都是拥护杨秀清的。其实那时杨秀清更年轻有为些，洪秀全应该服从杨秀清的领导。但洪秀全是创教者，是领袖。两权对立，所以失败了。

这个评点，道出一个常理：干成大事的团队，总有一个必不可少的核心人物，否则，团队的事业就会出现危机。正是在这个意义上，邓小平1989年说："任何一个领导集体都要有一个核心，没有核心的领导是靠不住的。"

核心人物既然对团队事业的兴衰成败起着关键作用，那么，他怎样才能集中团队意志，凝聚团队力量，以发挥别人不能替代的关键作用呢？

拣拾毛泽东对历史人物的一些点评，大致可概括出以下几个方面。

一是提出理念目标。

团队核心人物通常是靠精神信念来凝聚队伍的。中国古代小说便反复呈现这样的描写，《西游记》里的唐僧，是去西天取经的首倡者、组织者和这一信念最坚定的维护者；《三国演义》中的刘备，则以复兴汉室作为其招募人才的口号；《水浒传》里的宋江，其"及时雨"的绰号，则代表了108位英雄好汉共有的劫富济贫理念。正是这些信念和口号，使他们拥有调动政治资源和人脉关系的感染力，能够把各种人才组合在一起去做事情。毛泽东1938年在一篇纪念孙中山的文章中说："孙先生的伟大在什么地方呢？在于他的三民主义的纲领"，"他始终坚持了三民主义，并且发展了三民主义"，也意在表明，孙中山之所以成为近代史上民主革命家团队的核心人物，根本原因在于他提出了符合时代要求的理念主张，从而使一班有志之士凝聚在他的周围，知所趋赴。

当然，核心人物提出的理念主张必须符合实际，要为群众接受才能成为胜利的旗帜。洪秀全的太平天国起义军和曾国藩的湘军集团的斗争，双方在理念号召上的得失就是一个明证。洪秀全用来动员群众的，是拿来西方的天主教，再由他加以中国化而成的"拜上帝教"，这在中国社会缺少深厚根基。曾国藩看准起义军的这个弱点，以保卫中国传统名教作号召，动员士大夫阶层和"乡野老实之人"，参军参战。结果，一场阶级战争，被他说成是一场保卫中国传统文化的战争。毛泽东1926年在广州农民运动讲习所讲课时说："洪秀全起兵时，反对孔教提倡天主教，不迎合中国人的心理，曾国藩即利用这种手段，扑灭了他。这是洪秀全的手段错了。"所谓手段错了，事实上就是动员群众的思想工具错了，而曾国藩在运用思想工具方面，确实高明一些,毛泽东晚年还说:"曾国藩是地主阶级中很厉害的人物。"

二是制定发展战略。

在群雄并起的局面中,要使强者更强,弱者渐次强大,领导团队的核心人物须具有审时度势、制定发展战略的能力,才会使团队有不断进取的行动路线。三国时,刘备属"织席贩履"的小手工业者,他与推车的关羽、屠夫张飞结义起事后,整整30年间都依附于强势集团,投靠过公孙瓒、陶谦、吕布、曹操、袁绍、刘表等,最后抓住赤壁大战后重新瓜分势力范围的机会,占据荆州,夺取西川,壮大了自己。刘备为什么能得到那么多人的收容,并且还有不少人才前来投靠呢?除了他那块皇叔的牌子和"仁义布于天下"的外部形象外,一个重要原因在于他善于判断形势,隐蔽锋芒,又注意保持自己团队的独立性,始终不坠进取拓展的青云之志。相反,如果一味保守,无战略谋划,即使势力可观,也会衰落。刘备投靠过的刘表集团,地广人众,但有识之士均认为刘表绝非"明主",诸葛亮、庞统这些人便隐居在他的地盘里不出来效力。无雄才大略,不思进取之策,对人才自然缺乏吸附力。毛泽东读《三国志·刘表传》的批语,也都是贬语。刘表初入荆州曾诱杀在当地作乱的刘姓宗室,毛泽东批注说:"杀降不祥。"为了自保,刘表周旋于董卓旧部、曹操、袁绍三大势力之间,手下劝他不要这样做,刘表不听。毛泽东批注说,刘表后来"虽绝绍附操,终亦为操所吞"。《刘表传》里说到刘表"南收零、桂,北据汉川,地方数千里,带甲十余万"。毛泽东批注:"做土皇帝,孟德不为。"曹操与袁绍在官渡对峙时,袁绍派人向刘表求助,刘表答应了却不派兵去,但也不帮助曹操,毛泽东批道:"中立。"这些批语,都集中于批评刘表消极保守,无战略经营。而中立保守恰恰不能保全基业。袁、曹官渡相持时,刘表部下就指出:"豪强并争,两雄相持,天下之重,在于将军。将军若欲有为,起乘其弊可也;若不然,固将择所从。将军拥十万之众,安坐而观望。夫见贤而不能助,请和而不得,此两怨必集于将军,将军不得中立矣。"后来果然被曹操吞灭。毛泽东给刘表的最终评语是:"虚有其表"。这里顺便说说,毛泽东在评论刘表时,不止一次地将他与曹操加以比较,说他尽干些"孟德所不为"的事。论人、识人、知人是一件很难的事,而运用比较法亦即对立统一的法则来观察人,则是很灵验的。通过比较,往往能较为容易地看清一个人的高下与优劣。可以说,比较法是一种很重要的"识人之术"、"知人之哲"。

三是明智采纳意见。

怎样听取别人的建议,一直是领导团队核心人物的一个难题,也是其有无凝聚力的一个重要标志。不善于判断和选择别人的意见,拒绝采纳好的建议,常常会导致失败。成功的团队核心人物,大体上都能做到既听取别人好的意见,又不盲目地被错误意见牵着鼻子走。毛泽东很欣赏曹操和谋士郭嘉的配合,在1959年3月、4月、7月和1966年3月的中央会议上,他四次比较集中地谈论郭嘉向曹操提建议,曹操择善而断的故事,由此引申出核心人物和智谋之士相互成就的道理。谈到曹操和郭嘉,毛泽东都习惯用"多谋善断"来评价,可以说是郭嘉的多谋善断成就了曹操,也可以说是曹操的多谋善断成就了郭嘉。反观袁绍,在这个问题上却屡屡犯错。他身边的郭图、沮授、田丰、辛评,智慧并不亚于曹操集团的谋士,连荀彧、郭嘉也曾效力于他。问题在于,他们大都成为了袁绍的摆设,关键时刻并不采纳他们的擘画;智士之间则互不买账,意见相左,袁绍又见事不敏,游移不决。郭图劝他迎天子到邺县建都,他不屑以为,看见曹操把天子接到了许昌,又后悔不已。田丰劝他不要南下同曹操决战,宜先巩固北方四州,同曹操打持久战,他不听,结果在官渡大败。

四是勇于决断任事。

李渊是唐朝的开国之君,毛泽东读《旧唐书·高祖本纪》却对他作了一个见地深邃的评语:"遇事无断制。"李渊在起兵和平定诸雄的战争中,主要依赖他的儿子李世民等,包括起兵反隋这一重大决策,也是李世民的促动。李渊最后不能制衡诸子,导致玄武门之变,也是"无断制"的结果。"无断制",就是无决断的魄力和勇气。毛泽东还经常引用曹操说袁绍"色厉而胆薄"这句话。"遇事无断制"当与"胆薄"有关。袁绍为什么多谋寡断,其实就是关键时刻下不了决心。为什么下不了决心,缺乏担当的胆气魄力而已。有决心,有胆魄,才有决断,才能把团队的意志集中起来。所谓决断,就是敢于和善于取舍,并有承担决策风险乃至失败结果的勇气和心理准备。天下大事,非"胆薄"和"无断制"者所能为,只有不怕挫折和失败的人才能做得起,撑得住。例如,萧何、曹参、刘邦一伙杀了沛县县令起义反秦时,要推举带头的人,论身份、威望、才智,身为县吏的萧何、曹参出来领头最合适。刘邦也同意,还说自己"能薄",不宜担当此任。但"萧、曹等皆文吏,自爱,恐事不就,后秦种族其家,尽让刘季。"在关键时刻,萧何、曹参不敢为,皆因"胆薄"而心里又揣着小九九,倒是刘邦(季)敢于豁出去,自然被推上了起义集团的中心。毛泽东1975年同人谈到历史问题时,说过这样的话:秦始皇怕秀才造反,焚书坑儒,以为烧了书,杀了秀才,就可以一劳永逸了,可以二世、三世地传下去,天下永远姓秦。结果是"坑灰未冷山东乱,刘项原来不读书",是陈胜、吴广、刘邦、项羽这些文化不高的人,带头造反了。

五是拥有识人容人胸怀。

群雄逐鹿,凝聚和拥有人才,并为他们创造各展所长的舞台,常常是各个集团的第一要务。这当中,各种人才也常常是择良木而栖，团队核心人物是否有做成大事的胸怀雅量，成为他们选择的一个重要标准。刘邦登坛拜将用韩信的魄力，曹操当众烧掉官渡大战危急时部下暗通袁绍书信的气度，刘备三顾茅庐请诸葛亮的真诚，孙权先后拔识周瑜、鲁肃、吕蒙、陆逊的明智，李世民用废太子死党魏徵的胸怀，都是让人赞叹之举。陈胜称王后，其政权在军事上占优势的情况下，只存在六个月便失败了，原因何在？毛泽东在读《史记·陈涉世家》的批注中说，陈胜杀掉来投奔他的穷困时的朋友，导致"故人皆自引去"，是其"一误"。信用朱房、胡武两个没有才能又很不正直的人"主司群臣"，使"诸将以其故不亲附"，是其"二误"。陈胜此两误的结果，均表现为失去凝聚力："皆自引去"、"不亲附"。再看袁绍，更是等而下之，其用人政策很有些武大郎开店的味道。田丰劝他不要南下同曹操决战，他竟然给他戴上镣铐关押起来。袁绍在官渡大败后，有人对田丰说，你的建议是对的，看来要被重用了。田丰回答：如果主公打了胜仗，我还能活下来；如今他大败而归，我是死定了。果然，"绍还，谓左右曰：'吾不用田丰言，果为所笑。'遂杀之。"这样的团队核心人物，怎能不让团队干部们寒心。青年才俊郭嘉看出袁绍不足以成大事，决定背袁投曹。临行前，他对人说："袁公徒欲效周公之下士，而未知用人之机。""欲与共济天下大难，定霸王之业，难矣！"毛泽东读《郭嘉传》，很注意郭嘉对袁绍的这个评价，在许多场合引用了郭嘉的话，目的是希望党的各级干部团队中不要出现袁绍这样的"班长"。

　　由上所述，成功的团队核心人物，尽管在许多方面不如其他人物有本事，但他们在理念主张、战略构想、决断魄力、识人用人、胸怀品格等方面，大都具有综合优势，由此形成精神上、政策上、组织上的凝聚力，赢得团队干部的尊敬和忠诚，拥有其他人不可替代的权威地位。

"出主意，用干部"

做领导应该干什么事，毛泽东和邓小平说过两句极为相似的话。

毛泽东说："领导的责任，归结起来，主要地是出主意、用干部两件事。"

邓小平说："我的抓法就是抓头头，抓方针。"

出主意，就是抓方针；用干部，就是抓头头。抓住了这两条，也就抓住了做领导的根本。

道理不难懂，做起来却非易事。历史上一些领导集团在这个问题上的成败得失，很值得玩味。毛泽东读史，多注意此道。

先说"出主意"。

领导出主意，最常见的是在一些重大决策上发挥关键作用。提出主意的快慢和好坏，体现决策水平和谋断能力的高下。毛泽东在1959年3月的郑州会议上，曾比较三国时期几个主要领导集团核心人物在这个问题上的差别，认为曹操多谋善断，最厉害；刘备也很厉害，却稍逊一筹，"事情出来了，不能一眼看出就抓到，慢一点"；袁绍则根本就是"见事迟，得计迟"，属不称职的领导。

看来，见事早，得计早，是提出好主意的一个前提。为了更具体地说明这个问题，毛泽东还举了蒋介石在辽沈战役中的一个例子。他说："蒋介石就是见事迟，得计迟。形势已经出来了，他还没有看见，等看见了又不好得计。比如辽沈战役时他对卫立煌的部队，总是犹豫不决，最后才下决心，强迫他去热河、到北京。如果早一点，我们围攻锦州的炮一响就让他马上走，我们就没有办法，只能切他一个尾巴。如果在我们还没有打锦州时，就把沈阳、锦州统统放弃，集中于平津，跟傅作义搞在一起，我们也不太好办。"这个评点，虽然是十年后的体会，确也符合辽沈战役的战场实际，指出了国共双方统帅部的决策快慢之别。

见事早、得计早的谋断力，总是在实践中甚至在失误中积累和增长起来的。一个成熟的领导者，对有的事情可能见事早，得计早，对有的事情则未必。毛泽东坦言，新中国成立后，对有些事情自己也没有料到。1959 年 4 月在上海召开的八届七中全会上，他总结了这样几件事："没有预料到 1957 年出现这么大一个风潮，右派进攻。此外，还有两件事没有预料到，一个是反斯大林的大风潮，全世界的共产党跟着倒霉，连我们也无光彩，苏联共产党也没有光彩。再一件就是没有预料到经济指标定高了。1 月上旬我召集的那个小会，陈云同志讲估计完不成，这种话应该听。"反思在见事、得计问题上的不足，本质上就是总结经验，以便更好地出主意。故毛泽东 1941 年就讲到，"善于总结经验，就是领导者的任务"。邓小平晚年也说，他最关心的事，"一个总结经验，一个使用人才"。可见，总结经验也是出主意之一种。

出主意、做决策不是一个人的事，通常情况下要有一个听取别人意见、汲取别人智慧的谋断过程。按毛泽东的说法,要"多召集几个会议商量,然后才能有断,所断便是善断"。刘邦被视为"从谏如流"的典型。在1964年1月7日的一次谈话中,毛泽东详细讲了刘邦纳谏善断的几件事情:一是听张良劝说,封举足轻重的韩信为齐王;一是楚汉划界鸿沟后,听张良、陈平之劝,乘胜追击引兵东向的项羽;一是刘邦称帝后,欲建都洛阳,听齐人刘敬建议,入都关中长安。这些见事早、得计早的主意,虽然不是刘邦提出来的,但他能及时采纳决断,作出明智选择。更重要的是,在关键时刻总有人给他献计,改变他的想法,不能不说与他平时着力营造"出主意"的氛围有关。毛泽东在读《史记·高祖本纪》的批注中,说"项王非政治家。汉王则为一位高明的政治家"。这个判断的依据,倒不一定是刘邦战胜项羽的历史结局,而是在走向这一结局的过程中,刘邦作为高明政治家在"出主意"这个问题上,远非项羽所及。

在历史上,还有一个人的谋断决策方式引起毛泽东的关注,这就是后唐庄宗李存勖。《通鉴纪事本末·后唐灭梁》记载,李存勖把部下康延孝叫到家里咨询灭梁之事,康延孝认为,梁兵目前聚集在一起,我们不能硬打,只能等到他们分兵合击我们时,每处兵力就减少了,那时可"率精骑五千,自郓州直抵大梁"。李存勖依此计等待时机,果然夺取了郓州。还有一次,李存勖屯兵朝城,梁朝几路大军合围压境,而李存勖却粮草匮乏,难以支撑,于是召集诸将开会想办法。结果大家都提出退兵求和的主张,李存勖不悦:"如此,吾无葬地也。"随后,他单独找部将郭崇韬商量,郭崇韬建议,部署一些兵将留守朝城,由李存勖亲率精兵"长驱入汴,彼城中既空虚,必望风自溃",并说这个主意他曾经和康延孝仔细商量过。李存勖依计而行,果然取胜。毛泽东读到这些事,批道:"康延孝之谋,李存勖之断,郭崇韬之助,此三人者,可谓识时务之俊杰。""已成摧枯之势，犹献退兵之谋，世局往往有如此者。此时审机独断，往往成功。"从李存勖灭梁和毛泽东的批语看，有四点值得体会：一是决策之前，李存勖总是主动谋于人，一谋不行，换一个范围再谋。此为多谋、善谋。二是谋于人但并不被别人的意见牵着走，胸中有基本的判断和方向，因此他没有采纳诸将退兵求和的主张。此为能断、善断的前提。三是郭崇韬、康延孝的高明处，是不被表面困难吓倒，看出不利形势背后潜藏的机会，提出精兵奔袭之策，属大智大谋。四是李存勖在关键时刻有"审机独断"之举，凸显出作为团队核心人物的决策魄力。以上四点，比较具体地展示了"出主意"的领导方法和谋断过程。

最重要的出主意，当然是确立路线方针。对执政者而言，尤其如此。西汉初年，刘邦、萧何推行"无为而治"、"轻徭薄赋"、"与民休养"等政策，是符合大乱之后基本国情的聪明选择。继任者曹参的政治智慧体现在他能够确认这条路线，并且不顾非议地坚持下来。正是"萧规曹随"，打下了"文景之治"的基础。此后汉武帝根据国情的变化，在执政方略变为法家一路。他的孙子汉宣帝坚持这一执政路线，但太子（即后来的汉元帝）却劝汉宣帝改变执政路线，多用儒生，以行德教仁柔之道。宣帝很不高兴地说："汉家自有制度，本以霸王道杂之，奈何纯任德教，用周政乎？且俗儒不达时宜，好是古非今，使人眩于名实，不知所守，何足委任！"由此骂道："乱我家者，太子也！"毛泽东很注意汉宣帝父子的这场争论。1957年6月同吴冷西等人谈话时说：汉武帝雄才大略，开拓刘邦的业绩，不失为鼎盛之世。前汉自元帝始即每况愈下。元帝好儒学，摒斥名、法，抛弃他父亲的一套统治方法，他父亲骂他，"乱我家者，太子也"。1966年3月，在杭州的一次谈话中，毛泽东再次提到：汉元帝用《诗经》治国，"儒学"治国，汉宣帝对他说，汉朝要亡在你的手啊！西汉一代,也确实从汉元帝手上出现衰变的。由此看出,执政者确定的路线方针这个大主意,是如何直接影响着历史盛衰的。

再说"用干部"。

汉宣帝父子关于执政方略的争论,事实上已经涉及到"出主意"与"用干部"的密切关联:行德教仁柔之道,必然要多用儒生治国;以霸王道杂之,自然要多用名法之士。对二者的关系,毛泽东1938年有另一种提纲挈领的表述:"如果是贤明皇帝,就会是忠臣当朝,用人在贤;如果是昏君,必有奸臣当朝,用人在亲,狐群狗党,弄得一塌糊涂。中国历朝以来的组织路线,即干部政策,都是随着政治路线改变的。"用干部的关键,就是选择什么样的人贯彻实施既定的路线方针政策。毛泽东说的"政治路线确定之后,干部就是决定的因素"这句名言,道出此中真谛。提出主意后,用赞成者、不赞成者、模棱两可者、在大是大非问题上根本上就糊里糊涂者,结果会很不一样。

刘备集团用关羽驻守荆州,就是一个教训。

诸葛亮为关羽定的方针是"北拒曹操,东联孙吴",但关羽无论是在性格气质上还是思想认识上,都不足以担此大任。他好意气用事,一会儿吵着要入川同马超比试武艺,一会儿又不愿同"老卒"黄忠为伍受封"五虎大将"。在内部闹闹倒也罢了,要命的是他把这种狭隘意识用在对待孙吴集团的态度上面。孙权派人为儿子向关羽女儿求婚,此举很吻合联吴抗曹方针,关羽却破口大骂:"吾虎女安肯嫁犬子乎!"甚至威胁要杀来使。如此不顾大局,怎能不促使孙刘联盟瓦解,失守荆州。对此,毛泽东在多种场合说道:让关羽守荆州是一着错误,他从思想上看不起东吴,不能认真贯彻执行"联吴抗曹"的战略方针,从根本上否定了诸葛亮的战略意图,结果失掉了荆州这个根据地。还说:关云长大体上是不懂统一战线的,这个人并不高明，对待同盟军搞关门主义，不讲政策。

用关羽守荆州是一个失误。但总体上，毛泽东认为刘备集团在用干部的问题上也不是乏善可陈。1957年3月，他对身边工作人员讲："尽管刘备比曹操见事略迟，但刘备这个人会用人，能团结人，终成大事。"这年7月在上海干部会议上又说："刘备得了孔明，说是'如鱼得水'，确有其事，不仅小说上那么写，历史上也那么写。群众就是孔明，领导者就是刘备。"1960年12月同薄一波谈话时还称道刘备入川时的干部政策，说：你们北方人组织了一个班子南下，到了四川，同"地方干部"一起建立了一个很好的根据地。势单力薄的刘备集团能闯出一番局面，确与纳人用人政策有关。但刘备死后，诸葛亮在识人用人上却失误多多。马谡失守街亭即是一例。马谡是智囊型人才，刘备生前曾说他有些夸夸其谈，适宜放在帷幄之中使用，诸葛亮却偏偏放他出去做领兵主将，结果是害了他。诸葛亮晚年也没有培养出什么人才，好不容易找了一个姜维，也终因在蜀国干部队伍中缺乏根底，难以大展其才。反观孙权集团，毛泽东认为其用干部的特点是善于拔识和培养人才，经常举的例子，是赤壁大战时让"共青团员"周瑜挂帅，以及孙权劝吕蒙多读书，从而使吕蒙继周瑜之后成长为军事统帅等。

在用干部的问题上，同一个人也常有前贤后昏的变化。一时英武有成的南朝梁武帝和唐明皇，便是此中典型。关于梁武帝，毛泽东读《南史》曾引唐朝罗隐的诗句批注："时来天地皆用力，运去英雄不自由"。早期的梁武帝，政治头脑清楚，目标明确，也颇知军机，故帐下韦睿、曹景宗、陈庆之一班英才辈出。但其晚年却败得一塌糊涂，竟饿死于叛臣侯景的囚室。原因是他一心向佛，以佛陀心肠来施行领导行为，对亲贵大臣的种种不法恶行放纵宽容。其死前五年，大臣贺琛上书，希望梁武帝整肃那些作威作福的权臣贵族。梁武帝却一一驳斥贺琛的劝谏，说自己一向痛恨昏聩，事事小心，还指责贺琛不应该同那些权臣贵族过不去。毛泽东在这些记载文句旁逐一圈点，批注说："予智自雄，小人日进，良佐自远，以至灭亡，不亦宜乎？""'专听生奸，独任成乱'，梁武有焉。""专听"、"独任"的用人之法，必然生奸成乱。梁武帝由盛而衰，根本上是不再有远大的进取目标，从"天地皆用力"到"英雄不自由"，也就势所必然。唐明皇初登大位，于乱局之中澄清吏治，赏罚分明，先后任用姚崇、宋璟、张九龄一班贤相，造就开元盛世。晚年却内由权奸李林甫、杨国忠当道，外纵边将安禄山、史思明骄横，终酿成安史之乱。故毛泽东说，"唐明皇不会做皇帝，前半辈会做，后半辈不会做"。

"小人日进，良佐自远"，并非是"良佐"们不再有价值，而是领导者不再有胸怀，或者说胸怀变了，目标变了，主意变了。依然是毛泽东说的："中国历朝以来的组织路线，即干部政策，都是随着政治路线改变的。"

毛泽东评点党内重要领导干部

早期著名的共产党人,在性格、能力、工作方式上,大多特点鲜明,有的还因此获得一些外号或雅号。

诸如,毛泽东年轻时的外号叫"毛奇",因他主张"丈夫要为天下奇,读奇书,交奇友,做奇事,做一个奇男子"。周恩来有"周公"之称,缘于文化界和党外人士,有时连毛泽东也这样称呼,以"公"相称,显尊敬之意,也是周恩来有凝聚力的表现。朱德则是众所周知的"红军之父",这大概是外国人的说法,在党内多称"朱老总",推其德高望重。任弼时的外号是"骆驼",叶剑英在一篇文章中说得很明白:"他是我们党的骆驼,担负着沉重的担子,走着漫长的、艰苦的道路,没有享受、没有个人的任何计较。"叶剑英自己则被人呼为"参座",因他长期在军队总参谋部工作,是难得的参谋人才。刘伯承有"当代刘伯温"或"军神"之谓,毕现其军事家风采。徐海东有"徐老虎"或"中国的夏伯阳"之称，喻其作战之勇敢。刘亚楼被说成是"雷公爷"，因其英俊潇洒，性烈如火。谭震林一直被称为"老板"，因他在苏南开辟抗日根据地时，经常穿长衫西裤，化装成绸布店老板穿越日伪封锁线。潘汉年被称为"小开"，因他在上海做地下工作时，总是风度翩翩，如同小老板，上海人把老板的公子称为"小开"。舒同在长征途中书写标语出名，获"马背书法家"称号。胡乔木长期担任毛泽东的秘书，处理不少文稿，被称为"党内一支笔"。

以上这些称谓，缘起不一，或反映才能，或刻画出性格，或标示志向，或彰显业绩，或透露作风，由此使他们成为了党史上个性鲜明的"这一个"。历史上要成就一番大事业，总是靠一批各有所长且特点鲜明的领导者，在团队的整体部署下，通过发挥各自长处和个性干出来的。

经过二十多年的洗练，到新中国成立前后，党内英雄辈出，群星灿烂，人才极一时之盛。论军事指挥，有朱德、周恩来和被评为元帅的开国元勋们。论党务工作，有刘少奇、任弼时、陈云、邓小平、彭真等。论财政经济，有周恩来、陈云、薄一波、李富春、李先念等。论外事外联，有周恩来、陈毅、张闻天、王稼祥等。论宣传文化，有陆定一、陈伯达、胡乔木、周扬等。这些人的年龄，除朱德外，当时也只50岁上下。

作为这个精英群体的核心人物，毛泽东对他们大都有过详略不一的评点，既谈他们共有的党性，又涉及各不相同的才具作风和业绩贡献。有时候，毛泽东还把自己摆进去，认为在某些方面不如其他领导人。例如，1949年12月第一次访苏时，他曾对苏联方面的人说，自己谈判不如周恩来，搞中苏友好同盟条约，要等周恩来来了以后再具体谈。1957年11月第二次访苏时，毛泽东又对赫鲁晓夫说：我们有很多同志，可以担当领导责任。第一是刘少奇，这个人原则性很强，在我们党内很有威信；朱老总年纪大了，但威望很高；邓小平、周恩来都比我强，什么矛盾都能解决，有缺点勇于当众作自我批评。这些，虽然是在外交场合出于某种需要讲的，却也反映出毛泽东平时对党内其他领导人的特点察识于胸。

更详细的情况，还可罗列一些。

关于周恩来。毛泽东1949年12月2日给柳亚子的信中曾说："周公确有吐哺之劳。"我们知道，曹操有过"周公吐哺，天下归心"的名句，毛泽东借此点明周恩来理政之勤、之德、之能。在此前西柏坡召开的七届二中全会上，谈到新中国政府未来组成时，其他人事都未商量，毛泽东独独谈到：周恩来一定会参加政府工作，其性质相当于内阁总理。一直到1974年周恩来身患绝症，在筹备四届人大时，毛泽东仍然认为，周恩来是总理角色的不二人选，说："总理还是我们的总理。"

关于刘少奇。毛泽东1937年6月在中央政治局会议上谈到：少奇在领导群众斗争和处理党内关系方面，有丰富的经验。他懂得实际工作的辩证法，他系统地指出党过去在这个问题上所害过的病症，他是一针见血的医生。1963年起草二评苏共中央公开信的文章时，原稿讲，从30年代至40年代，"以毛泽东同志为代表的中国马克思列宁主义者，就在抵制斯大林的某些错误的影响"。毛泽东审阅时特意改为"以毛泽东同志和刘少奇同志为代表的中国马克思列宁主义者"。这样的评价，在党内是绝无仅有的。

关于朱德。毛泽东对他最精当的评价是在延安时期说的两句话——"度量大如海，意志坚如钢"。这两句话点出了朱德身上宽厚品德与坚定信念的高度融合。庆祝朱德60大寿时，毛泽东亲笔题写了"人民的光荣"。1973年开军委扩大会议时，毛泽东依然坚称："我是朱身上的毛，朱不能没有毛，毛不能没有朱。"还针对"文革"中有人说朱德是"黑司令"的诬陷之词，称之为"红司令"。

关于邓小平。毛泽东1956年推荐他当中共中央总书记时的评价是人们熟知的。毛泽东说他"比较有才干，比较能办事"，"他跟我一样，有许多事情办错了，也有的话说错了"，"但大体说来，这个人比较顾全大局，比较厚道，处理问题比较公正"。在"文革"中，他还讲邓小平是"人才难得，政治思想强"。又当面对邓小平说：你呢，人家有些怕，柔中有刚，绵里藏针，外面和气一点，内部是钢铁公司。

关于陈云。毛泽东1950年4月谈到陈云在新中国成立前后，主持平抑物价、稳定市场的工作时，曾在一张纸上写下一个"能"字，这是借诸葛亮《前出师表》里叙述刘备评价向宠的用语："将军向宠，性行淑均，晓畅军事，试用于昔日，先帝称之曰能。"毛泽东后来还说：平抑物价，统一财经，其功不下于淮海战役。在1956年推荐陈云为中央副主席时，毛泽东说："我看他这个人是个好人，他比较公道、能干，比较稳当。""不要看他和平得很，但他看问题尖锐，能抓住要点。"1959年4月在上海八届七中全会上，毛泽东又说到陈云：他这个人是很勇敢的，坚持真理也勇敢。我看他这个同志还是经验比较多一点。真理往往在一个人手里。1959年6月24日同王任重谈话时，谈到"大跃进"的失误，毛泽东又讲：国难思良将，家贫思贤妻。陈云同志对经济工作是比较有研究的，让陈云同志来主管计划工作、财经工作比较好。

关于瞿秋白和张闻天。他们两人在非常时期，都担任过中共中央的总负责人。在延安的时候，毛泽东和萧三谈到党的文化工作，想到了瞿秋白，感慨地说：如果秋白同志还活着，就好了。他懂得文艺，文化素养高，让他来管文艺，再好不过了。1950年《瞿秋白文集》出版，他欣然为该书题词，说瞿秋白生前，"许多人不了解他，或者反对他，但他为人民工作的勇气并没有挫下来。他在革命困难的年月里坚持了英雄的立场，宁愿向刽子手的屠刀走去，不愿屈服。""这种临难不屈的意志和他在文字中保存下来的思想，将永远活着，不会死去。瞿秋白同志是肯用脑子想问题的，他是有思想的。"这段话点出瞿秋白三个特点：文化素养、不屈意志、善于思考。关于张闻天，毛泽东1943年称道他"不争权"，还说："洛甫这个人很讲民主，延安整风以前，他是中央总负责人，我封他一个雅号，叫'开明君主'。"从这个角度评价张闻天，毛泽东是有切身体会的。正是张闻天在中央负总责期间，确立和巩固了毛泽东在全党的核心领导地位。

关于徐特立和吴玉章。他们两人在党内老同志中很有代表性。毛泽东的评价，又是一种风格。徐特立当过毛泽东的老师，1937年60岁生日时，毛泽东在贺信中说："你是懂得很多而时刻以为不足，而在有些人本来只有'半桶水'，却偏要'淌得很'。你是心里想的就是口里说的与手里做的，而在有些人他们心之某一角落，却不免藏着一些肮肮脏脏的东西。……你总是拣难事做，从来也不躲避责任，而在有些人则只愿意拣轻松事做，遇到担当责任的关头就躲避了。所有这些方面我都是佩服你的，愿意继续地学习你的，也愿意全党同志学习你。"关于吴玉章，毛泽东认为他的突出特点是革命的"坚持性"。在延安写的《吴玉章寿辰祝词》中说："他从同盟会到今天，干了四十年革命，中间颠沛流离，艰苦备尝，始终不变，这是很不容易的啊。从同盟会中留下到今天的人，已经不多了，而始终为革命奋斗，无论如何不变其革命节操的更没有几个人了。"因此，"特别要学习他对于革命的坚持性。这是最难能可贵的一件事"。

关于新中国的元帅。毛泽东也各有评点。他1936年写给彭德怀的诗中的名句，"谁敢横刀立马，唯我彭大将军"，是大家熟悉的。

后来，毛泽东还说过彭德怀是"猛张飞"，但也是"粗中有细"。1929年，上海中央曾要求朱德和毛泽东离开红四军，毛泽东指名的接替人选是刘伯承和恽代英，可见对刘的军事才干的看重。聂荣臻在抗战初期率部到五台山一带开辟出一大块根据地，毛泽东1938年在一次演讲中说：大闹五台山，前有鲁智深，今有聂荣臻，聂荣臻就是新的鲁智深。以后，又称赞聂荣臻是"厚道人"。1963年罗荣桓逝世当天，毛泽东评价说："这个同志有一个优点，很有原则性，对敌人狠，对同志有意见，背后少说，当面多说，不背地议论人，一生始终如一。一个人几十年如一日不容易，原则性强，对党忠诚。对党的团结起了很大的作用。"又在《吊罗荣桓同志》一诗中写道："君今不幸离人世，国有疑难可问谁"，表达了对他的倚重和痛惜之情。1966年9月，贺龙受到冲击时，毛泽东对他讲："我对你是了解的，我对你还是过去的三条：忠于党、忠于人民，对敌斗争狠，能联系群众。"徐向前在"文革"中受到冲击，毛泽东对人说，徐向前是有功劳的，后又当面对徐说：你是好人啊！1972年陈毅逝世时，毛泽东说：陈毅同志是一个好同志！为中国革命、世界革命作出贡献，立了大功劳的。对叶剑英，毛泽东借用明代李贽的自题联语"诸葛一生唯谨慎，吕端大事不糊涂"来评价，亦为众所周知。

关于方志敏、刘志丹和萧楚女。他们是战争年代牺牲的著名共产党人的代表。在延安，毛泽东看到方志敏的手稿，曾对汪东兴说："方志敏在狱中的著作，是一部赣东北地区人民革命斗争的历史，是一个共产党员革命意志、情操和高尚人格的写照。"建国后又对汪说：方志敏"是大智大勇、很有才华的共产党员。我很怀念他"。刘志丹牺牲后，毛泽东说：陕北的老百姓伤心得很，这说明他是真正的群众领袖。1943年，他专门为刘志丹陵园纪念碑题写了不短的碑文。1964年6月，毛泽东谈到自学成才的问题时，又想到萧楚女,说他"没有上过学校,不但没有上过洋学堂,私塾也没有上过。我是很喜欢他的。农民运动讲习所教书主要靠他。他是武昌茶馆里跑堂的,能写得很漂亮的文章。"

毛泽东的上述评点,起因不一,背景相异,重点也各不相同,但大致反映出这些领导同志给人印象深刻的特点和贡献。虽无"青梅煮酒",天下英雄却也谙察于胸。当然,毛泽东晚年犯错误的时候,对一些领导干部的评价发生了变化,把工作上的一些不同意见看成是路线斗争。对此,邓小平1980年谈到毛泽东晚年对待一些干部的情况时说:"谁不听他的话,他就想整一下,但是整到什么程度,他还是有考虑的。至于后来越整越厉害,不能说他没有责任,不过也不能由他一个人负责。"总之,"一大批老干部被打倒,不能不说是毛泽东同志晚年的一个最大悲剧"。这些话,见诸《邓小平文选》第二卷。毛泽东晚年这个悲剧,教训是深刻的,应该认真吸取。不能正确评价党内领导干部的特点和贡献,不仅会给他们的个人命运带来不幸,也会使党的事业遭受严重挫折。

毕竟,事业的关键是用人,用人的前提是知人。

"我劝马列重抖擞，不拘一格降人才"

人们常说许世友是一位传奇人物。所谓传奇，除他的经历外，还包括他的个性。对许的个性，毛泽东在"文革"期间曾几次谈到。1967年9月16日，在杭州对杨成武等人说：他们要打倒许世友。打倒许世友行吗？对许世友我是要保的。都打倒了谁指挥打仗啊？这个人还是有魄力的，错就错，对就对，很果断。他犯错误也果断嘛！1971年8月31日，在南昌同许世友、韩先楚等人谈话时，毛泽东问了南京军区领导成员的构成情况后，又对许说："你这个地方缺少一个'宰相'，'宰相'很重要啊，我准备另找一个政委帮帮你的忙。"1973年12月21日，毛泽东再次当面对许世友讲：你就只讲打仗。你这个人也是少文。三次所谈，均涉及许世友的个性，诸如行事有魄力，连犯错误也很果断；能打仗，但缺少些文气；大致不能算是很全面，所以需要有好的"宰相"帮助。其中"犯错误也很果断"之语,或许是指"文革"初期许世友和意图打倒他的人硬碰硬对着干的做法。今天看来,这未必是错误,在毛泽东当时看来,即使有这样的错误,也要保他,至于是否是中规中矩的全面性人才,就更不是问题了。

许世友的行事风格,举"文革"中的两例可知。一例,1968年,张春桥看到南京长江大桥建成通车的新闻纪录片后,对许说:你的镜头很突出,你是要在华东搞"以我为核心"吧。许世友把桌子一拍,不客气地予以回击:"放你的狗屁,你才要'以我为核心'哩!"

毛泽东与许世友

此事见于许世友自己的回忆文章。再一例，写进了中央文献研究室撰写的《毛泽东传》。1973年8月21日晚上，中央政治局讨论十大中央委员会副主席人选，先后提出周恩来、王洪文、康生、叶剑英四人。其他人没有异议，唯独许世友说："我看只要一个副主席就行了。"意思是周恩来一人即可。后来，他又认为，有三个老同志（周、康、叶）就够了。这明显是对王洪文不满。两天后中央召开各部门各省市自治区负责人会议，进一步协商十大中央领导机构成员名单。在周恩来传达毛泽东的意见后，许世友依然插话陈述自己的观点。当张春桥指责许世友"反对主席的意见"时，许当众大声反驳："你有什么了不起！"

按政治生活习惯，许的上述行事风格，确实不能算中规中矩。但在非常时期，在特殊的历史环境中，倒不失为一个亮点，至少不能说是一件坏事。毛泽东从正面去体会和点评许世友的个性，还说要保护他，从一个侧面透露出毛泽东是如何看待党内领导干部的个性的。

早在1945年七大口头政治报告中，毛泽东就说过一段很值得咀嚼的话。他讲：有一个新闻记者写了一篇文章登在《大公报》上，说共产党是要消灭个性，只要党性。这种意见是不正确的。党性就是普遍性，个性就是特殊性。没有一种普遍性不是建筑在特殊性的基础上的。没有特殊性哪里有普遍性？没有党员的个性，哪里有党性？谁要抹杀各种不同的个性是不行的。抹杀各种差别，结果就会取消统一。抹杀这种不同，就是不让同志们发展长处。在七大结束时作的结论报告中，毛泽东再次强调："不能设想我们党有党性，而每个党员没有个性，都是木头。""任何一项凡是我们要做的工作和事情中都有党性，也有个性。""我想这样讲：'我劝马列重抖擞，不拘一格降人才。'"

当然，对干部的要求和培养，毛泽东始终有一种强烈的期待和愿望，即全面发展。体会他各个时期的有关论述，所谓全面发展，大体上可用一些对立统一的概念来衡量。诸如德与才，红与专，文与武，刚与柔，政治与业务，实践能力与学识修养，看得到与抓得起，等等。不过，毛泽东也深知，同时兼备各种特长的人才，通常情况下总是少数，也不常有。因此，只能相对地来看待和要求干部的全面发展，只能在干部队伍的整体结构中来追求全面。故毛泽东在七大选举中央委员的时候，明确表示："我们的选举，应该在这样的方针指导下，即不是从个人求完全，而是从集体中求完全。"

实际工作总是由一个个鲜活生动的人去做的，人们常常碰到的问题，是如何评价和使用那些在才能上有所偏向，在行事上个性鲜明的人。

譬如德与才的问题。通常都讲德才兼备，这是不应该放弃的追求。但不同的历史条件，不同的工作任务，真正使用起人来，在强调德才兼备的基础上，有时候则难免有所侧重。中国历史上，在由乱到治的时代，在主要任务是夺取天下的时候，就特别需要能够开拓进取、独立搞出某种局面的人才。因为你面对的是强大的对手，才能弱了就可能掌握不住局面。这种情况下便有放任才能之士的做法，甚至出现曹操那种"唯才是举"的用人标准。而在治世，在执政天下的时候，追求的是稳定宽和的政治局面，执政者直接面对的是老百姓，要给社会树立值得崇尚的风气，要给老百姓做出有利于社会稳定的表率。这时候，对为政者德行方面的要求，就绝不是一件小事了。

关于德行和个性、才性的关系，有一个常见的认识误区，即觉得个性鲜明，才性有偏，德行或许就弱。这是把德行片面地理解成为了"中庸"。事实上，德行突出者也是有个性的，才性突出者就更有个性了。孔子评价自己的学生子路，说他的才能可以去治理一个"千乘之国"，但却不满意他的个性太野，经常批评他遇事爱冲动，其实就是觉得子路在德行上不够"中庸"。但子路对儒家信仰的忠诚,对儒生礼仪的维护,却是无可非议的,甚至有些迂腐。打仗的时候,为了遵循老师讲的"儒者死而冠正"的教导,去扶戴帽子才让对手瞅准机会杀死了他。按儒家的"党性"标准,这位个性鲜明甚至缺点突出的人,德行并不亏,在大节上是毫不含糊的。

在个性、才性问题上,就更不能强求一律了。谢觉哉在延安发表过一篇《忆叔衡同志》的文章,里面说道:"在我还没有认识毛泽东同志之前,叔衡告诉我:毛润之是个怎样了不起的人物。他说:润之说我,不能谋而能断,这话道着了。"何叔衡曾和毛泽东一起在湖南一师读书,又和毛泽东一道参加建党,二人相知甚深。毛泽东说他"不能谋而能断",大概是说他在行事前思密曲谨,非其所长,但在人们犹豫的时候,他能够毅然走自己的路,站在人们的前面,从而在重要关节上发挥其影响力。为什么能够在关节问题上果断而行,是因为有信念在,有勇气在,有感情在。故毛泽东还说过,"何胡子(即何叔衡)是一堆感情"。一堆感情,就不是一堆骨头,一堆肉,而是有灵魂,有精气神,有正义感,一旦触动这些,便能做出非常之举。中央红军长征后,何叔衡被留在苏区。在被敌人包围难以脱身时,他毅然跳崖而死。何叔衡那"一堆感情",和不能谋却能断的个性、才性,为他的信念也为他的生命,画出了感人的辉煌。

当然,某些个性鲜明、才性有偏的干部,缺点也很明显,很容易被人看出他们的短处。诸如他们或者清高自负、骄激偏颇,或者刚正不阿,不近情理;或者才情四溢,敢于冒尖;或者执著精进,钻牛角尖。总起来说,不大好使用,不大好管理。对这样的人才,似也不宜放弃冷落,如果用好了,或有奇效。譬如,三国时蜀国重臣法正,外统都畿,内为谋主,很有才干,但他很计较个人恩怨。有人建议诸葛亮向刘备汇报,"抑其威福"。诸葛亮则从大局出发,认为法正恰如羽翼一样辅佐刘备，才使刘备能够应付时艰，不必因小过而束缚其才干的施展。毛泽东在《资治通鉴》里读到此事，批注说："观人观大节，略小故。"显然是同意诸葛亮的处理方式。愿用、敢用、善用这种人才的领导者，总是以宽阔的胸襟接受他们的个性，发挥他们的才性，在他们遭受误解和妒忌时，能够主持公道。"荆岫之玉，必含纤瑕"。毛泽东1975年有一个著名的批示，道出此中常理："打破金要足赤、人要完人的形而上学错误思想。"

看来，不仅要有爱才之心，识才之智，用才之能，还要有容人之量。这当中，也包括宽容失败和错误。任何人都不会事事正确，事事成功。个性鲜明，才性有偏者，更是如此。他们犯错的几率比一般人要大，平时暴露的缺点，也比一般人要明显。犯了错误，接受了处理，如果他们并没有放弃自己的信仰，继续干事业，就有一个怎样看待、鼓励和使用，进而把他们被边缘化的苍凉感转化为往中间挤的热情和干劲的问题。

毛泽东评价王稼祥，该是一个范例。

1931年王稼祥初到中央苏区时，曾参与了"左"倾领导对毛泽东的批判。长征途中，在讨论是不是进攻一个叫打鼓新场的守敌时，只有毛泽东一人不同意，甚至提出：如果你们非打不可，我就辞去前敌司令部政委一职。王稼祥立刻回顶道：老毛，你这是什么态度，少数要服从多数。可见王稼祥是很直率坦诚，敢于说话的人。此后大家觉得他敢顶毛泽东，便推举他为新的三人团成员（周恩来、毛泽东、王稼祥）参与指挥红军。1945年6月，王稼祥在七大落选中央委员后，毛泽东专门在大会上介绍了一般代表不大知道的王稼祥的一些贡献，也不回避他的缺点错误。毛泽东说："王稼祥同志是犯过错误的，在四中全会前后犯过路线错误，此后也犯过若干错误。但是，他是有功劳的。"接着毛泽东讲了王稼祥在第二、第三、第四次反"围剿"战争中的正确主张,在遵义会议和六中全会上的贡献,并说,在这以后,"虽然他在工作中也有缺点,如在政治工作中就有很大缺点,但是他也做了很多好事,如1939年关于巩固党的决定,1941年关于增强党性的决定,1942年关于党的领导一元化的决定、对待原四方面军干部态度问题的指示及建军的四号指示等,都是他起草的。增强党性的决定是他与王若飞同志合作,在他领导之下起草的;建军的四号指示是他与叶剑英同志合作,在他领导之下起草的。至于他有些缺点,如对干部的关系,这是大家知道的。但上面这些是大家不大知道的,是中央内部的事,我今天在这里必须讲一讲。他虽然犯过路线错误,也有缺点,但他是有功的。"

毛泽东讲这些,目的是希望代表们了解王稼祥,能够选举他为中央候补委员。

对犯过错误的干部,在需要的时候,特别是在他们人生关键时刻,多想一想,多提一提他们的功劳和长处,既是一种容人之量,也是一种用人之道。有了这种"不拘一格评人才"的做法,才可能出现"不拘一格降人才"的局面。正如毛泽东早在1933年就说过的那样:"怎么好说没有干部呢?丢掉错误的观点,干部就站在面前了。"

"常恨随、陆无武，绛、灌无文"

1973年底，有过一次八大军区司令员调动的事情。调动前，12月21日，毛泽东召集一些军队高级将领谈话时，讲起了《红楼梦》。从记录稿看，他是对着许世友说的："你现在也看《红楼梦》了吗？要看五遍才有发言权呢。"随后，话锋一转："你就只讲打仗，你这个人以后搞点文学吧。'常恨随、陆无武，绛、灌无文'。绛是指周勃，周勃厚重少文，你这个人也是'少文'。"

许世友是毛泽东很赏识的一位高级将领。毛泽东欣赏的，不光是他的战功，对党的忠诚，和坐镇一方的能力、权威，还因为许的质朴、重情和坦诚。毛泽东1971年9月3日在杭州曾对人说：许世友这个人是可以交朋友的。于是，和许世友谈话，也就随便一些。让许去读《红楼梦》，而且要读五遍，确实有些难为他，或为极而言之。但提出这样的要求,却有事关现实的来由。

1970年的庐山会议,陈伯达的"天才论",蒙蔽了那么多人,让许多高级领导干部弄不清是怎么回事,这让毛泽东感慨良多。1971年的那次南方之行,他同地方和军队领导干部反复讲的一个问题,就是要加强理论修养,并说:光读马列主义的书还是不够的,还要读点历史,读点经济学,读点小说,读点哲学史。这次南行,毛泽东和许世友见了四次面。9月10日在上海见面时,毛泽东谈到庐山会议,许世友说:庐山会议的问题,按毛主席的指示办。毛泽东问:我有什么指示?许说:您的指示就是《我的一点意见》。毛泽东说:我那个意见上说,什么叫唯心论,什么叫唯物论,你讲一讲,我听听。许世友只好哈哈大笑起来。

事实上,在读《红楼梦》这个问题上,许世友同毛泽东曾有过另一段缘由。新中国成立后,毛泽东从50年代开始就多次推荐人们读《红楼梦》。对此提议,许世友大概说过一些不以为然的话,反映到毛泽东那里,故毛泽东在1973年11月17日同周恩来等人谈话时说:"许世友反对读《红楼梦》,说尽是吊膀子。你没有看,怎么知道是吊膀子。你没有调查,就下断语,大概是听什么人说的吧。我不然,我说是部政治小说。"接着还引述了小说中的一些话,诸如"坐山观虎斗","千里搭长棚,没有个不散的筵席","不是东风压倒西风,就是西风压倒东风"等,来比喻国际形势。又说:"'大有大的难处',特别对我们有用。"

有这个缘由,让许世友读《红楼梦》,自是情理之中。有的回忆文章说,许世友回到南京,真的找来了《红楼梦》,让人抄成大字给他看,据说直到去世,也没有读完。

毛泽东1973年12月21日当面劝许世友读《红楼梦》,还有一层深意值得体会,这就是他引述的"常恨随、陆无武,绛、灌无文"

这句话。

　　这句话出自《晋书·刘元海传》。刘元海就是在西晋末年建立汉国政权的刘渊。他本是匈奴人，小时候却对诸子史传，无不综览，曾对同窗说："吾每观书传，常鄙随、陆无武，绛、灌无文。"并解释说：汉初的随何、陆贾这两位饱学之士，由于不知兵，纵然遇到了汉高祖这样的明主，也不能建封侯之业；周勃（被封为绛侯）、灌婴这样的武夫，打完仗后，竟不能在太平年月开创美好的秩序，我真为他们惋惜呀。

　　刘渊鄙视刘邦手下的二文二武的这番评论，大体属少年气盛之语，多少有些自夸，对陆、绛而言，更显失公平。拿陆贾来说，在随刘邦定天下的过程中，确未见他有什么功业。汉朝立国后，他常在刘邦耳边称道《诗》、《书》，以为治国用得着。一次，刘邦听得不耐烦了，开口骂道："老子的天下是从马背上得来的，哪里用得着《诗》《书》？"陆贾反问："在马背上取得天下，难道还可以在马背上治理天下吗？秦朝任用严刑峻法而不知改变，终于覆灭，假使秦统一天下后改行仁义之治，陛下还可以拥有秦朝的天下吗？"这一通反问，使刘邦自知理亏，就说：那你就把秦朝所以失天下，我所以得天下，还有历史上的治国经验都写出来吧。这一逼，就逼出了陆贾的《新书》12篇。刘邦每读一篇，便称口叫绝。这本书讲什么呢？中心思想是提倡文治，要把教化（劝善）与法令（诛恶）结合起来治天下。正是这本书，对催生汉初与民休养的无为而治的大政策，起了重要作用。也正是这个陆贾，在刘邦死后还干了件大事。吕氏专权日隆，他去见丞相陈平，说了一句名言："天下安，注意相；天下危，注意将"，并劝陈平与掌握兵权的太尉周勃不要闹矛盾，应该联手除吕。可见，虽然"无武"，陆贾在汉初的贡献非同一般，用今天的话来说，他的政治头脑和见解，着实了得。

再看"无文"的周勃。《史记》里说他"不好文学",例子之一,就是他请一些学者来聊天时,总是随意地坐在东侧,也不行宾主之礼,要求这些饱读诗书的专家,给他讲点有趣的事情就行了。言下之意,千万不要给我讲什么经史子籍。不过,汉高祖刘邦倒很看重他"木疆敦厚"的特点,觉得可以托付大事。刘邦死后,周勃和陈平一道剪除诸吕,维护了符合当时主流民意的政治秩序,确实干了一件大事。这当中显露的,依然是"高级领导干部"在历史关键时刻的政治见识和勇气。

由此可见,毛泽东引用刘渊说的"常鄙随、陆无武,绛、灌无文",自不在辨文武高下,更不意味着同意刘渊之论。在谈话中,他特意把刘渊说的"常鄙"改成"常恨"。这一字之改,意思就从"鄙视"变为"遗憾"了。毛泽东的引用,大体在人才学方面。文武兼备固然好,但全才难求,无论文武多专,关键是要有政治头脑,大事不糊涂。而能够做到这些,注意培养综合素质,胸怀大局意识,提高辨别是非的能力,是至关重要的。他让许世友去读《红楼梦》,其意或许在此。据许世友的亲属回忆,毛泽东还曾对许世友说过,汉朝有个周勃,是苏北沛县人,他厚重少文。《汉书》上有《周勃传》,你们看么?!

我们知道,战争年代涌现出来的人才,大都在军队里锤炼过,或者说,打仗多是本行。在中国共产党成为执政党以后,一批忠勇之将成为了高级领导干部,这就需要提出更高的要求。在建设时期,如果只知打仗而不知其他,无疑是个缺憾。即使只知、只懂、只专经济工作,而不知、不懂、不兼略其他,也应算是一桩憾事。从这个角度来理解"常恨随、陆无武,绛、灌无文",毛泽东提倡的侧重点却是明显的,突出的是一个"文"字,即理论文化修养。只有拓展知识面,才能拓展胸怀见识,更有助于动脑筋想出好的办法,驾驭全局，在工作中进入更高的境界。由此，也就不难理解，毛泽东在1958年起草《工作方法六十条》的时候，为什么刻意在其中写道：要学点自然科学和技术科学；学点哲学和政治经济学；学点历史和法学；学点文学；学点文法和逻辑；中央和省市的负责人学一种外文；中央和省的主要负责人，可以设置一名学习秘书。可见对此事的重视和期望之高。邓小平在新中国成立时主政大西南，也提出一个很值得玩味的概念，他说："拿笔杆是实行领导的主要方法。领导同志要学会拿笔杆。"

对成天忙于事务的领导干部来说，提出这些要求，标准不可谓不高，再算上个人是不是有兴趣，真正落实起来，恐怕不是一件容易的事。但如果落实了，大都会尝到甜头。历史上常有这样的情形。毛泽东推荐过的《三国志·吕蒙传》，即是一例。

孙权手下的吕蒙，15岁就当兵打仗，以骁勇著称。有一天，孙权对他说：你也算是管事的人了，应该读书长点学问。吕蒙回答说：军机事务都穷于应付，哪有时间读书。孙权一听不高兴了，就说：我难道是让你皓首穷经去当博士吗？只是要懂点历史罢了。要说事多，你比我还多吗？我自统领江东以来，读了历史和诸家兵书，大有收获。你很聪明，难道可以不读？吕蒙听了孙权的话，从此发愤读书。几年后，议起事来，他的上司读书人出身的鲁肃，有时也得让他几分。1958年9月，毛泽东同张治中、罗瑞卿赴安徽视察途中，在火车上谈起了吕蒙的这个故事，不觉感慨说："我们军队里行伍出身的高级军官，不可不读《吕蒙传》。"

这里还要顺便说一件事。此次视察，毛泽东何以要张治中同行，一个重要原因，就是毛泽东要利用"车巡"之机，对台湾海峡局势发表重要意见。视察归来的第二天，即1958年9月30日，毛泽东把时任新华社社长兼《人民日报》总编辑的吴冷西请到住处，对他说，这次请张治中将军同行，因为他原是蒋介石的亲信，国共和谈破裂后站到我们这边来了。张治中沿途还特别关注台湾海峡的局势，提了不少建议。毛泽东还亲自为新华社写了一篇《毛主席巡视大江南北回京后对记者发表重要谈话》的新闻稿，并告诉吴冷西，第二天国庆节见报。新闻稿标题长达21个字，也属少见。稿中便有这样一段话："此次同毛主席一起旅行的，有张治中将军。他是人民代表和国防委员会副主席。他是安徽人。……他很关心在台湾的那些过去和他有联系的人们，希望他们认识美帝国主义的凶恶，走到爱国主义的道路上来。"此事可悟者有二：一是毛泽东外出带谁不带谁，不拘成规，与他思考的内容有关；一是为了准确表达自己的想法，竟亲自动手写报道自己活动的新闻稿。

回到吕蒙的话题。毛泽东读《三国志》，在《吕蒙传》里还有一个批注。传叙：吕蒙上书孙权说，关羽正带兵攻打樊城，为了防备我率兵从背后袭他，在荆州留下不少兵马。我们可以撤走一些自己的部队，我也以治病为名回到建业，这样关羽就会把他的荆州之兵调往樊城前线，我们再突袭他的后方。毛泽东在这段话旁批了两个字："诡计。"关羽果然中了吕蒙的这一计谋，终致败走麦城，遭吕蒙擒杀。

常常抚髯捋须夜读《春秋》的一代"武圣"，就这样败在了后起之秀吕蒙手下。可见读书之益。

毛泽东看叶剑英的"大关节"

读大学时看过一部话剧《大风歌》，是著名戏剧家陈白尘先生写的，讲汉初吕氏专权，周勃、陈平一干老臣除吕安刘的故事。不知为什么，当初看的时候，脑子里总想到叶剑英元帅在粉碎"四人帮"过程中的作为。1986年叶剑英逝世时，中共中央的悼词称他"在重大的历史转折关头，敢于挺身而出，毫不犹豫地做出正确的决断"。更为人们传颂的，是毛泽东送给他的两句话："诸葛一生唯谨慎，吕端大事不糊涂。"素有"参座"之称的叶帅，其过人之处大概是每临大事有静气，能在历史的大关节处明断是非，且谋虑缜密。

据档案记载，毛泽东是1962年9月24日在中共八届十中全会的讲话中送叶剑英那两句话的。原话是："叶剑英同志搞了一篇文章，很尖锐，大关节是不糊涂的。我送你两句话，'诸葛一生唯谨慎，吕端大事不糊涂'。诸葛，大家都知道，是诸葛亮，吕端是宋朝的一个宰相，说这个人大事不糊涂。"据薄一波回忆，

1949年毛泽东与叶剑英在北平西苑机场，摘自《毛泽东画传》上册第218页，中央文献出版社2003年版

大概在20世纪50年代末60年代初，他在一次中央工作会议上讲到旧戏中王佐断臂"为国家尽忠心，昼夜奔忙"时，毛泽东插话说：我曾送给叶剑英同志两句话："诸葛一生唯谨慎，吕端大事不糊涂。"看来，毛泽东不止一次说过这两句话，故流传甚广。

这两句话，是明代思想家李贽的自题联语，意在借诸葛亮和吕端的为人行事之风以自勉。诸葛亮掌军理政之谨慎，史家有共识；吕端的"大事不糊涂"，或许知其详者不多。查《宋史·吕端传》，宋太宗想以吕端为相，不同意者说吕端糊涂，太宗却认为"端小事糊涂，大事不糊涂"。何谓"小事糊涂"？无非是在不关涉原则大道的问题和事情上，不斤斤计较得失，大抵有所谓盛德若愚之风。诸如不满吕端的人四处散布他的谣言，吕端知道后的态度是："吾直道而行，无所愧畏，风波之言不足虑也。"再如，他和名臣寇准同列参知政事之职，且排名在前，吕端主动提出"请居准下"。不久吕端升任宰相，"恐准不平，乃请参知政事与宰相分日押班值印，同升政事堂"。这正是他"小事糊涂"的一面。何谓"大事不糊涂"？就是在关系朝廷大政方针的问题上，坚持原则，是非分明，有舍我其谁之概。比如，朝廷要捕杀叛将李继迁的母亲，吕端知道后坚决反对，建议把李母安置好并给予优厚待遇，即使李继迁不降，也能笼络住他的心。宋太宗死时，内侍王继恩担心有才干的太子继位妨碍其专权，同李皇后合谋另立。吕端觉察其奸，把王继恩看管起来，去说服李皇后不要改立。太子继位，垂帘召见群臣，独吕端不拜，他让人打开帘子，上殿看清楚确是原先的太子后才退殿下拜。可见，在小事上糊涂，有柔，有宽，有退；在大事上不糊涂，有刚，有严，有进。刚柔相济，宽严并用，进退得当，才能有利于大局，干成大事。也可以这样说，在小事上糊涂一些，更有助于看明白、想清楚、做成大事。

　　毛泽东借吕端评价叶剑英，主要是指他能够在大关节处看清要害，做事情从大局出发，能够在关键时刻发挥重要作用。按薄一波的说法，叶剑英最大的贡献有两件事：一件是1935年长征途中，将张国焘密令陈昌浩率右路军南下的电报报告毛泽东，保证了党中央和中央红军按原计划北上。另一件就是在粉碎"四人帮"这个问题上的决策和擘画。除此两件外，叶剑英一生中还有其他一些可为称道的"大事不糊涂"之举。如1922年陈炯明叛变，他挺身而出，率部保卫蒙难广州的孙中山。1926年北伐军打下南昌，蒋介石让他做其嫡系第一军第一师的师长，叶剑英予以拒绝。1927年4月，蒋介石在上海发动政变，他通电反蒋，并秘密加入中国共产党。这年7月，在中共中央秘密策划南昌起义的紧要关头，叶剑英获知汪精卫、张发奎将诱骗贺龙、叶挺上庐山，加以逮捕以阻挠起义的消息，便火速下山同贺、叶商量对策，保证了起义顺利进行。从红军时期开始，叶剑英长期在我军总部负责参谋工作,多建帷幄运筹之功。抗日战争时期,在蒋介石召集的全国参谋长会议上,他"单刀赴会",更有"舌战群儒"之举。"文革"初期,面对陈伯达、江青等"中央文革小组"成员搞乱党和国家的局面,叶剑英等老同志拍案而起,"大闹怀仁堂"。"九一三"事件后,叶先是配合周恩来,后襄赞邓小平,经受了党内艰难的政治局势的考验。凡此等等,说明他能够作出薄一波说的两大贡献,绝不是偶然的。叶剑英曾在一首《题画竹》诗中说"人生贵有胸中竹,经得艰难考验时",这可视为他在大关节处最能彰显政治品格的生动写照。周恩来生前曾引用唐太宗李世民的诗句"疾风知劲草,板荡识诚臣"来称誉叶帅,大体也是这个意思。

能在大关节处显品格,需有谋有断,有动有静。如果一路走来,总是风风火火,缺少内敛,就可能像毛泽东常常引用的《后汉书·黄琼传》里的那两个比喻一样,"峣峣者易缺,皦皦者易污"。叶剑英为人随和,平时谨言慎行,善谋善思,很懂政治艺术,素有"参座"称谓。观叶帅言行,常常让人想起北宋末年爱国名将宗泽的诗句:"眼中形势胸中策,缓步徐行静不哗。"胸中有数且从容应对,关键处便见出英雄本色。此外,叶剑英才兼文武,学识丰富,也素为人称道。好学深思,可以励志、致知、正德、养性、增智、促行,有如此修养,就不会莽撞行事,更不会计较小事或小题大做。

作为元帅诗人,叶剑英对大事的许多思考,常寓于诗中,留下不少名句。1965年重读毛泽东的《论持久战》,他赋诗云:"一篇持久重新读,眼底吴钩看不休。"一句"眼底吴钩看不休",沉淀了对当时国际紧张局势的深刻思考。同时创作的《七律·远望》,更以其"昏鸦三匝迷枯树,回雁兼程溯旧踪"的精当比喻,传达出对国际社会主义阵营的走向和前途的担忧。此诗也引起毛泽东的关注。这年12月26日生日那天,毛泽东一字不差地把叶的《七律·远望》书写下来送给孩子，连在什么时候刊登在哪家报纸上，都记得一清二楚。1966年"文革"初起，叶剑英在一首《虞美人》词中说，"串连炮打何时了，官罢知多少？赫赫沙场旧威风，顶住青年小将几回冲！严关过后艰难在，思想幡然改"，也颇见他在那种特殊情况下的"大关节"处所作的深邃而辩证的思考。

毛泽东对叶剑英的文才和见识的称道，有一个材料不得不引。1975年5月3日，毛泽东生前最后一次主持中共中央政治局会议时，引用辛弃疾的《南乡子·登京口北固亭有怀》中"天下英雄谁敌手？曹刘。生子当如孙仲谋"几句，称三国时孙权"是个能干的人"，并要叶剑英当场背诵了全首词。毛泽东说："天下英雄谁敌手？曹刘。当今惜无孙仲谋。此人（指叶剑英）有些文化，他看不起吴法宪。就是吴法宪不行。"这段话有三点值得体味。一是毛泽东有意把"生子当如孙仲谋"改为"当今惜无孙仲谋"，似乎生出了人才匮乏的感慨；二是让叶剑英背诵辛词，当众流露出"此人有些文化"的欣赏之情；三是称道叶剑英看不起吴法宪，肯定了叶在对待林彪集团的这个大关节上，头脑清醒，立场坚定。

事实上，林彪事件前，毛泽东就想到了当时"靠边站"多年的叶剑英。1971年8月28日在长沙同刘兴元、丁盛、韦国清、汪东兴谈话时，他重提1935年的电报一事，明确说："叶剑英同志在这个关键时刻是有功劳的，所以你们应当尊重他。"林彪事件后，毛泽东让叶剑英主持新成立的军委办公会议，无疑是关键时刻的一次任命。叶不负重托，同周恩来等一起妥善处理了林彪事件发生后军队中的遗留问题。此后，叶剑英主持军委工作，并在1973年党的十大上当选为中共中央副主席。1973年邓小平从江西回到北京，叶剑英率先向毛泽东建议说：小平同志回来了，我提一个要求，让他来参加和主持中央军委的工作。于是，毛泽东这年12月12日主持政治局会议时，特别提出：我和剑英同志请邓小平同志参加军委，当委员。又说：我提议，全国各个大军区司令员互相调动。你（指叶剑英）是赞成的，我赞成你的意见。我代表你说话。1974年周恩来住院后，为了不让大权旁落"四人帮"，叶剑英在邓小平的工作安排上屡屡建言，得到毛泽东多次赞赏。例如，1974年10月20日，毛泽东在长沙同人谈到四届人大的人事安排时说："总理还是我们的总理。邓做第一副总理兼总长，这是叶（剑英）的意见，我赞成照他的意见办。"这年11月6日，李先念在长沙向毛泽东汇报北京的工作时说到，"小平的问题（按：指邓做第一副总理兼总长曾受到'四人帮'的阻碍）解决了，一致拥护毛主席的指示"，毛泽东则说：我拥护叶剑英同志的意见。在1975年1月的中央军委办公会议扩大会议上，叶剑英曾两次提出他不再主持军委工作，要邓小平主持。为此，当时主持中央日常工作的王洪文写信向毛泽东告了一状，说叶剑英的"这种想法是不对的"。毛泽东把王洪文的信束之高阁。1975年6月底，王洪文被派往浙江、上海"帮助工作"，毛泽东提议中共中央政治局会议由叶剑英或邓小平主持。叶剑英再次体现了他在大关节上的政治智慧。7月1日，他给毛泽东写信说："我因年老多病，精力不胜，提议请小平同志主持以利党的工作。"毛泽东、周恩来在叶信上欣然批示"同意"。正是在毛泽东、周恩来的支持和叶剑英等人的配合下，邓小平在这年的7、8、9三个月主持了大刀阔斧的整顿。

由上所述，叶剑英在"文革"后期，对党内健康力量的形成，对抵制"四人帮"的干扰，确有不可或缺之功。毛泽东的识人之明和对叶的信任之深，倚寄之重，也毕现于情辞。在他看来，"大事不糊涂"的叶剑英，富有政治智慧和决断胆识，足可谋大局、当大任、托大事，也就是说，在大关节上靠得住，能发挥作用。从这个角度讲，所谓"大事不糊涂"，根本上是做人的胸襟气度、做事的识见能力均站在了历史的高处。

毛泽东弥留之际，有一个让人寻味不尽的细节。当时，在京的政治局委员分组与他告别。毛泽东此时头脑还清醒。当叶剑英走近床前时，他动了动手臂，叶未察觉。叶剑英告别完走到病房门口时，毛泽东吃力地以手示意，让工作人员招呼他回来。毛泽东睁开双眼，嘴唇微微张动，似乎有话要说，但只能用一只手紧紧握住叶的手。

叶剑英后来对身边工作人员说，主席一定要交代什么事情，为什么特意招呼我回去呢？为此，他想了很多。

毛泽东·格瓦拉·游击战

"铁老虎"和"纸老虎":从两则消息说起

1960年9月29日,新华社对外公布了毛泽东亲自主持编辑的《毛泽东选集》第四卷即将出版的消息。9月30日,外电纷纷作了报道。合众国际社记者克雷格莫在报道中说:毛泽东在最近出版的书中发表了1946年接见美国作家斯特朗时的一次谈话,"这次谈话创造了他最得意的一句话:帝国主义和一切反动派都是纸老虎","当时他是在延安山洞中的一个叛乱的游击队的领袖"。10月17日,《美国新闻与世界报道》发表题为《毛想使美国成为一只"纸老虎"》的文章,专门评论《毛选》第四卷,称"毛泽东夺取世界的计划在要赤色中国人民学习的一本新书中作了概括的说明"。

这两则消息都特别在意收入《毛选》第四卷的那篇《和美国记者安娜·路易斯·斯特朗的谈话》。在这个谈话中,斯特朗问毛泽东,如果美国使用原子弹,或者从冰岛、日本冲绳和中国的军事基地去轰炸苏联，情况将会怎样？毛泽东由此提出了他的著名观点："原子弹是美国反动派用来吓人的一只纸老虎"，"一切反动派都是纸老虎"。出版《毛选》第四卷前，毛泽东在1958年12月写的《关于帝国主义和一切反动派是不是真老虎》，对他1946年的这个观点作了发挥。毛泽东说："从本质上看，从长期上看，从战略上看，必须如实地把帝国主义和一切反动派，都看成纸老虎。从这点上建立我们的战略思想。另一方面，它们又是活的铁的真的老虎，它们会吃人的。从这点上建立我们的策略思想和战术思想。"在编辑《毛选》第四卷时，毛泽东又为"和斯特朗的谈话"这篇文章加写了一个题注，提出革命者要在战略上藐视敌人，但在具体斗争中要"重视敌人，采取慎重态度，讲究斗争艺术，根据不同的时间、地点和条件，采取适当的斗争形式"。

就毛泽东的军事思想来说，采用"适当的斗争形式"，就是在敌强我弱和具有广阔回旋空间的情况下，慎打硬碰硬的歼灭战和阵地战，要更多地采用灵活机动的游击战，才能慢慢把"铁老虎"变成"纸老虎"。

20世纪50年代中期至70年代初期，世界上发生了不少地区性局部战争。在这些局部战争中，越南反抗法国殖民统治的战争，卡斯特罗领导的古巴革命，阿尔及利亚反对法国殖民统治的斗争，以及越南、老挝、柬埔寨的抗美战争，都经历过游击战，然后由小到大最终以弱胜强。在强者们的武器装备越来越先进的情况下，为什么处于弱势的一方采用传统的游击战还有那么大的威力，这在60年代是一个世界性的话题。为此，经历游击战和农村包围城市道路取得革命胜利的中国经验，特别是毛泽东关于游击战的军事思想和他把强大敌人视为"纸老虎"的观点，也就格外引人注目。这大概是外电特别注意毛泽东《和美国记者安娜·路易斯·斯特朗的谈话》这篇谈话的一个重要原因。

毛泽东和格瓦拉：两代游击战英雄的对话

说来也巧，就在美国发表妄评《和美国记者安娜·路易斯·斯特朗的谈话》这篇谈话的前两天，古巴革命的第二号领袖人物切·格瓦拉在《绿橄榄》上发表了其著名的《研究古巴革命思想意识的笔记》。毛泽东不久便读到了这个笔记的中文摘要。一个月后，格瓦拉率领古巴经济代表团访问中国时，毛泽东对他讲："很赞成你的意见。你这篇文章可能在拉丁美洲发生影响。"接着，还重复了格瓦拉在文章中讲的三个原则：第一，人民可以战胜反动派；第二，进行革命不必等所有的条件完全成熟；第三，拉丁美洲的革命工作主要在农村。其中的第一点和第三点，同毛泽东的"纸老虎"的观点和游击战思想的渊源关系，不言自明。

从游击战角度看，古巴革命同中国革命的时间相差近 30 年。卡斯特罗和比他小两岁的格瓦拉在人们的心目中，显然是新一代的革命和游击战的象征。在古巴革命打游击战的过程中，卡斯特罗最喜欢读毛泽东的《论持久战》，还要求司令部把毛泽东关于游击战和人民战争的著作印成小册子，下发到各部队，被起义军称为"来自中国的粮食"。毛泽东对古巴革命的斗争经历和斗争形式也很感兴趣，在 60 年代初接见亚、非、拉外宾时经常讲述。他说：古巴只有六百多万人口，离美国那么近，巴蒂斯塔又杀死过两万人。但是，卡斯特罗率领 82 个人，从墨西哥坐了一只船，到古巴登陆。同政府军作战打了败仗，只剩下 12 个人，只好转入山区，开始游击战争，打了两年多，就把巴蒂斯塔赶跑了。研究古巴的经验很有必要，古巴的革命有世界意义（1960 年 5 月 7 日）。当时非洲的阿尔及利亚正在进行反对法国殖民统治斗争，毛泽东在向其临时政府代表团介绍了古巴的游击战经历后，鼓励说：打仗自己消耗不要太大，你们自己讲，战争是长期的，持久战也是我们讲的，我们很赞成。法国人怕熬时间，你们不怕（1960年5月17日）。

阿尔及利亚的游击战也是毛泽东在60年代初极为关注的话题。他不仅同亚、非、拉来的"穷朋友"讨论，还径直和1960年5月来访的英国元帅蒙哥马利交换过看法。毛泽东对他说："阿尔及利亚人告诉我，法国在阿尔及利亚有90万军队，我觉得没有这么多，大概有五六十万。""他们在阿尔及利亚打了六年，开头阿尔及利亚只有3000名游击队员，现在已经发展到10万人的军队了。""法国军队不能打仗。在越南他们也打不过胡志明部队。"这样下去，"对法国很不利"。蒙哥马利承认，戴高乐必须面对这种现实。形势的发展很快证明毛泽东的判断是正确的。1962年法国被迫撤兵，承认阿尔及利亚独立。

当然，最有兴味的还是同古巴游击战英雄面对面地交流经验。1960年11月19日下午，毛泽东、周恩来在中南海勤政殿和格瓦拉谈了两个多小时，还一道吃了晚饭。谈话中，格瓦拉说："我们在斗争中对毛主席一直很敬仰。"毛泽东对他则称许有加："你是阿根廷人。你们很坚决，这就有希望，帝国主义就难办。你们影响了拉丁美洲。"格瓦拉说："打游击的时候，吃得不好，也缺乏精神食粮，看不到材料。"周恩来从旁介绍："毛主席打游击的时候，常常派人出去找报纸。"毛泽东说："把报纸当作情报，敌人的报纸往往透露敌人的动态。"毛泽东又问道："你们从登陆到胜利，花了两年时间，同农民联合起来，取得了胜利。照这样的做法，其他的拉丁美洲国家有没有可能？"格瓦拉回答说："这个问题不能一概而论。我个人看法，古巴的革命环境比其他的拉丁美洲国家更困难，但有一个有利的方面。我们趁着帝国主义麻痹的时候取得了胜利，如果在其他拉丁美洲国家进行革命，就有遭到危地马拉那样的危险，美国会派海军陆战队来干涉。"吃饭的时候，勤于思考的格瓦拉总结了中国革命和古巴革命的共同经验，他说："有两点相似。你们革命的时候，蒋介石向你们进攻，说是'围剿'。我们那里的反动派对我们也用这两个字，甚至在策略上也是一样的。""另外一个相似点是，开始的时候，你们的革命在城市，有的人不愿意到农村。我们也是一些人在打游击，在山区，另一部分人在城市搞罢工，但结果搞罢工的失败了。"格瓦拉的这个总结得到毛泽东的高度肯定。

格瓦拉渴望用游击战方式继续推进拉美的革命斗争。1965年，他辞去在古巴担任的党和国家的领导职务，带领17个人到玻利维亚打游击。古巴革命的胜利之路没有在玻利维亚重演，原因是缺少群众基础，仅仅从外面输入革命不大现实。此外，格瓦拉还忽视了他同毛

毛泽东与格瓦拉

泽东谈话时已经注意到的一个情况，即在其他拉丁美洲国家进行革命，美国和其他势力会来干预。从这点看，毛泽东在阐述他的"纸老虎"观点时，特别强调在具体斗争中要把敌人看成"活的铁的真的老虎"，并"根据不同的时间、地点和条件，采取适当的斗争形式"，是多么必要。

1968年，格瓦拉被俘牺牲了，但他的故事在全世界传扬，成为人们心目中充满传奇色彩的崇拜偶像。法国大哲学家萨特称这位为了崇高的理想，不惜舍弃党和国家领导职务，远赴异国他乡苦心奋斗的游击战英雄，是"我们时代最完善的人"。当时中国的红卫兵和下乡知青当中，则有人带着格瓦拉写的《日记》偷渡到缅甸参加了游击队。格瓦拉精神和游击战方式对一代青年人的感召力由此可见一斑。

"我们这一套打仗的办法，帝国主义没有法子使用"

1965年1月，就在格瓦拉重入拉美丛林前夕，毛泽东在北京会见了他的老朋友美国记者埃德加·斯诺。正是斯诺，在近30年前通过《西行漫记》一书让世界知道了中国革命，了解了中国革命的游击战。斯诺对毛泽东说："最近读了你的军事著作，使我想到了正在进行的越南战争，觉得和你们过去的打法很相似"。毛泽东肯定了这个看法，认为"只是两场战争的规模不一样"，随后似有意无意地说道："美国总统肯尼迪为了对付亚非拉的新兴力量，提出了特种战争和局部战争，有消息说，他也看我写的军事文章，这可能是真的。"这个消息此前来自何处，不得而知。不过，这年7月26日，程思远陪同归国的李宗仁见毛泽东时，也曾向毛泽东提起，肯尼迪生前在他的办公桌上摆着一部《毛泽东选集》，看来是要人们研究中国。1972年2月，毛泽东会见来访的尼克松和基辛格时，基辛格也对毛泽东说到，他在哈佛大学教书时，曾指定班上的学生研究毛泽东的著作。尼克松则径直表示:"主席的著作感动了一个民族,改变了整个世界。"

美国人当时如此重视毛泽东的著作和思想,一个重要原因是出于其正在进行的越南战争的需要。越南在60年代进行的抗美战争,打的就是游击战。有趣的是,1960年9月30日,阿尔及利亚临时政府总理阿巴斯访问中国时,曾担心地问毛泽东:"我们读你的军事书,利用你的战法,如果法国人也读你的军事书,利用你的战法怎么办?"毛泽东毫不在意地回答:"我根据中国经验写的书,只适用于人民战争,不适应于反人民的战争,强大的侵略军队不可能因为看了我的书而能够挽救他们的失败。"60年代来访的越南北方和南方的领导人,总不免谈起游击战这个话题。1967年4月11日,毛泽东同越南民主共和国政府总理范文同等人谈话时,便提到阿尔及利亚的游击队,"靠熬时间,打了八年(1954年至1962年——引注),打得法国的政策改变,就撤了兵",同时又说到他同阿尔及利亚临时政府总理阿巴斯谈话的情况,再次强调,对自己的军事著作,"美国人研究,过去蒋介石也研究,日本人也研究。他们怎么不会去研究我们这一套呢?当然要研究。但是,我们这一套打仗的办法,帝国主义没有法子使用。因为它是反人民战争,我们是人民战争。"在越南战场上,"你们那里又没有一百万美国人的居民,全体人民都是越南人民"。

正如毛泽东所言,强大的美国军队虽然前后调动了60万兵力,动用了当时世界上最先进的武器装备,但仍然陷入越南人民游击战争的汪洋大海。为了对付越南南方的游击队,美国军队不得不像当年侵华日军搞据点炮楼那样实施"战略村计划"。这种把自己封闭起来的做法,恰恰为各种各样的游击战提供了绝好的天地。越南南方的游击队甚至像当年的中国敌后抗战一样,打起了地道战。于是,一个毕业于西点军校叫威斯特摩兰的美国军官后来回忆说,他在越南的游击战面前实在是束手无策。每天晚上,他不得不看两本书,一本是《圣经》，一本就是美国军方编印的英文小册子毛泽东的《论游击战》。

不知是受到游击战思想的启发还是出于"二战"中在欧洲战场派遣突击队作战的经验，1963年底，美国军队在用正规军对付越南南方游击队的同时，开始以游击战的方法来对付越南北方的军队。这个时候，越南北方的军队却反过来派其正规军赶赴南方作战。双方的战略战术无形中换了位，结果，越打越难的仍然是美国军队。对越南军队来说，恰恰体现了毛泽东说的，"根据不同的时间、地点和条件，采取适当的斗争形式"。就美国军队而言，却依然无法在实践中吃透更谈不上发挥游击战的真谛。

毛泽东在1960年代的备战思考

毛泽东及时看到了美国军队派突击队袭扰越南北方的战术变化，于是在1966年2月21至22日的一次谈话中提出："诱敌深入，过去灵，过去对日本灵，现在对越南不灵了。它不会轻易长驱直入，要做两手准备。"这个话，即是就越南战场而言，也是对当时正在备战的中国而言。

对于60年代的中国来说，战争绝非对岸燃火之事。从1964年美国轰炸越南北方的"北部湾事件"，到1969年中苏边境爆发珍宝岛之战，都使中国领导人感觉到悬在新中国头上的战争之剑随时有掉下来的可能，备战由此成为热门话题。毛泽东当时考虑比较多的是在新的历史条件下怎样备战的问题。中央军委曾提出过一种准备战略，叫"北顶南放"，意即如果敌人从北边打，就要顶一下，如果敌人从南边打，就可以放进来打。毛泽东在1965年4月28日的一次谈话中说："我们不能学蒋介石，让日本人长驱直入，很快打到南京、武汉、长沙，不要学斯大林那样，让希特勒长驱直入，一下子就逼进莫斯科、列宁格勒城下。"1969年3月15日，毛泽东在中央会议上又讲："我们国家这么大，苏联、美国一口吃不下，让他进来，进来就好打了。"4月28日，毛泽东在九届一中全会讲话中的考虑是："要准备打仗。不管敌人来不来，我们都要有准备"，"小打就在边境上打，大打就让出点地方放他进来，使他陷入人民包围中间"。这年9月19日晚上，在南京同许世友等人谈话时，许世友谈到曾给毛泽东写信，提议把南京军区的几个军北调保卫北京，毛泽东说："信看了，你们准备好，现在不要动，准备从外面向内打，他（苏联）要是搞大的，部队统统集中北京附近危险，先看看他从哪里来。北京兵力已集中不少了。""我们的意见，北京要守一个时期，守一个月两个月，如果敌人要进来，北京就让出去。我看他要用原子弹、空降，正面进。真正要进，他一边要占大同、太原、石家庄，另一边要占承德、山海关、天津，再同上海通过起来，再把北京围起来。""你们准备兵团，同中南合作，准备在外线，不要统统在内线，圈子太小。我这个办法，只怕军队、人民不理解，要把地方让给人家。主要是开头要保持有生力量。先准备吃点亏，你晓得他怎样来？用什么武器？如果用常规武器，是不会吃亏的，如果用原子弹，可能会吃亏。要准备有很大的困难，不是小困难。"也是在1969年，毛泽东谈到北方的一些备战工事时表示，真正打起来，这些工事恐怕用不上，他从空中来打你嘛。到1970年6月11日的谈话中，毛泽东还估计到战争的最坏后果，即"无非是黄河以北归苏联，长江以南归美国，美苏瓜分中国，这已经到头了，再升级不到哪里去了。"

罗列这些材料，是要说明，尽管战争终究没有打起来，但毛泽东依然像他说的那样，准备最坏的可能，争取最好的可能，在把帝国主义和一切反动派都看成纸老虎的同时，又把它们看成"活的铁的真的老虎"，并且"从这点上建立我们的策略思想和战术思想"。因此他总是反复考虑"时间、地点和条件"，思考敌人会以怎样的方式发动战争，甚至思考敌人的进攻战略和具体路线，慎重地选择战略战术。

游击战的真谛，从政治上讲，就是离开了人民的支持，你无法游击；失去正义的战争，则永远得不到人民的支持；从战争形态上讲，恰恰在于把对方看成"活的铁的真的老虎"，一切从实际出发制定战略战术。这两个方面又是统一的，只有政治优势不行，仅从军事上着眼也不行。在20世纪50年代至70年代上演的游击战大戏中，一些"铁老虎"变成"纸老虎"，原因就在于他们不能掌握这些真谛。

毛泽东的几个九月九日

1976年9月9日

这天凌晨，对当时的湖南韶山滴水洞管理员廖时禹来说，发生了一件莫名其妙的事情。9月8日上午，他们接到通知，说湖南省委第二书记张平化晚上要来检查接待毛泽东回家乡休养的准备工作，但是，在深夜快12点的时候，他又接到一个电话，说张平化不来了。难道毛泽东不回来了？廖时禹心里直犯嘀咕。

事实上，在廖时禹放下电话不久，远在北京的毛泽东的生命便已走到了尽头。病重期间，像普通人那样的乡愁情思，促使他向中央提出回韶山滴水洞，中央也通知了湖南做好接待准备工作。可惜，这个最后的愿望没有能够实现。

在9月9日零时逝世前的24小时里，毛泽东是怎样度过的呢？

从9月8日零时起，便开始腹部人工辅助

呼吸，血压高压到 180，低压到 80。11 点左右，心律失常。下午 4 点过，插上鼻咽管。晚上 8 点半，神志模糊。就是在上下肢插着输液管，胸部安有心电监护导线，鼻子插着鼻咽管的情况下，毛泽东当天看文件、看书十一次，加起来有 2 小时 50 分钟，平均每次不到 16 分钟，文件和书是由别人用手托着看的。同书和文件打了一辈子交道的毛泽东，最后一次阅读，是 9 月 8 日下午 4 点 37 分。七个多小时后，他的心脏停止了跳动。

一位旷古奇人的生命，便定格在了这一天。

1927 年 9 月 9 日

对毛泽东来说是一个特殊的日子。这天，他领导的湘赣边界秋收起义爆发了。这天，毛泽东这个穿长袍、留长发，身子也显得特别颀长的书生，将率领三个团的兵力围扑长沙。此前，他已然是政治家，但从这天起，握惯笔杆子的手抓起了枪，又走上了军事家的途程。此前，他也写诗，但从这天起，诗人毛泽东有了新的诗品，因为拿着枪的手再来写诗，便是用枪声来押韵了。在这条诗路上敲下的第一个诗韵，便是起义开始之际写下的《西江月·秋收起义》，里面说："地主重重压迫，农民个个同仇。秋收时节暮云愁，霹雳一声暴动。"

也正是在 1927 年 9 月 9 日这天，毛泽东遭遇了他一生中唯一的一次被捕。在途经浏阳张家坊时，他被当地团防局的清乡队抓住了，在押送去团防局的路上，毛泽东机智逃脱，在一个水塘边的草丛里躲到黄昏，才死里逃生。

不到一个星期之后，毛泽东开始走上一条独特的革命新路——他把队伍引向了农村，这一路，让中国共产党从弱小变得强大起来；这一路，毛泽东告别大城市，钻了整整 18 年的山沟。这一路，走得却是异常地艰难。这一路，不仅有战火纷飞，有尸横血溅，不仅有山河阻隔，有饥饿严寒，更有来自内部的背叛和挑战。

1935年9月9日

这一天，毛泽东在其经历的几次险境中遭遇了唯一的一次来自内部的严峻挑战。

两个半月前，红一方面军在四川的懋功县两河口同张国焘的红四方面军会师了。6月25日那天，毛泽东冒雨同张国焘见面。他们的第一次见面或许是在1918年，那时候，张国焘是北京大学的学生，而毛泽东是图书管理员。三年后他们俩都参加了中国共产党的第一次代表大会，成为中共的创始人。不过，在一大上，张国焘远比毛泽东活跃，因而被选为中央的组织委员，起点是非常高的。长征途中的这次见面，固然令人欣喜，同时也埋下隐患。

自恃人多枪多的张国焘，要求中央改组军委和红军总司令部的领导，其意不言自明。中央只好让张国焘担任红军总政委，并决定两支军队混合编组，分左右两路北上。朱德和张国焘率左路军，徐向前、陈昌浩率右路军，毛泽东和其他中央领导人则跟随右路军北上。但是，张国焘却反对北上，坚持南下，并于9月8日晚上10点发来电报，要徐向前和陈昌浩率右路军南下。中央拒绝后，9月9日，张国焘致电陈昌浩，要他们"南下；并彻底展开党内斗争"。译电员把电报送到前敌指挥部，陈昌浩正在开会讲话，就交给了一旁的参谋长叶剑英，他感觉事情重大，就假装上厕所，一路跑到中央驻地，交给了毛泽东。毛泽东用铅笔将电文抄在一张卷烟纸上，又让叶剑英拿着电报回到前敌指挥部继续开会。随后，毛泽东和张闻天、博古、周恩来等人商量后认为，在这种情势下说服张国焘北上已无可能。为防不测，9月10日凌晨2点，毛泽东率红三军团以筹粮为名秘密离开驻地。

却说徐向前、陈昌浩早晨起床后，就接到报告，说中央军委纵队不见了，指挥部的军用地图也不见了。两人大吃一惊。随后前面的部队又来电话说，中央红军已经连夜出发，还对我们警戒，打不打？陈昌浩拿着电话听筒问徐向前，"怎么办？"徐向前说，"哪有红军打红军的道理？叫他们听指挥，无论如何不能打。"倒是红四方面军的副参谋长李特骑马带人追上了毛泽东，说是张主席让回去，你们要走就是分裂红军，是机会主义，帽子很大。谈话激烈的时候，李特还拔出枪来威胁。幸好有人把他给抱住了。抱住他的人就是在遵义会议后失去指挥权的外国人李德。而李特这个人，据考证后来又牺牲在新疆，成为了革命烈士。

此后的毛泽东和红军，到了延安。10年后，他到了重庆。

1945年9月9日

12天前到达重庆的毛泽东，在这一天专门会见了后来成为亲密诗友的郭沫若。鲁迅逝世以后，郭沫若显然成为了国统区进步文化人的一面旗帜。一个是开启白话新诗道路的泰斗，一个是重铸传统诗词辉煌的巨匠。诗人的对话，在国共重庆谈判的时期，却充溢着政治的格言。正是在这天的谈话中，毛泽东说了一句后来人们十分熟悉的话："前途是光明的，道路是曲折的。"郭沫若在这天送给毛泽东一块产自瑞士的欧米茄手表，毛泽东一直戴到逝世。如今，这块表存放在韶山毛泽东纪念馆。

关系着未来中国前途命运的重庆谈判，虽然玄机四伏，但毛泽东依然没有忘记诗。事实上，在会见郭沫若之前，词坛宿老柳亚子便用诗人的方式来欢迎毛泽东了。他在8月30日见到毛泽东后写诗说："阔别羊城十九秋，重逢握手喜渝州。弥天大勇诚能格，遍地劳民战尚休。"不久，又当面向毛泽东索诗留念，可毛泽东没有作答。诗人徐迟请毛泽东题字，并问到怎样作诗，还说有人讲诗应为人民服务。毛泽东未作声，题写"诗言志"三字相赠。快要离开重庆的时候，毛泽东给重庆文化人留下了他一生中写得最好的一首词《沁园春·雪》，并应柳亚子之请，题写在了柳的纪念册上。

毛泽东走了，一首《沁园春·雪》却在重庆引起一场罕见的文化风云。

读了《沁园春·雪》，柳先生立刻写了首和词，说毛泽东"才华信美多娇，看千古词人共折腰。算黄州太守，犹输气概；稼轩居士，祇解牢骚。"在日记中，他直称毛泽东为有史以来词坛"第一作手"。与此同时，国民党宣传部门则发动了对这首词的批判，甚至动员笔杆子们写出一首超越《沁园春·雪》的作品，然后以国民党领袖人物的名义来发表。可策划半天，最终是没能拿出来，只得遗憾罢手。

于是，一首词让人们领略到了毛泽东不仅有统领雄兵百万的元戎之气，还有儒雅温恭的飘洒气派和文人作风。"数风流人物，还看今朝"，毛泽东给重庆留下《沁园春·雪》，无疑在政治的天平上，增加了文化人格的几多分量。

果然，四年后的9月9日，今朝的"风流人物"便齐聚在了古都北京（时称北平）。

1949年9月9日

进了北平城的毛泽东，在这天正潜心修改《中国人民政治协商会议共同纲领》草案。所谓《共同纲领》，事实上就是一个即将加入世界"户籍"的新国家的"临时宪法"。

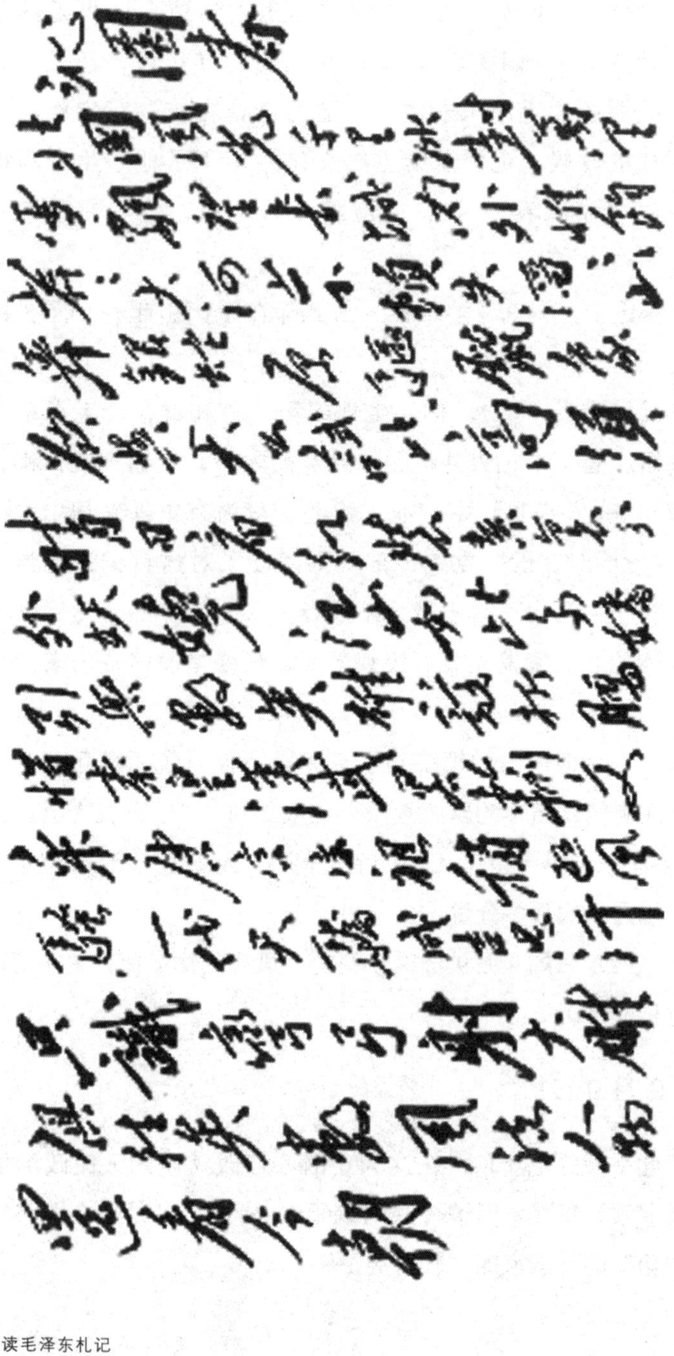

毛泽东手书《沁园春·雪》

在这之前的所有奋斗，似乎都是为了这个新国家的诞生。这也是近代以来无数仁人志士的梦想。从孙中山的《建国大纲》到毛泽东在这天修改的《共同纲领》，画出了从梦想到现实的历史轨迹。

于是，十天前，毛泽东早早地到北平火车站迎候一位客人。当列车进站停稳的那一刻，出乎在场许多人的意料，他又率先登上了车厢。这种礼遇，对中国共产党的任何领导人，都不曾有过。因为他迎来的是孙中山先生的夫人宋庆龄女士。从1925年3月孙中山在北京逝世后，宋庆龄便再也不愿来北京这个伤心之地。在新中国就要诞生的时候，她应毛泽东之邀，来了，带着孙中山先生的遗愿来了。

开国时分，毛泽东更没有忘记那些牺牲的烈士。9月11日，他托回长沙探亲的朱仲丽，看望杨开慧的母亲，还带去了书信，里面说："皮衣一套，送给老太太"。杨开慧是无数没有看到新中国成立的英烈中的一个。

"天若有情天亦老，人间正道是沧桑。"这是毛泽东在进北平城不久写的《七律·人民解放军占领南京》中的两句。用它来体会毛泽东在9月9日前后的心境，或许是再恰当不过的了。

1956年9月9日

仿佛是一种巧合，七年前的这天，毛泽东在修改文件，修改关乎新中国未来的"临时宪法"；七年后的这天，毛泽东也是在修改文件，修改关乎社会主义事业和党的发展方向的八大《政治报告》。

七天前，毛泽东还收到了中共中央组织部发出的出席八大的代表必须填写的登记表，他大概也是在这天，认认真真地在上面按要求写道："姓名：毛泽东。性别：男。出生年：1893。民族：汉。籍贯：湖南，湘潭县。入党时间：1920。现在任职务：党中央主席，国家主席。"

七年的路程，似乎都是凯歌行进。中国共产党把一个西方记者认为"无论是猴子还是天使都没有办法治理"的破败凋敝的中国，建设成为了一个朝气蓬勃、万象更新的中国。到1956年的9月，迎来了不同寻常的收获时节，中国共产党的治国思路在八大将确立新的走向。

在毛泽东修改的《政治报告》中，明确宣布：现在，革命的暴风骤雨时期已经过去了，新的生产关系已经建立起来，斗争的任务已经变为保护社会生产力的顺利发展。在八大通过的关于政治报告的决议中，则进一步指出：国内主要矛盾，已经不再是工人阶级和资产阶级之间的矛盾，而是人民对于经济文化迅速发展的需要，同当前经济文化不能满足人民需要之间的矛盾。

9月15日开幕的中共八大，还以它在党的历次代表大会上的几个"第一"载入了史册：它第一次在党章中明确规定了党代会实行常任制，党的全国代表大会每届任期五年。它第一次把实现工业、农业、交通运输和国防四个现代化写进了党章，后来交通运输的现代化改成了科学技术的现代化。它第一次把"各尽所能，按劳分配"的社会主义分配原则写进了党章。

火红的事业，火红的年代，蓬勃的活力，蓬勃的生机。当然还要配之以火红的诗情，蓬勃的诗句。于是，这年6月，毛泽东在武汉"万里长江横渡，极目楚天舒"时，写下了"神女应无恙，当惊世界殊"这样的诗句。

1971年9月9日

这一天，在毛泽东的感觉中，绝不会是火红的和蓬勃的。

当时，他一路南巡，于9月3日零点到达杭州。从1953年底以来，毛泽东四十多次到杭州，一共住了八百多天，被他称为"第二故乡"，这次来本来也想多住几天。但是，在9月8日晚上，他得到消息说，有人在杭州装备飞机，有人指责毛泽东的专列停在杭州笕桥机场的专营线上"碍事"。这种情况在以前从未有过。尽管已经78岁了，但岁月似乎没有消磨他那罕见的政治家和军事家的敏锐直觉。为了防止不测，在9月9日这天，毛泽东当机立断，决定把自己的专列立即转移到离杭州远一点的绍兴附近。

后来得知，正是在9月8日，林彪下达"盼照立果、宇驰同志传达的命令办"的手令，当晚，林立果等人在北京策划谋害毛泽东的三种办法，地点就选择在杭州、上海、南京之间。林立果的"联合舰队"成员于新野在9月8日晚上赶到杭州，向掌控杭州警备大权的陈励耘布置任务。

9月10日，毛泽东便离开杭州，然后经上海一路返回北京。正是9月9日的决策，使林立果等人的谋害方案都没有得逞。正像人们所熟悉的那样，接下来便是林彪出逃的"九一三"事件。

一场反对阴谋集团的政治斗争胜利了，毛泽东也经历了一场此前无法想象的遭遇。但是，在这一年，在这一个时期，毛泽东却没有写诗。因为这毕竟不是一段诗情的岁月。"九一三"事件的发生，多少预示了毛泽东晚年非常看重的"文化大革命"是没有前途的。

转过年来的1972年初，毛泽东病了，病得很重。这是他晚年仅有的两次病情危重的一次。另一次是他1976年9月9日逝世之前。

《毛泽东文艺论集》答问录

记者：毛泽东《在延安文艺座谈会上的讲话》发表整整六十年了。目前，不少部门都在开展纪念《讲话》的活动。但人们显然面临着这样一个事实：在这六十年的岁月里，中国和世界都发生了巨大变化，中国和世界的文化艺术创造实践也今非昔比。在新的历史条件下，怎样看待《讲话》，怎样继承和发展《讲话》的精神，成为了一个不能回避的课题。对此，你有什么看法？

陈晋：我想先澄清一个概念。人们纪念《讲话》，直观上说，是纪念毛泽东在1942年发表的《在延安文艺座谈会上的讲话》，接着就要问，为什么要纪念它呢？这就引出每逢十整年进行纪念活动的原因。我想，原因除了这个《讲话》在当时产生了重大影响，并从根本上澄清了革命文艺运动所遇到的一些问题外，还在于，以这个《讲话》为标志，表明中国共产党在成立二十年后，对文艺工作的领导开始走向了成熟，并且形成了自己的理论框架，这就是毛泽东文艺思想。因此，对《讲话》的纪念，在相当程度上是在不同的历史条件下对毛泽东文艺思想的一种梳理和研究，一种继承和发展。

记者：你说《讲话》标志着中国共产党对文艺的领导开始走向成熟，是自己的研究结论吗？

陈晋：是毛泽东自己说的，而且是他一贯的看法。到延安以后，毛泽东同文艺界人士交往甚密，但他总感到党没有很好地领导文艺工作。比如，1939年，诗人萧三从莫斯科回到延安，他和毛泽东是同学，谈话自然比较随便，毛泽东就对他说过：如果瞿秋白还在，由他来直接领导文艺工作，就好了。看得出他当时还觉得党内缺少有威望的并且对文艺内行的人来有效地领导文艺工作。1942年5月28日，也就是发表《讲话》五天后，毛泽东在中央学习组专门介绍了他的讲话，他说：在红军时期，我们也有一点文艺，但同现在的比较起来差得多，而且当时和中心城市的人隔绝了，在吸收知识分子问题上又犯了错误。"文艺是一支军队，它的干部是文艺工作者"，"对文化人、知识分子采取欢迎的态度，懂得他们的重要性，没有这一部分人就不能成事"。这些话则多少传达出毛泽东的一个想法：红军时期的文艺运动是不甚成熟的初创阶段，召开延安文艺座谈会并发表讲话，一个目的是要解决党如何领导文艺的问题，解决对待知识分子和文化人的问题，从而使文艺事业在党的领导下健康地发展繁荣起来。1944年3月在中央宣传工作会议上，毛泽东说得更明确，他说：过去中央苏区也搞过文化，但不是很有成绩。我们对政治、军事比较会，比较熟，但对经济、文化这两门就不大熟悉，对经济、文化这两门不学会就不好。"开了文艺座谈会以后，去年搞了一年，他们（指文艺家——引注）就摸到了边，一经摸到了边，就受到广大人民群众的欢迎"。1945年召开七大时，毛泽东还是以延安文艺座谈会为标志来谈论文艺界的变化。

记者：看来，毛泽东一直看重延安文艺座谈会的划时期作用，这当中自然也包含了他对自己在会上的这篇讲话的重视，但为什么说这篇《讲话》标志着党领导文艺"走向成熟"呢？

陈晋：我想有两个核心问题在《讲话》中解决了。一个是怎样看待知识分子和文化人的问题。就像毛泽东说的那样，红军时期，这是没有解决好的。抗战初期大量吸收知识分子，但革命队伍里特别是在一些老干部身上，仍然存在着轻视知识分子和文化人的现象，对此，毛泽东在延安整风期间多次讲过要改变文化人不吃香的情况。他之所以花那么大的工夫来调查研究文艺界的情况，并提议召开座谈会，还发表讲话，根本的出发点，就是看重这支文艺"军队"，要更好地发挥他们的作用。这一点过去纪念《讲话》没怎么谈，所以我特别要说一下。再一个核心问题是，怎样才能更好地发挥文艺"军队"的作用呢？这就需要解决"文艺为什么人的问题"，毛泽东在《讲话》中称这是一个根本问题。正是围绕这个根本问题，毛泽东在《讲话》中阐述了文艺与人民、文艺与生活、文艺与政治、普及与提高、政治标准与艺术标准这些基本问题，从而使文艺家们有所遵循。而此后文艺界发生的变化，也说明了毛泽东确实抓住了要害。最近读到一篇谈 50 年代文艺运动的文章，作者认为，《讲话》在 50 年代也事实上成为了文艺界的"共同纲领"，可见它在中国现当代文艺史上的特殊地位。当然，正像郭沫若当时评价的那样，《讲话》的内容"有经有权"。"经"，就是长期管用的文艺规律，"权"，就是权宜之计，一时之用的政策。郭沫若是在毛泽东专门征求他这样的文艺大家对《讲话》的意见时说的，毛泽东对"有经有权"几个字很感兴趣，觉得有道理。但总体上说，江泽民在 1996 年召开的中国文联第六次全国代表大会和中国作协第五次全国代表大会上的讲话，对毛泽东《在延安文艺座谈会上的讲话》有一个明确的定位，他说这个《讲话》和邓小平《在中国文学艺术工作者第四次代表大会上的祝辞》，"集中体现着我们党的文艺思想、文艺路线、文艺方针，是我们党对马克思主义文艺理论的独特贡献，将长期对我们的文艺事业发挥指导作用"。

记者：现在人们谈毛泽东文艺思想，首先会想起《讲话》，甚至把《讲话》同毛泽东文艺思想等同起来。你刚才说《讲话》是毛泽东文艺思想的形成标志，我想，在这标志前后，毛泽东文艺思想一定有它的来龙，也有它的去脉。

陈晋：你提的这个问题很重要。说《讲话》是毛泽东文艺思想形成的标志，只是意味着毛泽东文艺思想的一些基本理念、原则以及术语在《讲话》中明确了，绝不意味着《讲话》之后毛泽东文艺思想就停止发展了。事实上，毛泽东文艺思想有着很强的实践性品格，它对中国共产党领导下的文化建设和文艺运动产生了重要影响，反过来，它也总是根据实践的需要不断完善和发展的。特别是在新中国成立以后，为了在新的历史条件下繁荣和发展社会主义文艺，毛泽东做过许多探索，提出了一些很好的思路。这样才使毛泽东文艺思想成为一个比较丰富的体系，甚至形成了毛泽东文艺思想研究这一专门学科。

记者：你能不能举点毛泽东论文学艺术方面的具体例子来说明毛泽东文艺思想的丰富性。

陈晋：我最近刚刚参加完中央文献研究室为纪念《讲话》发表60周年的一个项目：编辑《毛泽东文艺论集》。该书已经由中央文献出版社出版了。这是目前收入毛泽东论文学艺术方面的文稿最多的一部专题文集，汇集了毛泽东从1936年到1976年的文稿101篇，包括毛泽东在各个时期关于文艺问题的文章、讲话、批示、书信、电报、题词，以及阅读古代文学作品的批语和谈话，部分文稿是第一次公开发表。这部论集，比较全面地反映了毛泽东的文艺思想及其发展过程。

比如说，《毛泽东文艺论集》的开卷篇1936年11月的《在中国文艺协会成立大会上的讲话》，是毛泽东以革命领袖的身份对文艺问题作的第一个专门讲话，其中提出要"发扬苏维埃的工农大众文艺，发扬民族革命战争的抗日文艺"，体现了毛泽东刚到陕北时对革命文艺性质的思考，联系这以后他为"鲁艺"写的"抗日的现实主义，革命的浪漫主义"的题词，在《新民主主义论》中有关新民主主义文化"民族的、科学的、大众的"三个特征的论述，不难看出其间的深化和发展过程。

1938年4月的《在鲁迅艺术学院的讲话》一篇，则第一次比较明确地阐述了怎样做一个好的艺术家的问题，突出强调应该具备"远大的理想、丰富的生活经验、良好的艺术技巧"三个素质。这篇讲话还评论了30年代文坛上的各种流派，阐述了文艺作品如何适应时代和大众的要求的问题。

1942年5月28日的《文艺工作者要同工农兵相结合》，是在中央会议上通报延安文艺座谈会的情况，讲了为什么要开这个会，主要解决什么问题以及自己在文艺上的基本主张，某种程度上可以看作《在延安文艺座谈会上的讲话》的副篇。1944年3月的《发展陕甘宁边区的文化艺术》，则多少是《在延安文艺座谈会上的讲话》的续篇，毛泽东在其中描述了《讲话》以后文艺界发生的新变化，以及进一步在边区文化艺术建设实践落实《讲话》精神的问题。

值得注意的是，1947年12月的《改造旧艺术，创造新艺术》，是在转战陕北的炮火声中专门对晋绥平剧院演出队的讲话，这篇讲话集中了毛泽东在延安时期关于利用旧形式来创造新文艺这一问题的思考成果。1942年延安平剧院（即京剧院）成立时，他就写了"推陈出新"的题词，接着看了新编历史剧《逼上梁山》和《三打祝家庄》后，他又先后写信表示祝贺，提出了"平剧革命"，后者还是在他的直接指导下完成创作的。他关于改造旧艺术、创造新艺术的主张和延安时期"平剧革命"的成果，无疑是新中国成立后现代戏创作的先声。

从1949年7月1日的第一次全国文代会开始，一个文艺新时代来临了。就毛泽东文艺思想来说，也是从当天写的《中共中央给中华全国文学艺术工作者代表大会的贺电》开始，进入了一个新的发展时期。

毛泽东深刻总结科学文化事业发展的客观规律，把"百花齐放，百家争鸣"确定为繁荣我国科学文化事业的长期的指导方针。《毛泽东文艺论集》集纳了1956年4月底和5月初的两次谈话，题为《百花齐放、百家争鸣应该成为我们的方针》，是第一次提出这个方针。还有节选自1957年2月《关于正确处理人民内部矛盾的问题》的《百花齐放，百家争鸣》，节选自1957年3月在全国宣传工作会议上的讲话的《片面性问题》、《"放"还是"收"？》，都是人们熟悉的。这些文稿，围绕在社会主义条件下，如何促进文艺事业的健康发展，如何实现文艺创作的丰富性和多样化，如何在实践中贯彻"双百"方针这一基本主题，阐发了不少思路。

毛泽东还一贯主张"古为今用，洋为中用"，继承和发扬中华民族的优秀文化传统，吸收世界各国优秀的文化成果，使社会主义文艺始终保持鲜明的民族特色和时代的先进性。《毛泽东文艺论集》收入的1960年的《应当充分地批判地利用文化遗产》、1958年8月的《关于中国历史上的民主文学》、1964年9月的《关于'古为今用，洋为中用'的批示》，以及《关于绘画、雕塑使用模特问题》，都集中体现了毛泽东在文艺实践中为推进"古为今用,洋为中用"所付出的努力。

记者:你认为毛泽东在社会主义时期论文艺最有代表性的篇目有哪些?

陈晋:这里特别要提一下1956年8月的《同音乐工作者的谈话》和1957年3月8日的《同文艺界代表的谈话》两篇。前者为人们熟悉,后者知道的人不多。这两篇讲得推心置腹,充分肯定了文艺工作者的创造性劳动,分析了文艺创作和发展的一些基本规律,具有相当的理论深度和科学价值,比较集中地体现了毛泽东文艺思想在社会主义时期的新发展。关于《同文艺界代表的谈话》这篇,1997年,我在《文人毛泽东》那本书里提到:这个谈话是"由'双百'方针引起对文艺问题进行思考后所得出的理论成果。我想,如果能全面完整地整理出来,一定是一篇很好的文艺论文,其意义不在1942年的《讲话》之下,其水平不在1956年的《同音乐工作者的谈话》之下,甚至可以说代表了毛泽东在建国后文艺思想的最高水平"。当时的这个评价,主要是指毛泽东对文艺规律的认识和把握,现在看,也浓缩了毛泽东为实践"双百"方针所付出的努力与真诚。在这次同文艺界代表座谈前,毛泽东就让人整理了一个汇集33个引起争论的问题的材料,并在上面作了批注。在座谈中,文艺家们又当面提出了各种各样的问题请毛泽东解答。这当中,一个核心问题是,怎样对待不同的风格流派和文艺主张。毛泽东在解答中体现出来的真知灼见,即使在今天看来也让人感慨不已。听了谈话的文学翻译家傅雷便当即给儿子写信,称赞毛泽东"胸襟宽大","真是艺术高手"。

记者:可不可以说,毛泽东有着一般的革命家和政治领袖少有的文化积累和艺术气质,他才成为了毛泽东文艺思想的主要创立者,也就是说,他不仅一般性地指导文艺运动,他本人还喜欢文学艺术,懂得文学艺术,是内行。

陈晋：我想，完全可以这样讲。毛泽东的文艺实践活动丰富多彩。他是卓越的诗人和书法家。他的诗词，气势磅礴，立意高远，辞章唯美，达到了思想性和艺术性的高度统一。他的书法，潇洒飘逸，自成一体。他一生中阅读、观看了大量的文艺作品，发表了不少评论意见。与此同时，他和不少作家、艺术家保持着密切的联系，结下了深厚的友谊，留下了许多佳话，给人以激励和启迪。毛泽东的文艺实践是毛泽东文艺思想的一种表达方式。所以，除了比较正式的谈话和文章外，《毛泽东文艺论集》还收入了这样四组内容：一是同文艺家交往的通信，一是对一些具体的文艺活动和文艺作品的批示，一是谈论自己的诗词创作的文稿，一是关于一些古代文学作品的评点和谈话。这些文稿，从不同角度展示了毛泽东对文艺问题的见解。毛泽东谈古代文学的那一组，过去正式公布的不多，读起来比较新鲜。如《骚体有民主色彩，属浪漫主义流派》、《对范仲淹两首词的评注》、《谈红楼梦》，以及读谢灵运的《登池上楼》、王勃的《秋日楚州郝司户宅饯崔使君序》、白居易《琵琶行》、吴承恩的《西游记》、蒲松龄的《聊斋志异》等作品的批语。时间最晚的一篇，是1976年2月就评价韩愈、李商隐写给文学史家刘大杰的信，这也是《毛泽东文艺论集》的压卷之作。可以看出，毛泽东是带着他自己的文艺观念来理解古代文学的，把这些串起来，再加上大量没有选入这本书的评论，在某种程度上也是"文学史一家言"。十多年前，龚育之同志就写过一篇《红学一家言》，谈毛泽东对《红楼梦》的评论。

记者：感谢你结合《毛泽东文艺论集》，对毛泽东文艺思想的多方面内容和发展脉络作了一个简单的梳理。最后回到我提的第一个问题，你谈谈今天应该怎样看待毛泽东文艺思想。

陈晋：我前面提到的江泽民评论毛泽东的《讲话》和邓小平

的《祝辞》，事实上已经回答了这个问题。这里想再联系"先进文化"这个概念来说一下。"代表中国先进文化的前进方向"这一论断，既是展望新世纪的艰巨任务和光明前途所提出的新的历史性要求，也是对中国共产党八十年奋斗历程中在文化方面的基本经验的总结。以毛泽东为代表的那一代中国共产党人对文艺问题的思考、探索和实践，事实上就是对这个论断的一个比较典型的印证，毛泽东文艺思想，无疑属于中国先进文化的一个组成部分。

毛泽东是根据当时的文艺实际来阐述自己的文艺理念的。社会变化了，文艺发展了，当然需要根据新的情况来做出新的解释。毕竟毛泽东不会想到电视传媒会在他去世多年后成为如此重要的文化消费方式，他倡导了一辈子的大众化，也不会想到卡拉OK厅的通俗歌曲的歌词对年轻人会有如此大的吸引力，更不会想到网络文学的出现使每个上网的人都可以进行文学创作，等等。这就是后人比前人占优势的地方。如果我们丧失了解释这些新现象的勇气，无疑是对不住新的文化时代，从而使文艺理论和批评脱离了自己的土壤。而这恰恰是同毛泽东文艺思想的一些基本理念相抵触的。

诗雄不一般

毛泽东诗词创作的主导风格是浪漫、豪放，用一个字概括，其实就是"雄"。1964年，高亨先生在一首词里说到毛泽东的创作："细检诗坛李杜，词苑苏辛佳什，未有此奇雄。"传到毛泽东那里，他表示很感兴趣。

毛泽东诗风之雄，又可以分出下面这些成色——

雄浑。

《念奴娇·昆仑》和《浪淘沙·北戴河》为其代表。先说《念奴娇·昆仑》。长征路上的毛泽东描绘横跨西北三省的昆仑山时，他避开俗笔，舍弃一般的形状描写，只赋予其人格，突出其神韵。开篇"横空出世"，虽只四字，却是神来之笔，传达出昆仑的横亘天际，昂首世外，超脱人寰的不凡气概。接下来，"飞起玉龙三百万，搅得周天寒彻，夏日消溶，江河横溢，人或为鱼鳖"，我们如同听到一位屹立苍穹的巨人凌驾一切地对昆仑山发话。昆仑山也被当作有知觉有灵感的东西，那无异于作者浑莽气概的寄托。再说《浪淘沙·北戴河》。当毛泽东在大海里搏击风浪时，他所见的是"大雨落幽燕，白浪滔天。秦皇岛外打鱼船。一片汪洋都不见，知向谁边？"写浑莽无涯的水天合一景象，依然是衬托雄浑宽阔的胸际和人格。这两首作品，诗思是雄壮浑厚的，表现诗思的形象也雄阔浑成，由此造出的意境，则如古人所说，"笼天地于形内，挫万物于笔端"。

雄深。

《菩萨蛮·黄鹤楼》和《忆秦娥·娄山关》为其代表。前者以"茫茫九派"、"沉沉一线"两句，一下子托出大革命失败前夕山雨欲来风满楼的气氛。接着造出"烟雨莽苍苍"这种已然是令人压抑的低暗景象，再用"龟蛇锁大江"一句猛然顿住，把人们的心情收缩至一个静态的没有回旋余地的物象上面。出路何在？在这紧要关头，作者"把酒酹滔滔，心潮逐浪高"，一下子又打开了压抑中孕育的奔腾激昂的思绪。全诗在起伏中抒发了作者的担忧与思索。关于《忆秦娥·娄山关》，毛泽东后来也有一个自注，他说："万里长征，千回百折，顺利少于困难不知有多少倍，心情是沉郁的。"于是，他在途中所见，是"西风烈，长空雁叫霜晨月。霜晨月，马蹄声碎，喇叭声咽"。在这幅画面里，没有明亮的色彩，没有鲜艳的红旗，没有响亮的音响，没有高亢洪亮的军号。然而，尽管是"雄关漫道真如铁"，诗人仍矢志"而今迈步从头越"，雄心脱怀而出。但他也不盲目乐观，深知前面仍是"苍山如海，残阳如血"，又归入顿挫，从而深化了悲壮搏击的意境。

这两首诗气氛悲壮，格调顿挫，境界深沉，体现出思考深广，感情郁积的凝重之美，即古人说的"沉雄"一路。

雄放。

有两个字，在毛泽东诗词中出现频率最高，颇便于我们体会雄放的意蕴。一个是"万"字，一个是"飞"字。一个托出景象的数量博大，一个托出景象的姿态流急。在 1986 年版的《毛泽东诗词选》所收 50 首作品中，便有 22 首 27 次用了"万"字。有人说，"万"字是一个最有力量的汉字。所谓最有力量，大体是指这个字包含有"大"、"阔"、"无穷"的意思。毛泽东诗词中的"万"字，有时是实指，有时是虚指，但都体现了主体的宽阔胸怀与雄伟浩荡的融合，情感思绪奔放得很开。再说"飞"字。50 首诗词中，有 15 首 16 次用了"飞"字，表现出诗人飞动的气魄，飞扬的豪情，飞闪的风采。从艺术上讲，"万"和"飞"，一为规模，一为过程。一为体，一为势，最易造出扩展的意境和雄放的气势，从而显现出作者发想超旷、变化多端、开拓直逼的构思。

雄丽。

在古今诗坛上，有些人的诗雄而不丽，有些人的诗则丽而不雄。把二者结合起来，又雄又丽，成为一种轩爽华美的风格，这便是一种创造。请看毛泽东的描绘："战地黄花分外香"、"谁持彩练当空舞"、"战士指看南粤，更加郁郁葱葱"、"云横九派浮黄鹤，浪下三吴起白烟"、"洞庭波涌连天雪，长岛人歌动地诗"、"已是悬崖百丈冰，犹有花枝俏"……这些，表面看来，都是各种景象的美好描绘，但实际上却有人格和社会哲理的内蕴，指示着诗人特殊的审美追求——只有战地的黄花才能胜似春光，只有孤悬危崖，傲霜斗雪的花枝才配得上说俏。这就是在冲突中求和谐，在紧张中求舒缓，在阔大中求流丽，在奇崛中求艳美。平淡无奇、小巧玲珑、温柔素雅的恬静之美，似乎并不投合诗人的意志情怀，他要在"险峰"中索取"无限风光"，他要在"漫天雪"里享受梅花的"欢喜"。因而，所谓雄丽，便是一种"劲美"。

总之，雄诗是一种壮美、崇高美。它来自对立、高大、刚健的物象和伟大坚强的意志、深邃广阔的思想、昂扬奋发的感情。古人说："器大者声必宏，志高者意必远。"毛泽东那崇高宏远的思想，跳动不已的壮志，刚健宏大的气魄，强烈深厚的激情，很容易碰上雄伟的对应物象，并自然倾泻，因而写出雄诗并形成壮美的风格，就是很自然的事了。

毛泽东之读书

对一些影响乃至决定过历史进程的人，人们对他总是有说不完道不尽的话题。有许多线头。开始，人们或许更注意他在政治、经济或军事方面的一些决断和选择。随着时间的推移，人们多多少少发现，真正的伟人，对历史的影响绝非一时一代，他的精神能量几乎可以说是超越时空的，由此沉淀为价值突出的文化现象。

引发我这个想法的，是前些年街边的书摊上，常常摆着一本厚厚的《容斋随笔》，有的还是文白对照。这本一个叫洪迈的南宋"学士"写的随笔杂记，在古代浩如烟海的随笔类著述中，并非特别出色。它的"畅销"，得益于书商们在封面上印的几个字："毛泽东临终索要之书"。其实，毛泽东一生批注过大量的书籍，在他读过和保存下来的《容斋随笔》上面却未见什么文字，也就是说，毛泽东固然喜欢这本书，但很难说它对毛泽东有什么特别的影响和启发。问题是一般读者并不管这些，因为毛泽东读过这本书并且很喜欢，它就有一种引人阅读的诱惑。

这就引出一个话题：我们应该怎样看毛泽东的读书。

毛泽东一生究竟读了多少书，读过哪些书，又是怎样读的，自然无法作出完全的统计和全面周详的介绍。不过，我们可以从他的藏书中，从他的批注中，从他的著述中略知大概。毛泽东保存下来的藏书，种类繁多，规模宏大，有一万余种，近十万册。其中有不少书籍上留下他的批注和圈画。而毛泽东读而未藏的书籍，或读过藏过但后来丢失的书籍，更不知几何。毛泽东无疑是他那个时代卓越政治家当中最喜爱读书的人。透过毛泽东的读书活动及其保存下来的藏书，我们可以了解他对前人和同时代人创造的经验，提供的知识，是如何吸收、扬弃和发展的，去体会他博大深厚的精神境界和丰富多样的智

毛泽东读古籍，摘自《毛泽东画传》下册第408页，中央文献出版社2003年版

慧光彩，进而加深对毛泽东的思想的理解。可以说，毛泽东的思想和智慧，来源于对中国的历史和现实的调查研究，来源于中国革命和建设的丰富实践，也来源于他对古今中外的文明成果孜孜不倦地吸收和扬弃。他的博览和广学，赋予他观察和认识主客观世界的科学方法，赋予他治党、治国、治军的政治智慧，赋予他独具魅力的语言风格。迄今为止，中外历史上的领袖人物，很少有人像毛泽东那样能够兼读"有字之书"和"无字之书"，并且在博览深读"有字之书"的过程中达到融会贯通，又有独到的创见。

从这个角度讲，毛泽东有大创造，获大成功，绝不是偶然的。

从这个角度讲，毛泽东的读书生活本身，也成为了中国文化史上一种引人注目的现象。

对一般老百姓来说，读不读书，属于一种靠兴趣和追求来决定的可有可无的选择；对学问家来说，读书大概就是一种别无选择的职业习惯；就政治家而言，就很难说了。中外历史上，也不是没有粗通文墨或不通文墨、乃至轻慢书籍的政治家，不过，这样的政治家大多是称雄一时，人亡政息。（有意思的是，青年时代，毛泽东把古往今来的大人物划分成"办事之人"和"办事而兼传教之人"）大体说来，贯通古今、识见深远而能从精神品格和行为信念上影响后世的出色政治家，多半是好读书的。毛泽东之读书，可以说，不是靠兴趣来支配的可有可无的选择，而是同他的生活、工作、事业、理想密不可分的别无选择的习惯，由此说他身上有一种超出常人的"读书癖"大概不算过分。

我接触到的不少朋友，都很难理解，毛泽东不是单纯的"读书人"，他的实践是那样的丰富，他的行动能力是那样的突出，做了那样多惊天动地的大事，那样忙碌，但他读的书，却并不比一些终生治学的人少，甚至比一些学问家还要多，还要广且偏。人们很难相信,这却是事实。要说清楚为什么,恐怕要专门写文章。

　　一个书斋天地里的毛泽东的思绪心迹,别有风景。他随手在书上的眉批旁评,多多少少体会到一个特别真实和富有生动个性的毛泽东。例如,1969年在武汉读《南史·陈庆之传》,他的批注是"再读此传,为之神往"。为何神往,神往什么?都值得体会琢磨。这些纯个人化的爱好,我们可视为他在书本里进行着独特的心灵对话,在对话中实现一种只有读书人才乐于寻求和可能获得的心理期待、智慧愉悦、审美满足。其中的快感,如鱼饮水,冷暖自知,一般难为外人道之。况且,没有读过的书,对人们来说,就是一个不可限量的未知空间,而毛泽东就是这样一个人:未知的东西,对他有一种极强的诱惑,他试图要以有涯之生去尽量填充那未知的空间。这是一种智慧的挑战,也是一种人格的挑战。挑战应战,战而胜之,却正好是毛泽东鲜明的个性。

　　毛泽东对读书、对书本的看法也自然不是一条直线,他那读书人的本色,他读书的风格,也就杂彩纷呈。

　　青年时代,毛泽东讲"立志",立志的过程,在他的心目中,相当程度上就是读书。他当时几乎有一种要读尽世间书的雄心壮志,但很快就意识到这是不可能的,于是又提出一个变通的法子:择书。22岁那年,他还是一个师范生,便在汗牛充栋的国学著述中,选出77种经、史、子、集,开列给朋友,说要有学问,必须读完它们。对他后来确立志向起到至关重要的作用的书籍,大致有这样三类,一是明清实学和晚清以曾国藩为代表的湖湘学派的著述;一是包括严复、蔡元培等人翻译的西方近代资产阶级思想启蒙著作,和"五四"前后出现的马列主义译著;再就是当时的新文化、新思潮代表人物,如李大钊、胡适、陈独秀等人的论著。可以说,在"五四"时期掀起大浪的风云人物,都是一色的知识分子,换句话说,就是读书人。正是毛主席批注手迹：

> 再读此传，为之神往。
> 一九六九年六月 毛泽东

以慶之為武威將軍與胡龍牙成景儁率諸軍應接還
除宣猛將軍文德主帥仍率軍途豫章王綜入鎮徐州
魏遣安豐王元延明臨淮王元或率眾十萬來拒延明
先遣其別將丘大千觀兵近境慶之擊破之後豫章王
棄軍奔魏慶之乃斬關夜退軍士獲全會通七年安西
將軍元樹出征壽春除慶之假節總知軍事魏豫州刺
史李憲遣其子長鈞別築兩城相拒慶之攻拔之憲力
屈遂降慶之入據其城轉東宮直閤大通元年隸領軍
曹仲宗伐渦陽魏遣常山王元昭等東援前軍至駞澗
去渦陽四十里韋放曰賊鋒必是輕銳戰捷不足為功

毛泽东批注《南史·陈庆之传》手迹，摘自《毛泽东手书选集》第七册第54页，北京出版社1993年版这些读书人，在自己的阅读中（当然还有相应的实践尝试），分别选择了自己的人生理想和未来道路。毛泽东自不例外。

毛泽东在基本完成了自己的理想皈依以后，对读书的看法多多少少有了些变化。一则是忙于实际的革命活动，"脑子不能入静"，想读书而不能。更重要的是，一开始，毛泽东读的书本，包括马列的书籍，都没有也不可能告诉他：在中国，应该怎样去搞革命。于是，在中央苏区时期，他甚至提出一个著名的口号"反对本本主义"。他那时花相当的精力去读另一本"无字之书"——中国农村社会调查。正是在调查中，他对中国革命的道路有了越来越清晰的认识。尽管那些批判毛泽东的人嘲笑他是"山沟沟里的马列主义"，但是，正是那些读了大量书本的号称"百分之百的马列主义"者们，丢掉了一个建在山沟沟里的红色国家。

然而，毛泽东并没有因此在中国革命的苦难历程中，得出不要书本的结论，他反对的是"本本主义"，而不是"本本"。红军长征到达陕北、到达延安后，他似乎是异乎寻常地提倡读书，他自己也以参加革命以来从未有过的热情和精力，广收博求了一大批马列书籍，写下大量批注，无疑为了从理论上总结土地革命战争的经验教训，甩掉有人戴在他头上的"山沟里出不了真正的马列主义"的帽子。随后，他提倡研究中国的历史文化，继承从孔夫子到孙中山的遗产，自己更是津津乐道于各种古籍，大体是在做着在理论研究上把马克思主义中国化的工作。至于对中国共产党的建设起了关键作用的延安整风运动，其主要的表现形式，实际上也是一场别开生面的读书运动。应该说，正是读书和提倡读书，使毛泽东在陕北的黄土高原的窑洞里，走完了他成为中国革命无可争议的领袖的最后一段历程。这里说的"领袖"的概念，不仅是政治的和军事的，还是思想的和理论的。

到晚年，毛泽东对读书的看法，也是很有意思的。比如，上世纪 50 年代后期,在推动"大跃进"的时候,他把绝大的期望寄托在最有实践创造力的人民群众身上,而对拥有知识的人却多少不以为然,于是他常说青年人胜过老年人,学问少的人胜过学问多的人,教授不如学生等等。但是,在意识到"大跃进"的错误后,他又竭力提倡读书,在庐山会议上,一开始他就讲了 19 个问题,而第一个问题就是读书,还专门给各级党的干部写了一封读书的信。随后,自己还组织了一个读书小组到杭州和广州沉下心来读苏联人写的《政治经济学(教科书)》。到了 60 年代中期,一方面,他坚决反对死读书,他认为知识更多地来源于社会实践,大老粗最有出息,对青年学生来说不走出校门不行,于是提倡教育革命。另一方面,他自己则发誓要把二十四史读完,一直到"文革"后期,迟暮之年,他还念念不忘,全党要读书,要读点哲学,读点鲁迅,而他自己,则亲自圈定了一批文史名篇,请一批饱学之士作了注释,嘱印成大字本,分送给少数中央领导阅读,因为眼睛患白内障,他还请来北京大学一位教师帮助阅读。

毛泽东一方面有"我注六经"的素养训练和学术精神,同时又有"六经注我"的现实眼光和个性追求,从而常常在书中见一般读书人所难见的精妙,发一般读书人所难发的感慨,在读书笔记和谈话中常有惊人之语。诸如,他认为千古不耻的商纣王是一个很有本事、能文能武的人,宋玉的《登徒子好色赋》有辩证法,歌颂了一个模范丈夫,枚乘的大赋《七发》是批判保守主义的,贾谊的《治安策》是最好的政论,《红楼梦》写的是阶级斗争,鲁迅是现代中国第一圣人。这些,体现出他同一般治学的人的不同之处,即他的读书,既是个人化的爱好、选择和评点,也是一种社会化的思考和体悟。这大概就是政治家和革命者读书的非常之处了。

当然,今天讲毛泽东的读书,并非要人们一一效法,也就是说，我们要看到他读书的一些个人色彩和时代色彩。他对一些书籍的具体评论，也并非是不能发展的。今天的人们读宋玉的《登徒子好色赋》，未必会去赞叹登徒子一辈子钟爱那位麻脸驼背的老婆的高风亮节。今天的青年读《红楼梦》，未必总是从"吊膀子"（爱情）里看出满眼的政治和阶级斗争。让全社会都来评法批儒评《水浒》，在今天大概是绝少有人响应的了。如果是几十年以前，传出毛泽东爱读《容斋随笔》，人们竞相传阅的动机，可能会是揣摩其间的什么风向，而今天这本书的畅销，在出版者无疑是商业动机的驱使，在阅读者多少是一种个人化的好奇了。

  人们的思维背景已今非昔比。但毛泽东爱书读书的精神，结合实际的读书方法，却是有见识有作为的政治家值得追慕的。关于毛泽东，我们除了记住那个矗立 20 世纪政治巅峰上的伟岸形象外，再补充一个书斋里的形象，也不无裨益。

从北往南看毛泽东

○ 研究毛泽东，人们比较习惯的思路是从重大的党史事件中看他的决策过程，或者从各个社会科学领域去研究他的思想。陈晋，你为什么选择文化性格的角度来入手呢？

● 研究毛泽东，当然要和历史事件及其思想路向联系在一起，但我们最终还是要回到他究竟是怎样的一个人上面。因此，从文化性格的角度去看毛泽东，可能会更直接一些。打个比喻，如果毛泽东研究是个房间，大家都从这扇门进去从南往北看，那么我就绕到后面打开后面的一扇窗户从北往南看，至少弥补了从南往北看所看不到的东西。

○ 这个比喻很有意思。这也就是说，真正从事实出发而不是从概念出发去认识、理解毛泽东。

● 1950年淮北地区发大水，毛泽东看到一份报告里说有些灾民为躲水爬到树上，有人被毒蛇咬死，他伤心地掉了眼泪。1954年长江发大水，淹了好些地方，毛泽东听后说，好，旧的不去新的不来。我觉得，这两个例子恰恰反映的是毛泽东性格的两个侧面，一个是同劳动人民的天然的感情联系，另一个是他那种一张白纸好写最新最美的图画，打碎旧世界建设新世界的勇气和斗争精神。

○ 也就是"不破不立"。

● 这两个例子一个感伤，一个叫好。看起来是对立的，但放在一起仔细琢磨，就可以发现，这两个方面互补起来，才是完整的毛泽东。

○ 在你的研究中，"文化性格"具体是指什么？

● 我在《毛泽东的文化性格》这本书的后记里，说自己写作的侧重点是：人格道德、社会理想、政治革命与文化变革的关系；传统与现代、中国与西方的关系，毛泽东的主体个性及诗文意气与他的实践活动的关系等等。所谓"文化性格"大体就包含了这些内容吧。

○ 就你的研究来看，毛泽东的文化性格是怎样的？

● 单从个性的角度而言，我觉得，毛泽东是天然的现代型。换句通俗点的话说，是最时髦的人。他的眼光，他的追求，总是往前看的。所以，在50年代的时候，有民主人士对毛泽东的评价是厚今薄古，迷信将来。纵观他的青年时代到晚年岁月，他一生厌烦的就是陈词滥调，墨守成规。可以说，毛泽东是现代文明的崇敬者、追求者乃至于描绘者，但是由于客观因素——中国传统思想、中国社会现实状态乃至于中国革命特点的影响，使他的一些思考和选择受到局限。

○ 那么，现代型个性与传统思想的影响这两个截然不同的方面在毛泽东身上是怎样表现出来的呢？能举个例子吗？

● 比如说民主与革命。毛泽东从小就反抗父亲严厉的管教，求学时期较多地接受了西方现代文明的思想，后来又选择了马克思主义。马克思主义也是西方现代文明的光辉成果,它的精髓之一就是反对阶级压迫,反对不平等的制度,求得全人类的解放。毛泽东自始至终是抱着这个信仰的,并且总是为弱势者说话、撑头。比如,在他寻常的一些谈话或批示中,你总感觉到,在男人和女人之间,他偏向女人;在青年人和老年人之间,他偏向青年人;在大人物与小人物之间,他偏向小人物;在教授与学生之间,他偏向学生;在干部与群众之间,他总是为群众说话;在白人与黑人之间,他感觉黑人好看;在"阎王"与"小鬼"之间,他呼吁打倒"阎王"解放"小鬼";在帝国主义与被压迫民族之间,他从来号召被压迫民族起来,要进行民族解放战争。总之,在他看来,革命的道理千头万绪,归结起来,就是一句话——"造反有理",他常常说要把颠倒的世界再颠倒过来,也是这个意思。因为他觉得旧的社会秩序实在是太不平等了,太不民主了,因此,要革命。这些,既是他天性的表露,也是他接受现代文明发生的效应。追求民主平等,提倡革命改造,是毛泽东一生中的相当核心的两个价值。以现代性的民主、平等来反对专制、压迫,这样的事在毛泽东一生奋斗的过程中是很多的。毛泽东成为中国共产党的领袖,历史选择他来为中国革命和建设掌舵时,他仍然没有放弃这个追求和目标。

○ 近代以来,有许多仁人志士从西方从苏联留学回来,寻找救国救民的方法,但最后的成功者却是从来没有留过洋的毛泽东,仔细想来,这里边的确有许多值得思考的问题。

● 我现在正构思写一篇文章,内容是写在毛泽东身上时刻可见的既对立又统一的东西。在毛泽东身上时常同时融会了两种相反的气质,我们刚才所谈到的现代与传统是一个,还有务实与浪漫,"虎气"和"猴气",政治家与诗人,理论家与实践家,文人雅气与平民俗风等等。比如"猴气",就是道家的灵活性,进于不得不进,退于不得不退，可进可退，追求人生与世界的最终价值；"虎气"，则多少有法家追求的秩序、威权、庄重等等。如果再用儒、法作参照，毛泽东身上既有儒家崇尚的"王道"气息，也有法家崇尚的"霸道"气氛，这就是人们经常说的"内圣外王"。毛泽东常常兼具两种看起来不同甚至相反的气质，使他的文化性格是一个"对立统一"的世界。这也反映在他的思维方法上面，比较习惯于对事物一分为二。他的成名作《中国社会各阶级的分析》，打头就说，谁是我们的敌人？谁是我们的朋友？这是革命的首要问题。这不是偶然的，与中国革命的特殊性有关。这篇文章是毛泽东富有个性的政治生活的开端，也是反映他革命性思维方式的开篇。

○ 这种思维方法是中国式的？

● 不是。把世界劈成两半，是就是是，非就是非，更多的是从西方的文化思想中来的。而中国传统思想的演变，常常是滚雪球的方式，有很大的包容性，像王莽、康有为这样的改革家，也总是"托古改制"，像儒家的思想，也是在后人不断地疏注阐释中来创新的，结果雪球越滚越大。毛泽东有把世界劈成两半的习惯，同时又深受中国传统文化的熏陶，所以我说他的思维方法是中西合璧。

领袖故里和领袖文化

有客来，谈到韶山旅游，在商摊买一毛泽东铜像，开价 180 元，还价 80 元。摊主说：请毛主席像，不能讲价的，讲了毛主席不高兴，就不灵了。这位朋友反应倒也快，回道：毛主席最讲实事求是，你要虚价，毛主席也不会高兴，报个实价吧。听了此事，不觉想起自己在广安也曾遇到一事，导游带我们到邓小平母亲坟墓前，指着一棵树说，1976 年邓小平第三次被打倒时，该树就枯了。1978 年搞改革开放，这棵树又奇妙地活了过来。

凡此等等传奇野谈，游名胜古迹总有听闻。事情久远，捕风捉影以激发游客兴味，为旅游业在所难免的习惯。自大力倡导红色旅游以来，领袖故里成为突出景点，而毛泽东、邓小平的故乡，则又是领袖故里中的夺目亮点。人们到他们的故里看的景物，听的事情，相隔不算太久，且主流渠道的研究和宣传也是轰轰烈烈，如果让人们满脑子装些传奇附会之事，长此以往，野史将难免成为正史而留播后世，令人生忧。

以上或为杞忧之论。不过，由此却促使我想到写这篇感想的题目：怎样看待领袖故里和领袖文化。

中国共产党的领袖人物，是被当时的客观形势创造和选择的，同时，他们又根据人民的意志带领人民创造了新的历史，推动了社会的进步和发展，代表着历史前进的方向。如果说，历史意味着前人走过的道路和社会发展过程中的群体记忆，那么，领袖们的功业和事迹则是历史的灵魂和人们记忆的核心。哺育他们成长的地方，他们的成长历程和探索奋斗的踪迹，也就往往成为历史记忆的重要载体，成为后人特别关注的地方。我想，大体应该从这样的角度来理解领袖故里的内涵和价值。

进一步说，人们关注领袖故里，还与领袖文化的感染力、号召力密切相关。

什么是领袖文化？这看起来似乎是一个新的概念，实际上是我们身边随处可见的一种文化现象。简单地说，我们今天倡导的和人们感兴趣的领袖文化，就是中国共产党领袖人物的生平业绩和思想风范，以及反映这些内容的文化形式和载体，这当中也包括人们说的旅游文化。它是人们精神生活中的一种客观存在，是可以触摸、可以体味，甚至是可以在我们的文化生活中时刻呼吸到的精神氛围。比如，持久不衰的"毛泽东热"，就是领袖文化中的一个突出现象。关于毛泽东的故事，关于毛泽东的功绩，关于毛泽东的精神，关于毛泽东的话题，便传播于报刊书籍，跃动于影视屏幕，闪亮于歌舞戏台，升腾于电脑网络，当然，它也萦绕在北京的纪念堂，聚集在湖南的韶山冲。

领袖故里自然成为了传播和感受领袖文化的一个重要聚集点。说到毛泽东、周恩来、刘少奇、朱德、邓小平、陈云这些人的人生起点，人们自然想到湖南的韶山，江苏的淮安，湖南的花明楼，四川的仪陇和广安，上海的青浦等等。如果具体分析故里和他们的关系，体会和感受故里所承载的领袖文化，或许可以有这样几个方面。

第一，领袖离开故乡前的成长环境和成长经历。这当中，涉及当时当地的群众处境、文化习俗，他们的家庭背景和求学、劳动的情况，以及他们的某些性格和生活习俗的养成情况等等。例如，毛泽东小时候为反抗父亲而声称要跳下去的那口小池塘；周恩来小时候家境败落，11岁左右便当家理事，为应酬各种礼仪规矩，便在墙上贴一张纸，把亲戚们的生日、死期都记下来，到时候便借钱送礼；还有朱德在《我的母亲》里写到的，他小时候是如何受两个母亲影响，等等。

第二，领袖的革命和建设实践活动同故里的关系。也就是说，领袖故里，也是他们革命和建设实践活动的一个舞台，是他们推进大事业的一个缩影。例如，毛泽东1921年春节回家过年，他把全家都带出去参加了革命，而此后他的家庭出了六位革命烈士。毛泽东1925年回韶山搞农民运动，开办农民夜校，组建了从事国民革命的雪耻会和国民党的基层组织。他创建的中共韶山党支部第一批五位成员，后来都为革命牺牲了，人称"韶山五杰"。据1993年出版的《韶山志》记载，韶山一带有名有姓的革命烈士，就有一百多位。这就使本来钟灵毓秀的领袖故里，在浓郁的文化氛围中增添了一种历史的分量。此外，故里还给领袖们提供相应的思想资源。毛泽东1925年回故里的实践活动，是他把注意力转向农民运动的一个重要契机，并使他对中国农民问题的认识发生了一次飞跃。对此，他1936年在同斯诺的谈话中，就说到：1925年我在家乡发动了一个把农民组织起来的运动，感到湖南农民变得非常有战斗性。正是根据我组织湖南农民的经验，写了《中国社会各阶级的分析》这样的文章。我们知道，这篇文章后来收入《毛泽东选集》，成了开卷篇。毛泽东1927年回韶山考察农民运动，对他写出著名的《湖南农民运动考察报告》，影响是显而易见的。新中国成立后，陈云曾长期让青浦的一个朋友和他通信，以便随时了解农村的情况，他1961年回故里搞的《青浦农村调查》，为解决当时农村面临的困难，调整农村政策发挥了重要作用。还有刘少奇1961年回花明楼调查时，拨开群众的粪便看他们饮食状况的举动，更是让人感慨不已。在花明楼潮湿而昏暗的老屋，至今还保存着当年刘少奇回乡睡的那张床和临时用的办公桌，桌上还摆着一盏马灯，看后也是让人欷歔不已。

第三，领袖的故乡情结，同亲友交往中体现出来的高风亮节，对故乡的关切和期望，这方面的例子很多。毛泽东1937年在延安写的一封信中说："不知你知道韶山情形否？有便请通知我乡下亲友，如他们愿意和我通信，我是很欢喜的。"新中国刚刚成立，自己不能回家乡，就让毛岸英代他回去看望乡亲，并让毛岸英学了一些韶山话，还说不能在乡亲们面前骑马炫耀等等，可见故里的父老乡亲在他心目中占有何等位置。但当一些亲友提出不适当的要求，诸如想在北京或长沙安排好的工作，毛泽东则一概回绝。1959年回故乡，毛泽东写下了"为有牺牲多壮志，敢教日月换新天。喜看稻菽千重浪，遍地英雄下夕烟"这样热切赞扬的诗句。这些诗句表达的不仅是对故里的赞美和期望，也是对整个中国的赞美和期望。直到1976年逝世前，他还有一个没有实现的愿望，就是回到韶山。说起朱德和故里的关系，则又是一番让人感慨的情景。1937年11月，朱德的一个外甥从四川老家随抗日部队来到山西的八路军总部告诉他，家境非常困难。虽为八路军总司令，朱德却身无分文，只好给四川的好友戴与龄写了这样一封信："我家中近况，颇为寥落，亦破产时代之常事，我亦不能再顾及他们。唯家中有两位母亲（朱德的生母钟氏和养母刘氏），生我养我的均在，均已八十，尚康健，但因年荒今岁乏食，恐不能度过此年，又不能告贷，我十数年来实无一钱，即将来亦如是。我以好友关系向你募贰佰元中币，速寄家中朱理书收。此款我亦不能还你，请作捐助吧。"孝母之情跃然纸上，勤廉之德昭示日月。还有，邓小平虽然16岁离开广安的牌坊村后，再也没有回去过。但他无论走到哪里，依旧是川音不改，川情不移，川剧照看，川菜照吃，一生萦绕着浓浓的乡情。90年代初酝酿重庆从四川省分出来直辖时，一种方案就是把离重庆很近的广安划归重庆市。邓小平知道后说了一句：人们都知道我是四川人，我的籍贯就不要改了。于是，广安便留在了四川。

第四，领袖故里陈列齐全的纪念馆，事实上成为了普及、宣传领袖生平和思想的载体，也是后人同前人、同历史进行精神对话的最佳方式，从中可以反映出领袖文化的精神感召力。毛、周、刘、朱、邓、陈的家乡，都有专门的纪念馆，展示他们一生的业绩和风采。拿韶山来说，不仅有纪念馆，还有毛泽东故居、毛泽东图书馆、毛泽东纪念园、毛泽东铜像、毛泽东诗词碑林、毛泽东遗物展等等。在广安，有邓小平的遗物展览，还有放映厅，专门放映关于邓小平的纪录片，而且有三部，都是邓小平生前的电影镜头。这些，不仅反映出领袖和故里的关系，更汇聚了他们一生各个方面的信息，为人们缅怀伟人，感受他们的精神，提供了很大的方便。正是在这个意义上，领袖故里成为革命传统教育和爱国主义教育的重要基地，是宣传中国变化、传递中国神韵的形象窗口。就领袖文化的感召力来说，我这里举两个例子。担任过全国人大常委会副委员长的雷洁琼，90年代来韶山参观毛泽东的遗物展以后，写了八个字："公者千古，私者一时。"叶剑英元帅1963年参观韶山后，写了一首诗，其中有这样一句话："韶山风物耐人思"。

韶山风物耐人思，也何尝不是领袖文化耐人思呢？为什么耐人思，因为领袖故里承载着领袖文化，领袖文化培育着领袖故里，领袖的功绩、风范、情怀、理想渗透到了故里，于是，故乡的山水有了灵性，有了风采，有了气魄，有了境界。这样，领袖故里犹如一张宝贵的精神旅游图，沿途巡视，一景一物都传递着伟人的消息，让人体会着、思考着，我们从哪里来，我们将向哪里去？一问历史，一问未来，而两问却从来都是紧密地纠结在一起，相互影响。如果割断了历史，也就割断了走向未来的通道。智慧的民族从来把历史看作现在和未来的老师，把历史看作把握现在和展望未来不可或缺的战略制高点。

毛泽东和党史题材纪实作品的虚构问题

　　由于工作关系，常常接触毛泽东和有关党史人物及重大事件的纪实读物和影视作品。其中不少"新作"，大多没有提供什么新材料、新观点、新思路，便心存疑问：缺少原创的东西怎么有如此大的劲头呢？得到的回答多是，"有市场，起码能保证不赔"。看来，这类纪实之作俨然成了诱人的"大蛋糕"，多年来总是红红火火。然而，红红火火的背后常常是泥沙俱下。有的是打着纪实的招牌，鱼目混珠，任意想象虚构，或遭受物议，或引来官司。此类个案，不胜多多。于是就有了"打假"的呼声和讨论何谓纪实、能否虚构之必要。尽管这是一个老得不能再老的话题。

　　"名正"然后才能"言顺"。我们目前说的"纪实"之作，事实上是一个大概念。如果笼而统之地讨论它能不能够虚构，显然解决不了问题。如果把它细分一下，划出不同类型，再根据不同类型的特点来谈它们和虚构的关系，或许能理清一些认识。

从内在的精神气质上，从处理原生素材的方式和自由程度上，大致可把纪实作品分为三类：

一类可称为"纪录作品"。这类作品具有新闻报道和史传性质。包括当事人写的回忆录，后人写的政治活动传记和拍摄的文献纪录片等等。中央文献研究室撰写的《毛泽东传》、《毛泽东年谱》和拍摄的文献纪录片《毛泽东》、《周恩来》、《邓小平》、《新中国》，当属此类。

一类可称为"写实作品"。它不仅尊重党史背景，还要把真人真事作为描写内容和线索，具有报告文学、纪实文学的特征。索尔伯尼兹《长征——闻所未闻的故事》、特里尔的《毛泽东传》以及电视连续剧《长征》、《恰同学少年》，则属此类。

一类可称为"演义作品"。这类作品虽然也写历史人物和重大事件，有的甚至用了真实的人名、时间、地点、事件，但更多的属于文艺创作，本质上是对历史素材的主观演义。历史上这类作品甚多，如《东周列国志》、《三国演义》。今人写的《曾国藩》、《慈禧全传》，以及近年播出的《雍正王朝》、《汉武大帝》等连续剧，也属此类。有的未必用真姓名，但大体是以史为据来发挥创作的，如长篇小说《红岩》、《铁道游击队》等。

打一个比喻，纪实作品如果是人们经常吃的一种蔬菜，具体说就是西红柿吧，那么，"纪录作品"就该是从地里摘下来摆在菜摊上的那种囫囵个儿的西红柿，人们擦一擦，洗一洗，即生吃下去。"写实作品"则是把它切成片状，加少许糖，做成凉拌西红柿来吃。而"演义作品"则是打几个鸡蛋，加些许葱、油、盐，放在灶锅里过一道的鸡蛋炒西红柿。

你吃的都是西红柿,但做法、味道、营养是不一样的。

先说"纪录作品"。

"纪录"之作要对历史负责。历史不可能重复,过去的事情不可能真正还原,人们写出来的"作品",无论多么客观,都会有作者设身处地的主观印迹。即使是一些亲历者的回忆录,也难免与事实原貌有出入的地方。因此,原汁原味的"纪录"事实上是不可能的,总要经过作者的主观过滤。但是,从作者的写作态度和人们对这类作品的要求来看,其提供的材料应该可以成为后来的历史学家引用的文献,是不应该有虚构的。写作者只有对自己掌握的素材进行选择组合的权力而没有去想象和发挥的权力,他应该自觉地以史家的角色而不是以文学家的身份来写作。写作者如果是当事人,其人其作的高下,在于考验他的记忆和表达能力,在于他是否有实话实说的勇气和态度,而不是印证他的想象和推理能力。写作者如果不是当事人,其人其作的高下,则在于他的考证和研究能力,在于他对各种材料的占有程度,在于他的科学理性和鉴别水平,在于他的史家见识和史家风格。总之,他写的事情虽然不是无一字无来历,但应该是件件有依据,即使一些细节,下笔时也需反复掂量考证。有所区别的是他的这个"西红柿"在种植的时候施没施化肥,打没打农药,给人吃的时候是不是洗干净了。如此而已。

当然,一般来说,"纪录"的可读性和可视性,赶不上"写实"和"演义",受众面不是那样广泛,多数情况是靠其提供的材料所具有的"新闻性"(包括在"旧闻"中开掘出"新闻")而引起人们的关注。如果真正写准了人物和事件的来龙去脉,澄清了一些悬案和疑问,理出了能够为今所用的经验和智慧,同样是有感染力的。也就是说,为了增强感染力,作者尽管可以讲求一些文法技巧和叙述方式,但"纪录作品"的感染力终归来自所记对象本身,而不能靠作者主观施予，不能为了增强所谓感染力而人为地制造戏剧性和编出一些似是而非的不大可靠的细节。前些年，一些没有根据的细节出现在纪录作品之中，诸如讲毛泽东曾说过"批林批孔批周公"，1976年"四五"运动期间，邓小平化装去了天安门等等，由此引起人们的非议，是理所当然的。近些年，"文革"中一些重大事件的当事人出了一些回忆之作，其中有些叙述同人们掌握的档案材料很有出入，这说明尽管是当事人，或由于记忆误差，或由于主观需要，所记之事，也多有"阙如"和似是而非的地方。

"纪录"之作在风格上也不是千篇一律，也有主观性的强弱之别。以关于毛泽东的著述为例。斯诺《西行漫记》中的"一个共产党员的经历"，基本上是毛泽东接受斯诺采访时关于自己早期经历的谈话内容，属于比较原生态的自传性的纪录。后人在研究、考证各种史料基础上写成的，如美国学者施拉姆的《毛泽东》和中央文献研究室的《毛泽东传》，所渗透的主观性自然要比斯诺的纪录强一些。施拉姆的《毛泽东》偏于对毛泽东的思想发展轨迹作梳理评析，中央文献研究室的《毛泽东传》偏于对毛泽东的政治活动和决策过程作勾连叙述，但两书的写作，"纪录"意识都很强，即使议论，也据可靠材料，故仍属于纪录之作。而美国记者特里尔写的《毛泽东传》，情况就不一样了。书中虽然也引述了毛泽东的许多谈话，描写了毛泽东在各个阶段的政治活动，但脱离史实的推测臆断和文学化的想象发挥实在太多，全书也没有交代其材料来源，作者显然没有打算让读者把它当作史学著述，这就从"纪录"史实走向了主观"写作"。

再说"写实作品"。

这类作品的写法最难说清楚，在虚构问题上也最有争议。一些党史学家、历史学家最有意见的也常常是这类作品。

我想，这里首先有一个定位问题。我们不能要求这类作品承担史学研究和历史还原的功能，因为它已经把原生态的西红柿按作者的口味切成了或大或小的片状，还加了一些糖进去，即把纯粹的历史记述和零零碎碎的回忆或文献，按作者的理解来勾连编织，进而转化成了有声有色的更有可读性和可视性的作品。同时，它又和"演义作品"不同，没有对原生素材进行根本地改造，没有把"生"的炒成"熟"的。如果借用闻一多解释新诗韵律的话来说，"写实作品"的作者实际上是"带着镣铐跳舞"，不可避免地兼具史家和作家的两种情怀。一方面，他必须严格遵循历史的真实背景，关键人物和重大事件的前因后果不能凭想象去增减和营造，更不能无中生有地去编造。另一方面，在结构组织、场景设计、细节安排和描写用语上，包括人物的心理活动，对话时的神态和一些习惯性动作以及一些推测、议论等等，则允许作者去发挥和虚构。其人其作的高下，除了对史实素材的掌握和考量水平以外，更多地在于作者的表达能力、提炼能力、分析能力、合理想象能力以及文字感染能力。

　　从这个角度看"写实作品"和"纪录作品"的区别，举两个例子或可一目了然。

　　中央红军长征到达陕北不久，毛泽东和杨尚昆联名向参加长征的同志发出征稿信，要求"各人就自己所经历的战斗、行军、地方及部队工作，择其精彩有趣的写上若干片断。文字只求清通达意，不求钻研深奥"。根据这个要求撰写并在1942年编辑出版的《红军长征记》，便属于"纪录"之作。美国作家索尔伯尼兹在20世纪80年代通过大量采访和搜集有关材料，写的《长征——闻所未闻的故事》，则属于"写实"之作。该书的第一段文字写周恩来到病房告诉陈毅要长征的事情，起笔竟是："十月的阳光洒满了洁白的病房。院外阔叶成荫的樟树下传来阵阵喧闹……"这显然是文学性的描写和发挥。

　　"写实"之作的细节乃至非主要人物虽然可以虚构，但也有应不应该和合不合理的高下区别。《恰同学少年》这部反映毛泽东在湖南一师读书生活的电视剧，绝大部分师生都用了真实姓名，人物性格的走向也符合史实，但作者虚构了刘俊卿这个重要角色，是一个反面学生，通过他把许多矛盾冲突串了起来，形成强烈的观赏效果。这样的虚构便于更集中和深入地揭示那个时代青年知识分子的精神风貌，是必要的和合理的。如果不利于展示人物和事件的精神本质，即使是一些细节，下笔时也需谨慎掂量。例如，毛泽东同人谈话时常常手拿香烟，你在一般场合这样写是符合个性特点的，读者也不会考究毛泽东在你写到的这次谈话中是不是真的吸烟了。但是，重庆谈判的时候，因为蒋介石不吸烟，毛泽东同他会谈时也坚持不吸烟，此事给蒋介石印象很深，说毛泽东嗜烟如命，在自己面前却一支烟也不吸，可见其意志坚忍，不能小看。在一部反映重庆谈判的影片中，毛泽东却当着蒋介石的面抽起烟来。这样表现，违背史实是小，重要的是削弱了人物的精神力度。出现这种情况，无非两种原因：对史实掌握不够，凭想当然来写，或以为只有吸烟才能反映毛泽东谈话时的一贯神态。如果是前一种原因，说明作者缺乏史家的精细；如果是后一种原因，说明作者的文学化思维也不太到位，只注重形似而忽略了神似，放弃了一个可以深度刻画毛泽东精神意志的机会。

最后说说"演义作品"。

对这类作品的虚构，人们是宽容的。当作者进入写作境界时，纯然是一个作家的状态，不一定非得要有史家的情怀，因为写的是文艺作品。之所以还把它放在"纪实"之列，是因为作者"演义"的主要人物和重大事件确曾有过；创作中也尊重党史背景，有时候还花大力气来研究各种素材，也就是说，他总要从街上买些新鲜的西红柿回来才能动手加工。像《红岩》的作者杨益言、罗广斌，《铁道游击队》的作者刘知侠，本身就和他们的描写对象一起工作或生活过，甚至具有描写对象完全相同的经历和遭遇。他们在创作中虽然加了不少鸡蛋，把生的做成了熟的，但人们吃的还是西红柿而不是黄瓜、辣椒什么的，终归是党史中的特定人物和特定事件。

搏击与新生

——读电影剧本《毛泽东，1922》

毛泽东喜欢游泳。从韶山冲那个蛙鸣不已的小池塘，到长江和大海的狂风恶浪，搏击，伴随了他的一生，也成了后人艺术展示他的性格的一个妥帖象征。

赵遵生先生创作的电影剧本《毛泽东，1922》，就是这样让28岁的毛泽东在观众眼前登台亮相的。他搏击的对象，是破天裂岸的湘江惊涛，背后的隐喻则显而易见，那就是军阀赵恒惕对湖南万马齐喑的统治。和毛泽东一道出场的，还有任树德、郭亮、夏明翰、陈昌、罗学瓒、易礼容等这些在党史上留下过自己鲜明印记的人物群像。当时，他们都是围绕在毛泽东身边的革命骨干。

作者选择毛泽东1922年的那一段搏击生涯来描写，是很有意思的。展示中国工运历史题材的电影作品，过去给人印象较深的有以刘少奇为原型的《燎原》和描写"二七"大罢工的《风暴》等少数几部，直接反映毛泽东在中共成立初期领导工运的作品，这还是第一部。中国共产党是以工人阶级的代言人横空出世的，成立之初，她必然是先跑到在中国还为数甚少的工人队伍里去闹革命。这既表现了中共在婴孩时期所挟带的不成熟，同时也预示着早期工运的特别难度。这一点恰好构成了塑造毛泽东形象不可回避的前提。应该说，《毛泽东，1922》有意识地传达出并且较好地处理了这一题材所挟带的特殊信息。

于是，一个颇有些象征意味的序幕出现了。黄爱和庞人铨因发动罢工失败被军阀赵恒惕砍了头。他们的失败固然有其必然性，因为二人所怀抱的是自由主义的或者说是无政府主义的理想，运作过程也没有严密的组织动员。需要注意的是，黄、庞之死恰恰为具有新思想的后继者毛泽东从事的工运投下了一道浓浓的阴影。在湘江中搏击的毛泽东正是在这种背景下出场的。在这以后的艺术处理中，为了突现和化解这个题材的天然难度，作者有意识地设计了几组或明或隐却别有深意的对照内容。

一是毛泽东在湘江搏击水流，和赵恒惕在湘江钓鱼台的垂钓。作者没有简单化地处理赵恒惕这个对立面，而是把他塑造为一副儒将模样的非等闲之辈，甚至可以说，他虽然出场不多，但整个剧本的"戏眼"，正是毛、赵二人的智斗。所以，当长沙知事周瀛干拿出一份被他认为是领头的工运骨干名单，声称要枪毙的时候，正在垂钓的赵恒惕不动声色地说，"虾兵蟹将，无足轻重。我要的是水底下的黑鱼。黑鱼！"在这之后，赵便把他的主要注意力放在了查寻这条"黑鱼"上面。而毛泽东则表示："赵恒惕喜欢钓大鱼，我这条鱼可不好钓，我水性好。"当赵知悉了毛泽东的所为之后，说了句我以为是全剧中不可多得的警言。他说："毛泽东乃我湖南的祸根，将来也必是中国的祸害，取缔过激党无政府主义之先，务必拔出这条毒根。"结果当然未如赵之所愿，善于以子之矛攻子之盾的毛泽东，抓住赵恒惕宣称的各种法律条文，一步步让赵陷入被动局面。

第二组对照是毛泽东和鲁班的关系。1922年毛泽东在长沙组织了几起工人罢工，最成功也最艰难的是剧本里写的这次泥木工人大罢工。几千年来，木匠们最崇拜的并且视之为保护神的，便是鲁班。所以，作者在剧中特别展示了鲁班庙这个反复出现的场景。工人们议事，大多放在鲁班庙前的戏坪上。正是在这个场景中，毛泽东第一次向相信无政府主义、崇拜祖先鲁班的工人们，谈到了要靠穷人自己抱成团的道理，甚至谈到了工人们从来没有听说过的德国大胡子马克思。毛泽东深知，工人运动要取得成功，必须在斗争实践中逐步抛却旧传统的束缚，不能再走黄爱、庞人铨的老路。最有意思的是，作者专门设计了一场毛泽东和鲁班的幻想式对话。鲁班说道，"朝朝代代，我们这些做木匠、泥水的，盖房、筑路、搭桥，建造社会，可偏偏被社会踩在脚板底下，抬不起头来；我这尊被捧为'祖师爷'的菩萨，实在空披了这身金装，是你先生，把我们当作人，抬举我们。"这番话，显然是借鲁班之口，传达毛泽东深入工人做工作所取得的明显效果。如果熟悉和了解当时的背景，工人们从信鲁班到信共产党这一步，走得是何等的不容易。

摆脱传统的束缚，不仅敢于斗争，而且善于斗争，使1922年的湖南工运有了新的前景。由此自然引出剧本里的第三组对照关系：在整个罢工的"难产"过程中，始终交织着初为人母的杨开慧的难产过程，而罢工的胜利和毛岸英的出世，则恰到好处地交融了起来。这组内容对照的象征意味，不言自明。从来没有看到过胜利和成功的劳工们，如今胜利了，成功了，一个新的生命的出现，预示着一个充满希望的斗争岁月开始降临。在这组对照中，作者还不失时机地写了毛泽东的家庭生活，写了他的爱情感受，由此为全剧增添了不少生活化和个性化的内容。

如果说，毛泽东此前的搏击生涯多少还带有一些书生意气，那么，正是通过领导工人运动，毛泽东走向了职业革命家的途程，并逐渐成熟起来。远在上海的中共中央注意到了湖南的工运成就，陈独秀更是欣赏领导湖南工运的毛泽东的才干，这才有毛泽东在1923年的"挥手自兹去"，赶赴广州，在中共三大上，当选为中共中央执行委员会的秘书。他离开了他不知多少次搏击过的湘江水流，投入到更为开阔宏大的革命洪流之中，他的政治活动舞台从湖南延伸到了整个中国。在这个意义上，"新生"的不光是毛岸英，不光是长沙泥木工人的命运和斗争岁月，同时还有一个对中国未来产生深远影响的革命家。

历史旅途中播下的心路风景

——序《诗人毛泽东》

诗人固然要写诗,但不是所有写诗的人都是真正意义上的诗人。

诗人固然要存活在他的作品里面,但如果是真正意义上的诗人,他的本色和气质,才华和情感,却总要在他的行事作风乃至他的事业追求里吐纳声光。也就是说,真正的诗人,也总会存活在他的"行动"中。

毛泽东显然不属于那种只能写诗的纯粹诗人。

青年时代,毛泽东常对人说:丈夫要为天下奇,就是要立奇志、交奇友、读奇书、创奇事,作一个奇男子。后来的人生应验了他的这个追求。说毛泽东是 20 世纪中国的一位"奇人",大概是不会有异议的。

作为一个大写的"人",毛泽东之"奇",很明显地浓缩在他出色地兼具了常人看来难以相容的多重角色。比如,他是学生运动的精英,是工人罢工的领袖,是农民运动的"大王",是富有魅力的宣传家。他是身经百战的军事家,是吐故纳新的思想家,是深谋远虑的战略家,是经济天下的政治家。此外,他还是一位博览多识的学者,是别具一格的书法大家,等等。

正是这些角色投射的光泽,组合成为了毛泽东异于一般诗人的内心世界的丰富光谱,这丰富的光谱竟然也显得如此协调,以至于成为他的性格本色。也可以反过来说,正是毛泽东的诗人本色,使他的这些角色变得异常地生动丰富。总之,诗人角色和其他角色,在毛泽东的经历中,是相辅相成的。诗词作品,只不过是毛泽东以多样的角色走在历史的旅途中,创造的心路风景,栽种的心灵之花。

于是,研究毛泽东的诗,除了在他的为数不多的近七十首作品里下工夫外,把视野投向他的整个人生和事业的经历当中,投向他构思吟咏每首作品时的客观世界和主观世界,是格外必要的。这样,我们会更深切具体地感受到,这些"风景",是靠什么被衬托为了至今都让人流连忘返的去处;这些"花朵",因了什么样的气候和土壤而开得如此赏心悦目。

我在《文人毛泽东》和《独领风骚——毛泽东心路解读》两本书中,所要试探的就是这样的研究路子。所幸的是,这些年,走这样的路子的学者多了起来。由于工作关系,我阅读了这方面的一些著述,易维、易孟醇两位先生的这本《诗人毛泽东》,即属其中有所创意的一例。我想,"毛诗"研究之路的这种拓展和深入,让读者了解的,大概将不仅仅是毛泽东的诗词,也将不仅仅是诗人毛泽东,对人们从整体上了解毛泽东"这一个人",或许也是有所裨益的。

读完书稿后,人民出版社的冀良先生嘱我写一序。便写了上面这些大概算不得序的文字,多少是借机"自话自说"而已。

雪地一片天

——序《毛泽东的诗词世界》

常常参加学术会议的人,大凡都有一个体会,会场是交流观点的场所,更是老友叙旧、新知相识的绝好机会。如果把话说得大一点,有时候,一个会议常常或改变或强化一个人的价值取向,倘若是心心相印,还能让你获得"精神兄弟"般的心灵感应,走进一片独特的天地。

我走进遥远的小兴安岭那片精神天地,是从 1995 年 12 月开始的。当时,中国毛泽东诗词研究会在湖南韶山开第一届年会,在我奉命为会议主持人起草的开幕词中,曾说:"虽然已是隆冬时节,会场内外却有一股春意盎然的感觉。"写的时候,或许是一般的套语。当我身临其境时,还真的有这种实在的感受。原因之一是结识了一位路途最远的与会者,叫丁毅。他是黑龙江大学伊春分校中文系的一名教师。他到我房间来,通报姓名后马上补充说,此丁毅非彼丁毅,我不是同贺敬之一道写《白毛女》的那位丁毅。于是，我们聊天，聊毛泽东诗词研究的现状，聊古典文学，还聊到钱锺书，他对钱先生的某些观点表示不能苟同，说已经写了文章云云。因说话率直无拘，他便常以荒江野老的村夫自称。我的印象，倒是位硕学善思之士。

分别的时候，他留下一句话，想在黑龙江筹办毛泽东诗词研究会。我也只是感其执著而已。

正好是一年的时间，在大雪覆盖整个北地世界的时节，我去了伊春，参加黑龙江省毛泽东诗词研究会的成立大会和学术讨论会。和黑龙江大学伊春分校的师生们接触后，我知道了丁毅当初为什么会生出筹办毛泽东诗词研究会的想法，而且最终能够筹办起来的原因。那是一股不俗的人气，一种执著于学术的精神，一个喜欢毛泽东诗词的天然群体。正是靠了这个，他们不知克服了多少困难，才获得了省、市专家和领导的支持，在伊春，在北国，在茫茫的林海雪原上把毛泽东诗词的研究搞出一个红火的局面。

最值得庆幸的是，这个场面并不像时下常常看到的那种花架子。不到两年，黑龙江毛泽东诗词研究会便把会员们的研究文章集纳成几十万字的《毛泽东的诗词世界》公开出版。就我对目前国内毛泽东诗词研究领域的了解，这实在算得上一桩奇迹。学术著作出版难，已是时下学人无法回避也无法冲破的尴尬氛围。而黑龙江的同人们不仅要兢兢业业地研究，还要兢兢业业地出版，昭昭心迹，总觉得有些悲壮的精神感召。

黑龙江毛泽东诗词研究会的宗旨是"提倡以微观研究为基础，以宏观研究为主导"。具体说是在重视文本解读的基础上把毛泽东诗词当作重要的文学史现象来研究。此旨窃以为甚当。就微观而言，觉得《毛泽东诗词世界》这本论文集中有两点值得体会。一是如何看待毛泽东晚年诗作。这始终是目前研究的一个难点。书中的一些文章认为，思想偏离正确轨道，生活空间变得狭小，对毛泽东晚年的创作有不可忽视的影响。在捕捉自然物象创造新意象已经不大容易的时候，毛泽东只能更多地从历史典籍和固有的政治理念中寻求灵感，激发诗情，于是，尽管他崇唐音而贬宋调，但其晚年之作实际上莫不流露出对宋调的倾斜。另一点，事情搞得比较大，就是书中一些文章对 1996 年版的《毛泽东诗词集》的一些注释甚至一些作品的作者归属提出了不同的意见。比如，丁毅认为收入《毛泽东诗词集》中的写于 1947 年的《张冠道中》和《喜闻捷报》两首五律，便不似毛作，为此引经据典还孜孜不倦研究起 1947 年的陕北战局中双方军队的行动路线来。不管怎样，这种没有学术禁区的研究，是有存在意义的。更让人欣喜的是，参加《毛泽东诗词集》编辑和注释的一位专家并不认可丁毅的观点，但他同样表示，可以"百家争鸣"。

于是，我想，作为毛泽东诗词研究队伍中的一员，我是多么地感念这一群"精神兄弟"呵。无论学术环境和条件有怎样的不同，无论学术视野和著述有怎样的差异，只要你还是一个"学人"，便不可能也不应该缺少这样的"精神兄弟"。《毛泽东的诗词世界》一书中引用了我的一些说法，但我获取的或许更多。因为相互间的精神支持和监督，写作上的对话和撞击，其价值是无可衡量的。进一步说，那些在比我们艰难得多的环境里坚守学术文化的人和事，应该引起更多的关注。

在 10 月 12 日丁毅向我约写这篇序的信中，他是这样结尾的："这边十月三号飘起了雪花，冬天来了！"前面谈的都是实事，冷不丁来上这句，就格外地让人生起一些感触：雪地自有一片天，"那边"的"精神兄弟"或许很珍惜和看重他们身处的纯洁世界。

搜藏出来的学术空间

——序《毛泽东诗词版本丛谈》

一次到南京出差，我同一位曾主持江苏省作协工作后又"转业"到党史部门的作家谈起，要去见一下陈安吉同志。对方像是很熟悉的样子说了两句：他当过南京市委的宣传部长，家里的藏书很多。其实，他们并不认识，只是听说的。不过，这两句话，倒也朴实地勾勒出本书作者比较公认的社会形象：他长期从事现实政策和理论宣传工作，但却别有一种书香情致和文史关怀。果然，见面的时候，他送了自己主编的《六朝文化丛书》中的几本书给我。

回到北京不久，便收到了这部《毛泽东诗词版本丛谈》书稿。翻阅之后，一个突出的感觉，该书是作者长期以来，搜而藏，藏而读，读而辨，辨而思，思而著的结晶。没有在搜集毛泽东诗词版本和有关资料上所花费的超乎常人的工夫，是断然写不出这本书的。比如，书中谈到毛泽东1962年发表的《词六首》版本形成时，便顺手引了曾德林1958年发表在《中国青年》上的一篇文章中引录的毛泽东的一首《渔家傲》，这是作者在60年代初从杂志上抄录在记事本上的。这还不够，为了让读者了解曾德林其人，为什么能够抄得毛泽东的这首词，作者又特意考证，曾德林当时任共青团中央学校部部长，是一位30年代参加革命的老同志。正是这种精细的学风和文风，夯实了该书的史料基础。

和作者相识几年，多少也知道一些他四处访求的辛劳和执著。例如，在20世纪30年代成名的作家蒋锡金，即使对一些搞现代文学史的人来说，大概也显得陌生了。作者偶尔听说，蒋先生在1946年和1948年先后发表过两篇关于毛泽东诗词的解说文章，便四处寻找，竟然找到了原文，加以考证后，又打听到蒋先生依然健在，在东北某大学，又登门相寻求证。有了这番辛劳，便有了收入本书的《毛泽东诗词的最早解说者蒋锡金》一篇。

书中的不少篇章，大体也有这样的写作过程。根据这种几十年如一日的积累和挖掘功夫写成的书，和一些临时申报一个什么选题写成的书比较起来，确实是别开了一个新生面，在不大为人注意的角落边上，做出了让人钦佩的学问。

毛泽东生前比较集中地发表并同时校订或修改他的诗词，有三次。一次是1957年1月在《诗刊》发表18首，一次是1962年在《人民文学》发表词6首，一次是1963年出版《毛主席诗词》，收作品37首。毛泽东逝世后，1986年出版了《毛泽东诗词选》，收作品50首。1996年出版的《毛泽东诗词集》，收作品67首。此外，加上几首广为人知而没有收录的，总数在七十余首。其中最早的写于1915年，最晚的写于1973年。由此可知，我们今天读到的毛泽东诗词，经历了一个逐渐披露、传抄、修订和发表过程。在这一过程中，传抄的有真伪，发表的有差异。从编辑和注释角度讲，不同的版本也有可圈可点之处。特别是毛泽东在正式发表前对某些作品的校改，更透露着诗人创作心境的变化或艺术追求的提升。梳理和辨析这些问题，显然是一个有待开发且大有可为的学术空间。就我的阅读范围来说，《毛泽东诗词版本丛谈》便是第一部全面、系统地介绍和评述毛泽东诗词各种集本或单篇版本的著述，而这一学术空间，在毛泽东诗词研究领域，过去是不大引人注意的。

或许是由于长期从事现实工作的缘故，作者比较注意读者的阅读感受。梳理和辨析毛泽东诗词的版本，本是桩枯燥无味的繁琐事情。读《毛泽东诗词版本丛谈》，却明显感受到作者在史料搜集中不时发现的兴奋，在考证辨析中不时涌动的快乐。作者自身的这种写作心境，在不经意间，营造出了一个饶有兴味的阅读效果。在书中，作者特意穿插了不少与版本相关的轶闻趣事，每篇都控制在三五千字，这就有了像读随笔一样的轻松。作者在行文中还发挥他的搜藏优势，配了近两百幅版本资料照片，其中的一些鲜为人知，十分珍贵。展示出来，不唯图文并茂，在增加观赏性的同时，也是对其论述的可靠印证。在这一点上，说该书"史料翔实"，就不是一句应景虚言，进而说该书不只是适合于毛泽东诗词研究的专业人士阅读，大概也不是一句应景虚言。

我虽然也写过有关毛泽东诗词的论著，但多是些大而化之的议论和感受（这当然也是需要的），所依据的，主要是最后定稿的集本，对一些作品版本的流变沿革，知之不多。读了这部书稿，自是兴味甚浓，感到这种不可或缺的基础性工作，实在是需要有人去做，并且也只有那些有恒心的人，真正有文史关怀和书香情致的人才可能去做。一旦做出来，对深化毛泽东诗词的理解和研究，便是功不可没。

陈安吉同志是中国毛泽东诗词研究会副会长，我虽然也忝列其事，但无论从哪个角度讲，都属后学。比如，他在中学时代开始搜集有关毛泽东诗词的材料时，我还没有出生。他把我的上述诸语作为书序，足见先生虚怀，也促后学自励。

"毛诗"研究的"美学突围"

——序《鲲鹏之路》

人们在生活中常常被一些东西包围，总要做一些"突围"的事，诸如排除干扰，解决难题，摆脱局限，寻求新路，等等。至于"美学突围"，一看便是学问家们的话语。这个提法，我是从李人凡先生研究毛泽东诗词的书稿《鲲鹏之路——毛泽东诗词美学发展论纲》里拿过来的。说起这个话题，是因为我在这本书里感觉到作者似乎也在做着美学突围的尝试，体现了一些超越人们思维习惯、反拨时下某些思维定式的研究新路。

胡乔木同志生前说过，随着时间的推移，毛泽东的诗词要比他的文章更有深远的文化价值。此言看来不虚。这是因为，艺术作品和政论文章的不同，在于前者可以做多种解释，随着时序流转和社会演变，不同的人总能从中体会出自己认可的社会的人生的和美学的意味，文艺理论界有一个特别的词汇，叫"接受美学",说的就是这个意思。而矛锋所向明明白白的政论文章却不能随意解释发挥。如今认真地去阅读《毛泽东选集》的人或许有数,喜欢吟咏毛泽东诗词的人却越来越多,以至老的少的,专业的和业余的,形成了一支可观的队伍。在中国毛泽东诗词研究会成立之后,一些省份也相继成立了毛泽东诗词研究会。《毛泽东诗词集》和反反复复出版的各种鉴赏书籍,在市场上卖得风风火火。

如此情势,显然对毛泽东诗词研究这门学问提出了更高更深的要求。

反观现状,引人兴奋的论著却不多。多年来,就诗谈诗逐句分析的孤立化和冲淡文本大而无当的泛政治化这两种鉴赏研究偏向,并没有什么改观,在一些论著当中往往少了一个"人"字,即诗人毛泽东的创作心境和心路历程,也少了一个"美"字,即宏观把握的美学高度。

于是,《鲲鹏之路》的作者开始"突围"了。

该书让人感兴趣的,是立足于毛泽东诗美发展的角度,构想了一个比较完整的美学框架,来详细剖析毛泽东诗词的风格品性,特别是它在各个阶段的发展流变。先有论,再延伸到史;先有评,再辅之以赏,有粗有细,有纵有横,有面有点,这就是我理解的宏观视野。此番努力,见出作者在这个领域的研究走向综合的用心,并且要做一些冒险却又真实的概括。这当中,既要浸染扎实的"形而下"的分析,又要凝结超脱的"形而上"的把握。就前者言,书中分析了毛泽东诗词中常用的字句和意象,诸如"红"、"飞"、"过"和"残月"、"苍茫"、"萧瑟"等等。就后者言,逐层演示毛泽东一生创作的诗美结构、发展、流变、价值等等。

最有新意的,大概要算是书中对毛泽东诗词创作第三个阶段即变异期的论述。毛泽东的诗风虽然有其一以贯之的美学品质，如书中说到的悲壮与崇高，但是，各个阶段的悲壮与崇高，毕竟有其特质，比如，人们很难用毛泽东在战争时期的诗词美学品质来概括他晚年的作品风格。作者认为1959年以后，是毛泽东诗词创作的变异期。在这期间，毛泽东的诗词的崇高品质已从早期的空阔、中期的峻拔发展为豪强了；其悲壮也从早期的孤愤、中期的孤寂发展为孤怆了。用词虽可再予斟酌，但所达之意则足可体会。这种变化的缘由何在？从作者的叙述中，我的体会是来自毛泽东晚年防修反修的"政治突围"和重构新宇的"理想突围"。

毛泽东是尊重艺术规律的天才诗人，同时也是位政治家诗人。这两重角色的结合，使他在旧体诗词领域从风格和题材上别造了一个新天地。这一点是毫无疑问的。当然其作品也不是篇篇都属上乘，如果没有总体上的把握和纵向的比较，也就难免给读者一个错觉，以为凡是毛泽东的作品，篇篇都品质奇高意义非凡。特别是一些鉴赏之作，如果主编让你写《八连颂》之类的作品，你也不得不想方设法去挖掘这首杂言诗的诗学意义，在没有比较、孤立品评的情况下，也只能如此。再而言之，如果毛泽东诗词研究都是这类对每首作品的鉴赏汇集，是不是有利于探讨艺术规律、挖掘毛泽东诗词的美学造诣呢？我想是不利的。由此我特别期望深入的宏观研究。若能如此，自然就会觉得毛泽东全部作品里也有参差不齐的情况，写得奇好的，或者弱一些的，都可以从中分析出原因，看出政治热情和艺术营造之统一的某些规律来。

这本书倒是率直地指出了这个问题。其中有个观点，说毛泽东之所以再三修改他的诗词，甚至明白表示不愿意正式发表某些诗词，除了表明他严肃的创作态度、严格的自律之外，还有其他原因，其中不排除某些诗词时过境迁或不合时宜、不合事理。我对此深以为然。

这恐怕与毛泽东晚年的一些作品政治用意过于明显有关。有的诗词他急于发表，有的诗词他不愿公开；生前发表的作品不是篇篇都好，生前没有公开的也有艺术上乘者存焉（如《贺新郎·读史》、《七律·有所思》）。这就可以看出，是否决定发表，诗艺不是他考虑的唯一原因，显然还另有一层意思，即现实政治是否需要。1976年元旦那天，他以诗人的身份做最后的亮相，公开发表十年前写就的《重上井冈山》和《鸟儿问答》，显然有点政治交代的味道。对作品反复修改也是出于政治气氛是否合适的顾虑，创作中过多考虑政治论战而使作品显得急促（如一些《读报诗》）。诗人毛泽东博大而敏感的政治家胸怀，对他的诗艺来说，真应了那句老话：得也萧何，失也萧何。

　　严格来说，李人凡先生乃我之师辈，相互认识，出于朋友的牵线。大概是1993年，他正在主编一本《毛泽东诗词大典》，托人约我写了一篇文章。第一次见面，却是一年多后，在北京中国毛泽东诗词研究会成立大会上，给人的印象是谈锋很健，思维颇敏，惯于旁征博引，不喜循趋旧说，全然一位学问中人，不大像一个出版社的经营者。文化商人和文化人，虽一字之差，为人及兴趣却是霄壤之别。于是，我只好解释为，前者为其表，后者为其里。

　　这样就算认识了。让我真正觉得他在毛泽东诗词研究领域有自己的见解，是在1996年。这时，我们的身份倒了一个个儿。我配合中央文献研究室的吴正裕先生编一本《毛泽东诗词集》的鉴赏书籍，比较好写的一些篇目都给了别人，便请他写一篇品赏《七绝·为女民兵题照》的文章。就那么四句话，诗意也无多大歧义，说实话，做到不重复已有论述，是件太费思量的事情。文章寄来了，竟然也有三千字，看后大喜。觉得他平时的诗学积累，卓然而出。这篇文章也收在了这本书里，读者自可去体会。

于是成了毛泽东诗词研究的"同道"。同道出书,命我作序,在作者说,自无拉大旗之嫌(这是当今文坛屡见不鲜之事);在我而言,也不会自负到以为能够奖掖他人的可笑境地,全是一片文心之交而已。

1996年有关毛泽东的书籍随想

从80年代末期以来,领袖话题一直是出版界的一大热门。有关毛泽东的书籍,尤其独树一帜。

人们对毛泽东,有崇拜和热爱,有好奇和追寻。但是,读者对这类图书的兴趣和选择,却不是固定不变的。当80年代末期人们在权延赤的几本书中发现,毛泽东居然还有和常人一般的情感和行为,甚至和农民一样特别爱吃红烧肉的时候,是多么地新鲜和惊讶呵。如果十年以后,出版家还只是端出这样一道菜,所述内容还只是停留在这样的水平,显然是风光难再了。

这就为作者和出版家提出一个问题:在有关毛泽东等领袖人物的图书层出不穷、一版再版的情况下,在读者口味不断提高、日益挑剔的现实面前,怎样把领袖书籍的写作和出版推上一个台阶?这大概就是作者和读者、主体与客体互相创造的文化逻辑吧。

这些年有关毛泽东图书的出版,情形确

实不那么理想。重复选材、辑纳现成的回忆文章而成书的不少。虽仍有为数不少的读者,但毕竟不能反映这些年关于毛泽东研究的深化成果,更不能说是出版社的长久之策。我这里说的,不包括有关毛泽东的研究著作,因为这类纯理论学术化的书籍,大多难以在图书市场大显身手,在研究圈子里内部消化者居多。

在1996年即将过去的时候,翻翻这年出版和关于毛泽东的书籍,也不是没有可喜之处。一批上档次的著述受到读者的欢迎。这里不妨举几种来说道说道,如《毛泽东传》(1893年至1949年)、《毛泽东诗词集》、《毛泽东文集》第三至五卷,以及《毛泽东读书笔记解析》。

首先是七十多万字《毛泽东传》(1893年至1949年)。该书由著名史学家金冲及主编,是中央文献研究室集中一批人搞了好几年才完成的作品,事实上也是中国人自己写的第一部毛泽东传记。在这个意义上,这部书的出版宣告了多年来让许多国人失望和纳闷的一个事实的结束:图书市场充斥着各种外国人写的毛泽东传记的时候,却没有一本是中国人自己写的。当然,在写法上,这本书也不是没有可挑剔的地方,因为它是一部政治传记,要力图说清楚毛泽东的一些重要思想的形成和发展过程,就不能不大量引用毛泽东本人的一些著述,以及对一些历史大背景作必要描述,这样读起来就觉得细节、特别是一些生动的细节少了些。但尽管如此,该书还是成了一本畅销书,至今发行已达二十多万册。要说它的特色,除了史料的丰富翔实、考证严格、披露了一些内部档案之外,特别引人注目的是:在平实的叙述中,确实为人们讲清了一个最基本的、也是最应该回答和读者最想了解的问题:毛泽东是怎样从一个农家子弟一步步成为中国共产党和整个民族、国家的领袖的,也就是说,历史为什么选择了他而不是别人,因为在中国共产党的早期领导人中,资历和威望在毛泽东之上的大有人在。这看起来是个简单问题，而且是个不争的事实，但如果只是叙述众所周知的事实，如果不去说或说不清楚事实背后的成因，就谈不上是部领袖传记了。而且，这当中势必涉及毛泽东遭受的挫折（如中央苏区时期的几起几落），以及面临重大的历史关头，毛泽东是怎样做出选择的（如大革命失败前后、长征途中、抗战爆发以后、皖南事变），他为什么做出这样而不是那样的选择，他的这些选择同别人的选择有什么不同等等。这些，该书的叙述还是相当到位的。《毛泽东传》的下卷，即1949年至1976年的传记正在加紧写作，我想会有更多的读者拭目以待。

毛泽东是诗人，而且是一个成就卓然的诗人，我们这一代人几乎都是在背诵毛泽东诗词的朗朗声中长大的。迄今为止，毛泽东的诗词共出版过四种正式版本。一是1958年由文物出版社刻印的大字本《毛主席诗词十九首》，一是1963年人民文学出版社出版的《毛主席诗词》，收作品37首。这两个本子都由作者亲自编订。1986年人民文学出版社又出了一版《毛泽东诗词选》，收作品50首，是胡乔木主持编选的。1996年由中央文献研究室编选，中央文献出版社出版的《毛泽东诗词集》，收作品67首。最后这个版本，给读者展示了毛泽东诗词的全貌。这一点无疑是读者们最为关切的。该书如今已发行约40万册，当是意料中事。值得一提的是，这个集本新选了三类作品，一是《虞美人·枕上》，纯粹是写爱情的，颇有晚唐花间派和宋代婉约派的风格；一是写屈原、贾谊、刘蕡的咏史之作；一是《看山》、《观潮》、《五云山》、《莫干山》几首全然写景的闲适之作。这些作品让我们看到毛泽东胸怀的另一个侧面。毛泽东的诗风固然是由金戈铁马、纵横捭阖的气质铸成，但只要是诗人，他的情感和想象，就不会是单色调的。在诗人大写战争、革命、政治、国是的同时，补充这些内容，不仅不损害作者的艺术水平和诗人形象，想来还是有益的。对这些,读者大概自有体会。

至于由中央文献研究室编选、人民出版社出版的《毛泽东文集》,销量虽不算少,但大概还挤不上畅销书的行列。因为它的读者对象有所局限。不过,我相信它会是一套长销书。这套书1993年纪念毛泽东诞辰一百周年的时候出版了第一、二卷,或许是编选和注释异常艰难,到今年才出版了第三至五卷。这五卷收入了《毛泽东选集》之外、1949年建国以前毛泽东著作中"重要的或比较重要的文稿",不少文章是第一次公开问世。例如,1938年4月28日《在鲁迅艺术学院的讲话》,无疑是作者1942年《在延安文艺座谈会上的讲话》之前最重要的一篇谈文艺问题的文章,两相对照,我们不难发现延安时期毛泽东文艺思想的演变脉络。因此,这套书完全可视为《毛泽东选集》的辅助本来读,同样为人们提供了一个毛泽东的思想的全貌,特别是他的一些理性表述的思路在历史实践的发展过程中不断演进变化的迹象。该书是多卷本著作,按"出版说明"的意思,要编到1976年,并且有少量文稿,带有个别不正确的论断,因内容重要也要酌情编入。因《毛泽东选集》是建国前的著作,此后出版的《毛泽东文集》自然有着特别的价值。

最后,要有几句"王婆卖瓜"的言语了。因为1996年由广东人民出版社出版的两卷本《毛泽东读书笔记解析》,是笔者和一些同人编写的。现在看来,该书确有不少欠缺,特别是条目之间不大平衡,有的说得太详繁,有的过于简略;有的偏于分析和论述,有的侧重考证和记叙;有的论述很学究,有的论述则又浅显。但意想不到的是,它却颇受读者欢迎,码洋很高,竟发行了七万册,笔者也收到不少读者来信。我想如果说该书有什么特点的话,大概可说这样两点:一是吸收了80年代以来有关毛泽东读书生活的研究成果,并把它们系统化和条理化了,在一些方面进一步深化,做了力所能及的开掘工作。一是分门别类，比较全面地反映了毛泽东的读书情况，特别是他的读书与实践运作的联系。此外，编写此书的指导思想是明确的：绝不哗众取宠，用毛泽东的奇闻轶事和捕风捉影的想象来实现畅销的预期。这本没有什么"故事性"来支撑的书竟然"走运"，倒不是反映了编写者和出版者的"策划"能力，我宁愿认为是读者的阅读层次和期望水平普遍提高的缘故。

随便挑出1996年出版的这几种发行量都还可以的书，扯上几句，意在说明一种乐观的前景。如果这种前景确实可能的话，但愿能够对有兴趣把毛泽东的研究推向深入的作者，对有兴趣多出版档次高一些的有关毛泽东的图书的出版者，有些许鼓舞。至于明年的"大盘走势"如何，自然要等明年再说了。

我看"毛泽东热"

社会的变迁，反映在人们的精神世界和文化心态上，可说是不同"热"点的承续和转移。改革开放以来，我们曾经历过不少的"热"。这当中，从1988年开始的"毛泽东热"，很值得去体会。

所谓"毛泽东热"，大致表现为，众多读者乐于阅读有关毛泽东的传记、回忆和纪实文学，不少人喜欢戴毛泽东像章，挂毛泽东画像，听过去年代歌颂毛泽东的歌曲等等。有的是属于一般的文化消费心理，有的是一种朦胧的精神寄托或信念表达方式，有的是作为回首往事的一种心理体验和价值寻求，有的是基于毛泽东的人格魅力、巨大成功和思想智慧，力求在对毛的生平和思想性格的了解中，获得某些现实启迪。

无论哪个层面的"毛泽东热"，都有助于今天更科学、更完整、更全面地认识和了解毛泽东，认识和了解他在历史长河中的位置和价值。同样，无论哪个层面的"热"，都与改革开放以来的社会进步有着若隐若现的逻辑勾连,能够使我们从中体会到一些或潜在或显露的社会含义。

这里只谈三点。

第一,作为一种感性的社会心理反映的"毛泽东热",是一种非常复杂的现象。

这当中,有猎奇心理。就像我们到一处人文景点去旅游,导游总喜欢讲一些稀奇古怪之事来吸引游客一样,对领袖轶闻趣事不同版本的描述,自然使普遍大众趋赴感受。

这当中,也有社会参与意识的表现。随着改革开放这一时代主旋律的激昂澎湃,置身其中,人们的民主意识和社会参与意识受到强烈刺激。他们渴求了解政治、理解政治和参与政治。通过政治家的政治生涯,来了解社会政坛风云,成为社会大众满足参与意识的"热身赛"。

这当中,也有英雄崇拜的意识。历史形成的对毛泽东的崇拜之情,已经由长期的习惯进入潜意识,形成不由自主的"毛泽东情结"。毛泽东以其超凡的才智建立了卓世功业,成为人们英雄寄拜情结的人格化象征。在一个拥有英雄崇拜传统的社会里,普通大众有这样的心理是不足为奇的。

第二,在"毛泽东热"中,人们体验和接近到的毛泽东,究竟是怎样一个富有魅力的人格形象,人们表现出什么样的体验心态。

对一般读者来说,在有关的回忆、传记和纪实文学读物中看到的毛泽东,固然已经是"走下神坛",但毛泽东固有的超凡魅力,恰恰在于,退去神化色彩以后,他依然不是一个普通人,在某种程度上可以说更见其高妙和诗意。"毛泽东热"中的毛泽东,既是一种历史形象,又是一种审美形象。他的内心世界是一首诗,他的事业也是一首诗。在近年出版的关于毛泽东的纪实读物中,我们不难发现这样一种情形:尽管当事人和执笔者都力图按事件的原样过程来叙述,但大都为读者塑造出一位具有审美效应的主人公形象,有的还遏制不住地把自己的主观感受和赞誉之情直接形之于笔端。当事人和执笔者无法抗拒这位主人公的性格感染,从而获得不亚于读纯文学作品获得的审美满足。许多读物通过一些切实平常的事件,烘托出毛泽东性格中的挑战意识、平等思想、文人雅趣、浪漫想象、道德情感、机巧言谈、农民式的随便作风等等,都使人们发现了一个同毛泽东在世时所知道的毛泽东形象很不一样却更有魅力的形象。这样的形象,既是在一般群众中诱发"毛泽东热"的一个原因,又是"毛泽东热"中人们心理创造的结果。从这个角度讲,"毛泽东热"其实是一种普遍的人格审美态度。

第三,接下来更引人深思的,无疑是"毛泽东热"中的历史文化心态,即价值寻求与历史反思的倾向。

近年,人们已经不同程度地认识到,"毛泽东"这一概念的内涵,已经超越了他本人,成为一个民族,一段历史,一种文化的象征。这个象征包含了"你"、"我"、"他"的过去,昭示了某些未来的内容,体现出持久的价值观念、人生信仰和历史理想。当前大学生中流传的"寻找毛泽东",在相当程度上就是寻找自我,寻找一种有价值的精神信念,寻找当代人的位置和未来走向。寻找和反思的出现,基于这样的前提:当前的社会变革和文化的多样化,在一些方面产生了与以前不尽相同的价值观。但是,历史是不能割断的,今天是昨天的继续和延伸。作为新中国的主要设计者,毛泽东把他对社会主义的理解,把他的社会理想、道德理想,深深地熔铸到改革开放以前的时代精神之中。由此带来的,有胜利,也有挫折;有凯歌,也有悲剧;有永恒的真谛所在,也有扭曲的价值观念。人们在阅读和了解毛泽东及其时代的情境中,自然会有所辨析，包括其是中之非和非中之是，取其所当取之理，舍其所当舍之义。通过一个人，一个特殊的人，来反思一段历史，审视一种文化，在社会变革中是经常出现的事情。当然，有的人会因为对昨日的念想和崇尚，对今日的某些不适应而更多地发现今日之非，也有人会因为今日的进步而更多地对照昨日之非，这些都是"毛泽东热"中在所难免的事情。

如果仅仅作为一种社会文化心理现象，有"热"就有"冷"，似乎不值得怎样大惊小怪。事实上，有些层面的"毛泽东热"事实上已经开始降下来了（如文化消费心理），有的层面的"热"则开始深化且趋于理性的思考（如价值寻求心理），有的则还在进一步发展（如理论研究）。但不管怎样，我的感觉是，社会上的"毛泽东热"，毕竟是两个时代的对话，这种对话还将继续下去，惟需注意的是，不要把"对话"变成了"对立"。"毛泽东热"点燃了人们本来就频频蓦然回首的想象和灵感，在想象激起期望，灵感开始发酵的时候，既不要"厚古薄今"，也不要"是今非古"。关键是要理性地梳理出昨天和今天内在的历史逻辑。

这当然要寄望于毛泽东研究的专家们了。

邓小平性格及其决策的几个侧影

谈到邓小平，人们总会对他"三落三起"的政治人生感兴趣，进而发问：他是怎样面对挫折和逆境的？回答这个问题，自然会想到他作为革命家的理想信念，此外，他的人生态度也很重要。诸如，在逆境中，他始终保持乐观的心态。邓小平说过，乐观是他的法宝，天天发愁日子怎么过啊？在孩子们小时候，相互之间有时闹点小别扭，邓小平只说一句话："要吵，你们出去吵！"妻子问他怎么不管一管，他说，管什么？早晚都会过去！"早晚都会过去"，孩子们闹别扭是这样，政治生活中遭遇的矛盾、压力和挫折，多少也会如此。邓小平乐观地相信未来，背后是对待矛盾、对待生活和对待历史的辩证法，即不认为事物和环境会一成不变。当然，单纯的乐观也不行，说没有忧虑也不现实，这就引出邓小平在逆境中的第二种人生态度：忍耐和等待。别人问他怎么度过最艰难的日子，他总是两个字——"忍耐"。1973年从江西回来见到毛泽东，毛泽东问他这些年是怎么过来的，他也说了两个字："等待。"忍耐和等待，并不一定是消极无为地面对困难，有痛苦，也有智慧和期望。这就引出邓小平在逆境中的第三种人生态度：观察、思考和判断。人们把邓小平在江西劳动时踩出的那条小道视为后来搞整顿、搞改革的伏笔，虽然是一种文学化的比喻和引申，但他第二次复出后那样勇敢地搞整顿，第三次复出后又推动一系列改革，与他在逆境中冷静地总结当代中国的经验教训、思考现实中存在的问题，不能说没有关系。也就是说，他在思想认识上是做了准备的。

邓小平在逆境中的三种态度，给人的启示是，干事情，在困难、挫折和危局面前，如果惊慌失措，自己就先倒下了。这种情况下要谋事成事，需要的是战胜自己，要有信念，也要有智慧，更要有措施。20世纪80年代末90年代初东欧剧变、苏联解体，国际社会主义事业遭受严重挫折。邓小平的态度是：中国的社会主义是变不了的，谁也压不垮我们。他提出的应对之策是：冷静观察，稳住阵脚，沉着应付。不要急，也急不得。要冷静、冷静，再冷静，埋头实干，做好一件事，我们自己的事。这些，既是邓小平处变不惊的经验之谈，也是他把经验提升为国家大政方针的智慧所在。

邓小平爱看足球比赛，遇世界杯赛事，因为时间太晚不能看直播，就让人录下来，还叮嘱工作人员，第二天早晨千万别告诉他比赛结果。这是很真实的球迷心理。在他和家人在一起的影视素材中，常有其乐融融的场景，诸如小孙子抠他的脚心，他抓孙女的小辫子等等。他退下来后给孙辈写信说：对国家，我是交了卷子的。你们要学点本事，大本事没有，小本事、中本事总要靠自己去锻炼。这样的期望平凡实在。退休以后，他说，自己的愿望是像普通人那样到街上走一走，看一看。于是，他在上海的商场里为孙辈们买了铅笔和橡皮，还说：好多年没有花钱了，这是我亲手花人民币。如此向往老百姓过日子的常态，反映在理政决策上面，是能够真切地从老百姓的角度去思考问题，发表意见，制定政策。邓小平到基层视察，总习惯用老百姓的眼光来看事情，用老百姓的思维提问题，用老百姓的语言来说话。他1980年到四川看沼气改造运用项目，在农户家里提的问题是：用沼气烧开一壶水，要用多少时间？他还弯下腰去看火苗，问：这个火苗能不能炒腰花？会炒菜的人都知道，腰花要旺火爆炒才好吃，邓小平是想弄清楚沼气的火力到底有多大，是否适用于群众的生活。问得这么浅显直白，看出他对老百姓的日常生活熟悉到何等程度！还有一次，他到北京前三门一带去看刚刚盖好的居民楼，发现用的都是老式挂锁，便认真地说：不行啊，都80年代了，还铁将军把门，这不是告诉小偷，家里没人吗？进到屋里，他直接去看卫生间，又说：老百姓日子的好坏，看卫生间，职工下班回家后，想洗个澡，起码卫生间要有洗澡的设备。平时说话行事如此贴近老百姓，在国家大事决策中提出解决温饱、实现小康这样一些人们听得懂、摸得着、看得见的发展战略，也就不是偶然的了。

邓小平的务实，典型地体现在他的语言风格上面。他讲话基本上没有形容词，简洁明了，全是大白话，但个中道理却不浅，多耐人寻味。孩子们问他长征是怎么过来的，他就讲三个字："跟着走。"问他在太行山坚持抗战做了些什么，回答只两个字："吃苦。"谈到刘邓大军在解放战争中的战绩，也是两个字："合格。"语言简单、实在、干脆，仔细琢磨，却非常到位，很有内涵。看三卷《邓小平文选》，除个别正式会议的重要报告外，大多是实实在在的谈话。人们常说，语言是思维的物质外壳。平实的语言风格，传达出邓小平的性格，也反映出实事求是的思想方法和历史唯物主义的鲜明立场。真理从来就是简明和平实的。1962年为解决农业生产的困难，改善人民生活，他引用"不管黑猫白猫，捉住老鼠就是好猫"这句俗语，来表达想方设法把生产和生活搞上去的愿望，反映的也是坦诚面对现实，实事求是追求真理的务实本色。在许多情况下，靠近真理需要勇气。1979年访问美国，在卡特举行的晚宴上，和邓小平同桌的一个叫雪莉的美国女演员对他说：我前几年到中国，在田间看到一个教授在那儿种西红柿，我就问那个教授，你那么大的学问，去种地，是不是觉得有点亏。那个教授跟我说在田间地头学了很多东西，跟贫下中农学了很多东西。邓小平听到这里脸一沉，说了一句让翻译都感到惊讶的话："那个教授在撒谎。"如此坦率，显示出他在认识和评价客观事物上毫不含糊的实事求是精神。

  实事求是，说起来不费劲，道理也不难懂，但要做到从理论到实践一以贯之地遵行，却不那么简单。除了识见水平，还需要有果断和担当的气魄。特别是在艰难开拓新路的时候，这种品格尤为难得，也越显光彩。邓小平1975年大刀阔斧搞整顿，体现了此种品格。面对各种阻力，他多次讲：搞四个现代化，是我们发了誓的雄心壮志，耽误不得。现在有很多60岁的老虎屁股，40岁的老虎屁股，20岁的老虎屁股，该摸的都得摸，一万张大字报都不怕。这种品格，在邓小平领导和推动改革开放的过程中，更展露无遗。为这么大一个国家领航，把改革作为一场新的伟大革命来推进，自然要冒很大风险，不能保证百分之百地正确。邓小平的办法是，看准了的事，就果断去做。他经常讲：没有一股劲儿，没有一股气，就走不出一条新路。于是，在决策创办经济特区的时候，他不惜使用了一句战争术语："杀出一条血路。"很悲壮，体现出军人的本色，包含了很重的历史分量。在他的批示中，比较频繁地出现"不可拖延"，"不能拖延"，"不宜拖延"，"拖不是办法"这类词句，也反映出干脆利索、果断开拓的气魄。他的认识很明确：搞改革开放这项新的事业，不冒风险不行，不去试，就不知道能不能行。如果不行，改正就是了。用他的话来说，就是这样四句：对的要坚持，不足的加把劲，不对的赶快改，新问题出来抓紧解决。

这种性格魄力，大概与邓小平在几十年的革命生涯中，常常担任一个部门、一个区域、一支军队的一把手有关。在战争年代，他率领一路人马，远离中央，开辟新局面，需要直面现实，大胆决策，勇于担当责任。由此在性格意志和行事作风上，也就思进取而拒退缩，行果断而少徘徊，敢担当而弃推诿。思虑在前、权衡左右、成熟于胸之后再决策言事，就不会多端寡要、犹犹豫豫。说出来就去做，一旦做就横下心把事做成。

1988年，聂卫平在中日围棋擂台赛中力挽狂澜，被国家体委授予"棋圣"称号。第二天，他带着证书去见邓小平。邓小平仔细看了看证书，意味深长地说了一句："圣人不好当啊！"聂卫平的体会是：小平同志借此告诉我，还是当普通老百姓好。"圣人不好当"，沉淀了邓小平的人生经验，透露出他对个人与历史关系的清醒认识，也从一个侧面反映出他是怎样看待自己的。他晚年威望很高，但他始终提醒人们不要给他加人为的光环。1989年9月4日正式向中央请求退休那天，他对中央领导同志说过这样一些话："对我的评价，不要过分夸张，不要分量太重。""我很怕有这样的东西，名誉太高了是个负担。……拜托你们了。"1997年1月，他在生命的最后一段时光，看到了电视上播出的文献纪录片《邓小平》，工作人员附在他耳边讲述片子内容时，93岁的老人露出像小孩受到表扬而不好意思的神情。这也表明，他关于名誉太高是个负担的看法，真诚地发自内心。

  关于个人的定位，邓小平也不是毫无期许。1993 年 9 月 16 日，他对弟弟邓垦讲："国家发展了，我当一个富裕国家的公民就行了。"这句话平平淡淡，却把国家和个人、事业和个人的关系说得很透，传达出对国家未来厚重深切的期待，又透露出真诚朴实的个人情感和愿望。他对国家的发展作出那样大的贡献，个人的愿望就是当一个"公民"。这种定位，非大胸怀、大境界不能道出。其历史和情感含量，完全可以和人们已经熟悉的他的另外一句名言等量齐观，即："我是中国人民的儿子，我深情地爱着我的祖国和人民。"两句话脉象相连，相得益彰。把自己视为人民的"儿子"，所以对祖国和人民有大爱，为之奋斗付出一切都是应该的，能够成为富裕国家的公民，其愿足矣。这种胸怀，和毛泽东的一首词句属同一境界："待到山花烂漫时，她在丛中笑。"

邓小平和他的三个军事"搭档"

1997年元旦那天晚上，12集电视文献片《邓小平》第一集刚播完，便接到不少电话。其中一个是从广东兴宁县打来的，对方长年在该县罗浮镇党委工作，1994年我们曾采访过他。他问"钟老"在该片里什么时候出现，说"钟老"听说《邓小平》要开播后，每日都在盼望。这个被称为"钟老"的人，叫钟亚庆，在党史上是个不为人知的人物，但他却做过邓小平的军事搭档。

邓小平曾说自己的专业是打仗。战争年代，他一直是政委，曾有三个搭档。第一位是《邓小平》第二集说得比较详细的红七军、红八军总指挥李明瑞，第二位就是钟亚庆，第三位是合作时间最长的刘伯承元帅。

按电影《百色起义》里的描写，邓小平1929年夏天一到广西，在省政府官邸里就和李明瑞来往密切，还有不少对话。拍文献片，自然要严格遵照历史，不能有半点发挥。事实上，邓小平和李明瑞第一次见面，是在1929年的12月，那时他已经部署完红七军的百色起义，在赶往龙州部署红八军起义的路上和李明瑞相遇。当时，红八军的指挥部设在龙州的一个钱庄里，如今遗址依旧。摄制组详细拍摄了门前两棵茂密葱郁的柏树。红八军纪念馆的一位负责人还讲了这样一件事：1974年，当地一位副县长到北京参观，接到中央军委领导传过来的话，说小平同志问，钱庄门前的那两棵柏树还在不在？半个多世纪了，邓小平对当年领导百色和龙州起义的情景，依然历历在目。到80年代，在漓江的游船上，邓小平一往情深地回忆起李明瑞。在采访李明瑞女儿李应芬的时候，她很动情，说到解放后邓小平关心李明瑞家属的事情。

邓小平的第二位军事搭档钟亚庆，家住广东兴宁县七娘凹村。1929年，在罗屏汉影响下参加革命，先是当乡赤卫队长，后来成为红十一军独立团副团长。1932年5月，邓小平在江西会昌当中心县委书记时，县委组织部长罗屏汉介绍他来当军事部长。稍后在会昌、寻乌、安远三县交界的筠门岭设立江西省军区第三作战分区，邓小平任军分区政委，钟亚庆任军分区指挥员。他比邓小平年长一岁，1994年7月，摄制组到会昌采访他时已经91岁。7月3日连夜驱车近百公里到广东兴宁接他到筠门岭，一路上坑坑凹凹，上下颠簸，心里捏着一把汗，生怕他体力不支，有个什么闪失。结果其精神不让年轻人，下车时行走自如，说话嗓音洪亮。在后来剪接出来的片中，只在第二集用了一段他讲述和邓小平第一次见面的话，其实在采访中，他还说到许多往事。

当年军分区扩大了不少部队，有些正规部队也划归军分区指挥。钟亚庆觉得自己是土包子出身，不敢大胆指挥，邓小平就鼓励他不用怕，要大胆些，还送给他一支驳壳枪使用。不久，敌军钟少奎部一百多人进攻红军驻地，钟亚庆力排红军正规部队里来的两位参谋的意见，拿出一个作战方案，结果打了胜仗。邓小平知道后很高兴，钟亚庆回忆说，如果没有邓小平撑腰，他是不敢拿出自己的方案的。1932年9月，钟亚庆在反"围剿"战斗中负重伤，邓小平闻讯，立即从会昌打电话到筠门岭军分区收容所询问伤势，吩咐立即送后方医院。接着赶往医院探望，还拿出50元钱交到钟亚庆手里，嘱他专心把伤养好。谈到这些，钟亚庆激动地说，要不是小平同志的关心，他当时在筠门岭怕没有命了。主力红军长征后，身有伤疾的钟亚庆隐姓埋名，一路讨吃回到老家。解放后享受红军离散人员待遇，当过民兵大队长和生产队长，但很少人知道他和邓小平共事近一年的事情，直到1993年毛毛的《我的父亲邓小平》书里提到他。

摄制组1994年8月回京后，接到一封7月19日的来信，上面说："钟老在会昌住了三夜，也受到会昌县委、县政府领导的热情招待，然后会昌县委领导还亲自护送钟老回家。目前他老人家身体尚好，总是念念不忘小平同志，反复地要我写信代向小平同志及你们问好，并祝小平同志健康长寿。"

现在该说到邓小平和刘伯承元帅了。他们共事时间最长，故事也最多。

129师是在原红四方面军的基础上组建的。采访中，一些老同志多有这样的印象，张国焘在红四方面军做政治工作，常常讲的是共产国际的纲领；邓政委来后，做政治工作，常常讲党的政治纪律。关于邓小平到129师以后的指挥风格，人们对片中第三集里杨国宇说的那段话一定印象很深，他说：邓政委"严肃起来不说话，可一说话，就像打出一颗子弹，那你就非执行不可，虽然话不多讲，也不讲空话，讲一句算一句，讲了就要办到，办不到的话他不讲"。这一点，我们在采访陈锡联将军时，也得到印证。他说：二野出陇海线后，接连打了几个硬仗，战果不小。三纵和七纵的司令员陈锡联、杨勇等接到通知到"野司"开会。"在一个小村子里，一见面，小平同志就说，不握手啦，一看他那么严肃，我们就知道事情不好。不握手，是有的仗没有打好，有的有群众纪律问题。有部队住在梨园，吃了老百姓的梨。刘伯承、李达都讲了话，说群众纪律不好，仗打胜了也不行。小平同志始终严肃地没有说话。"这次会议，后来被称为"不握手会议"。有意思的是，"文革"时期邓小平领导整顿，也有一次不握手会议，那是一次关于钢铁工业整顿的会，邓小平一上来就说，今天不握手啦，什么时候把钢铁搞上去了再握手。

在片子第三集里，宋任穷和张香山都说到刘邓之间的亲密关系。采访中有的同志还告诉摄制组，说1942年反扫荡时，邓小平到中条山去，刘司令亲自安排部队护送，每天都往各地打电话询问政委的行程。刘邓大军过了黄河后，有一个很短的休整。业余时间，司令部的人打扑克，有时候声音很大，邓小平就说：不要大笑，让刘司令安静休息。片子的第三集，军委副主席张震上将讲了邓小平和总前委指挥淮海战役和渡江战役的事。当时，他还给摄制组说了1958年批判以刘伯承元帅为代表的所谓"军事教条主义"的时候，邓小平保护了一些人。后来有人对邓小平说：打仗，二野都说到你。邓小平立即回答说：我是政委，没有好司令员怎么能打仗，刘帅打仗很行。刘邓怎么可分？

视察背后的历史含量

研究领袖人物在新中国成立以后的活动,有一个问题始终萦绕在我的脑际:一些重要想法,一些重大决策,常常是他们在外出视察过程中萌生或提出来的。在重要的历史时刻,他们外出考察之举,也就格外引人注目。毛泽东如此,邓小平也如此。于是就想,要是有人从这个角度认真严肃地写一本书,或许是很有价值的。

最近读到的刘金田、张爱茹的《邓小平视察纪实》,便是这样一本书。该书第一次全景式地记叙了邓小平从1956年担任中共中央总书记以后几乎所有的外出视察活动,时间跨度有38年。在这38年当中,邓小平作为第一代中央领导集体重要成员和第二代中央领导集体的核心,和我们国家一道经历了艰辛的探索和开拓。而他的每一次外出视察,似乎都折射出国家探索的路径和开拓的步伐,反映出他本人对社会现实的感受,对历史发展的思考。

比如,人们已经十分熟悉的,新时期以

后邓小平在1979年的东南之行。在安徽黄山，他呼吁发展中国的旅游事业，提出让一部分地区、一部分人先富裕起来。在去上海的途中，他详细听取了小岗村自发搞"包产到户"的改革过程的汇报。在上海和山东，他大讲解决党的组织路线，培养选拔青年干部的问题。这次东南之行所涉及的，恰恰是改革开放初期的重要话题。邓小平1984年的南方之行，在对经济特区众说纷纭的时候，他为深圳、珠海题词，充分肯定了创办经济特区的实践。回来后便同其他中央领导同志商量，做出了开放沿海14个城市的重要决策。邓小平1992年的南方之行，更是众所周知，掀起了新一轮的改革开放大潮，他这次在南方的谈话，成为《邓小平文选》的压卷之作。这些，在书里都有详细的叙述。如果再说几次书里记载的而不大为人所知的视察，我们对邓小平外出视察背后的特殊的历史含量，或许更有殊深体会。

1957年春天，邓小平作为党的总书记，第一次视察大西北。这次外出，主要是宣传党的八大精神，传达贯彻毛泽东《关于正确处理人民内部矛盾的问题》的讲话。他先后去了山西、陕西和甘肃，沿途，他反复讲要实现党的领导方式的转变，要"学会建设，学会管理"。对执政党如何保持清醒的头脑，他甚至说了一句在今天看来也是振聋发聩的话：在中国，谁有资格犯大错误？就是中国共产党。犯了错误影响也最大，我们党应该特别警惕。

1961年初，为纠正"大跃进"的错误，摸清人民公社化运动中存在的问题，毛泽东提出要大兴调查研究之风。这一年，邓小平先后去了福建、河南、湖南、北京顺义、辽宁、黑龙江大庆等地，南下北上，从农村公社到工矿企业，细细调查。正是在调查中，他针对平均主义大锅饭的做法，明确提出："按劳分配，是天经地义的事"，针对公共食堂的弊端，他提出："吃食堂光荣，不吃食堂也光荣。吃不吃食堂要由群众决定。"

1972年冬天，度过在南昌新建县的三年劳动岁月，邓小平获准外出。他先后去了井冈山和赣南一带。在井冈山，他的感受是过去毛主席在这里干革命穷，现在还是穷，以后会好的。并告诫人们：井冈山精神丢不得。在赣南瑞金，他说现在比过去好了很多，但和西方国家比起来，我们最少落后40年，要努力呀。即将复出政坛的邓小平，所思考的是什么，岂不已经是十分明了的吗？

　　在历史转折关头的1978年，邓小平的东北之行更为精彩。在辽宁本溪，他提出"要好好向世界先进经验学习"。在大庆，他三次提出要买国外的先进设备。在哈尔滨，他说我们的机构和体制不解决不行。在长春，针对已经沸沸扬扬的关于真理标准的讨论中暴露的问题，他明确表态：理论要通过实践来检验，这样的问题还要引起讨论，可见思想僵化，"要来一个革命"。在沈阳，他沉重地说：我们太穷了，太落后了，老实说对不起人民，我们的人民太好了，我们现在必须发展生产力，改善人民生活条件……邓小平说，他这一路是"到处点火"。回京三个月后，三中全会召开。

　　邓小平是党和国家的领导人，也是一个活生生的有血有肉的性情中人。这部书在叙述他的视察过程时，特别注意利用当事人的回忆和当地的有关记载，写了不少生动的情节和细节。如1979年登黄山与几位大学生合影和看他们的学生证时的对话；1980年在成都笑看画家画的白猫黑猫《双猫图》，在峨眉山下的路上同一位农村老太太的对话；1983年2月在杭州时一个小女孩"亲亲邓爷爷"的举动……这些叙述，展示出一个在人民中间的邓小平形象。

　　显然，把邓小平这些外出视察的感受和思考串起来，能够说明的问题实在太多。它是一幅领袖了解中国并同基层对话的生动画面，它是一条领袖思考问题、做出决策的生动轨迹，它也是一卷领袖与时代相互感应并一道前进的生动历史。

这是我推重《邓小平视察纪实》的一个重要原因。

还有一个原因是，这部书同人们常常见到的一些记述领袖人物活动的书不同，两位作者是长期从事邓小平生平和思想研究的专家，写作态度很严谨，掌握的材料也不少。该书不仅把邓小平每次外出视察的时间、地点和从哪儿到哪儿的行程交代得清清楚楚，而且还把外出的前因后果也做了概述，这样就使读者能够明了邓小平是在什么背景下去视察的，当时应该解决的主要问题是什么，从而对全局有一个了解，邓小平在视察中的所见所闻所思所说的现实意义也随之明了。

在引用材料时，很注意所用材料的准确性，避免以讹传讹。例如，1975年9月邓小平到山西大寨出席全国农业学大寨会议，途经阳泉车站时间，许多出版物都语焉不详，该书中则明确为9月15日乘火车到阳泉，然后转乘汽车到大寨。这样的认真态度，无疑大大增强了这部书的可信度和严肃性。

心有所系，方事有所悟

——邓小平读两篇外电引发的思考

1992年12月14日，邓小平像往年那样，离京南下。第二天一到杭州，他就让工作人员对浙江省委领导说，这次来主要是休息，不安排工作汇报。

这次出行是轻松的。十四大刚开过不久，新一届中央领导班子建立了，经济体制改革的目标模式也确立了。临行前，邓小平还正式答复中央文献研究室，同意编辑出版《邓小平文选》第三卷，并确定了编辑组的主要成员。大事似乎都定了下来。

不过，18日那天，在阅看新华社《参考消息》时，邓小平主动谈起了一件大事：中国发展到一定程度后，一定要考虑分配问题。不同地区总会有一定的差距，这种差距太小不行，太大也不行。如果仅仅是少数人富有，那就会落到资本主义去了。要研究提出分配这个问题和它的意义。到本世纪末就应该考虑这个问题了。我们的政策应该是既不能鼓励懒汉,又不能造成打"内仗"。

这段话被收进了去年出版的《邓小平年谱》。究竟是什么样的文章引出邓小平的这个思考呢?《年谱》里说是《马克思主义新挑战更加令人生畏》和《中国将成为最大的经济强国》两篇外电报道。查当天的《参考消息》,前一篇登在头版头条,原载美国的《基督教科学箴言报》。文章不长,却观点鲜明,说苏联东欧虽然发生了历史剧变,但并不意味着社会主义就销声匿迹,由于人民对经济上的"休克疗法"深感失望,于是不少执政的自由党派在新一轮选举中纷纷落马,因此,再度兴起的马克思主义对自由派的挑战将令人生畏。后一篇文章很长,占了一版,原载英国的《经济学家》周刊。通篇介绍中国改革十四年来的经济成就和人民生活水平的变化,并预言2010年中国将成为"最大的经济强国"。

对这两篇报道,一般读者大体也就看看而已。摘发这样的文章,在《参考消息》,也是寻常之事。作为看大势、想大事的领袖人物,或有不同。因为对中国改革深化中的一些要害问题心有所系,邓小平从中看出了名堂,读出了味道。在前一篇报道末尾,有这样一句话:"西方实行自由市场的自由派所面临的挑战将不仅是显示资本主义比社会主义效率高,而且还要显示资本主义在分配上是公平合理的。"这是全文的要旨所在。在西方的一些学者看来,资本主义社会如果只是在经济发展上实现了高效率,但如果在财富的分配上做不到公平合理,尽管苏联、东欧这些原来的社会主义国家发生了剧变,但总有一天主张公平合理分配的马克思主义、社会主义还会重新高涨起来。看到这样的报道,邓小平的深思就展开了:中国经济发展起来,提高效率以后,如何处理好效率与公平的关系,如何解决好社会成员收入的分配差距,将会成为一个很大很重要的问题。于是,他就讲了以上那段语重心长的话。

事实上,对这个问题,邓小平1989年11月退休以后,一直在思考。从1990年4月到1993年9月,在三年多的时间里,他在不同场合起码讲过六次。这还只是指《邓小平文选》和《邓小平年谱》的正式记载。第一次是1990年4月7日,在会见泰国正大集团董事长谢国民时说:中国情况是非常特殊的,即使百分之五十一的人先富裕起来了,还有百分之四十九,也就是六亿多人仍处于贫困之中,也不会有稳定。经济发展到一定程度,必须搞共同富裕。第二次是1990年7月3日,在视察国家奥林匹克体育中心场馆时说:中国只能搞社会主义,不能搞两极分化。要调节分配,调节税要管这个。第三次是1990年12月24日,同江泽民、杨尚昆、李鹏同志谈话时说:共同致富,我们从改革一开始就讲,将来总有一天要成为中心课题。社会主义不是少数人富起来、大多数人穷,不是那个样子。共同富裕是体现社会主义本质的一个东西。如果搞两极分化,民族矛盾、区域间矛盾、阶级矛盾都会发展,相应地中央和地方的矛盾也会发展,就可能出乱子。第四次就是1992年初在南方谈话时说的:如果富的愈来愈富,穷的愈来愈穷,两极分化就会产生,而社会主义制度就应该而且能够避免两极分化。解决的办法之一,就是先富起来的地区多交点利税,支持贫困地区的发展。在什么基础上提出和解决这个问题,要研究。可以设想,在本世纪末达到小康水平的时候,就要突出地提出和解决这个问题。第五次就是1992年12月18日这次读外电报道后的谈话。最后一次,是1993年9月16日在家里同弟弟邓垦说的:怎样实现富裕,富裕起来以后财富怎样分配,这都是大问题。题目已经出来了,解决这个问题比解决发展起来的问题还困难。分配的问题大得很。我们讲要防止两极分化,实际上两极分化自然出现。这个问题要解决。过去我们讲先发展起来。现在看,发展起来以后的问题不比不发展时少。

一位高瞻远瞩的战略家，一位退休后奔往九十高龄的老人，如此牵挂这件事，可见此事在中国的未来占有何等分量。因为心有重系，时常绕于脑间，每遇事，每读文，则不免触类旁通，有所思，有所悟，进而有所言。

由此扯开来说，这算得上是邓小平的一个富有特色的战略思维方式。一些长远问题，一些目标战略，在他的思考中，总是和具体现象联系在一起的，或受一些小事启发，或从一些小事抓起。

这方面的例子不少，围绕小康生活这个话题，就可以举出几件。

1978年在日本参观了日产汽车生产线以后，他开始思考如何调整我们的现代化战略，一年后大平正芳问起中国的现代化是什么样子，他沉默一下，说出了中国人家喻户晓的一个寻常追求——"小康"。提出这个目标后，邓小平对它的关注，也不仅限于单纯的经济数字，诸如人均800美元之类，他看重的是老百姓在衣食住行这些生活细微处究竟有什么改善。1983年看了电影《人到中年》，就推荐给其他中央领导看，说是要下决心改善知识分子的待遇。同年到江苏、上海考察，他走进刚分到新房的居民家里，特意问有没有洗澡间？回北京后，他根据所见所闻，设想了小康生活的六条标准，诸如解决吃穿用和就业问题，人均住房达到二十平方米，普及中小学教育等等。晚年乘车看北京街景，也是从亚运村建筑，从机场高速路，甚至从自己穿的夹克衫这样的细微处，谈起小康和共同富裕的话题。

梳理邓小平的心迹，不难发现，越到晚年，他想得越多的，是把小康社会的建设落到普通群众的生活实处，是如何缩小分配领域过大的差距。有了这个一直关注的战略思路，在读到《马克思主义新挑战更加令人生畏》和《中国将成为最大的经济强国》这样的外电报道后，自然会触发举一反三的思考。

据说，1992年12月18日那天，邓小平就这两篇外电报道谈了想法后，特意让工作人员把他的话记下来，不止一页纸，看来要比《邓小平年谱》公布的内容要多。邓小平还让把谈话记录送给中央领导同志参阅。

永远年轻

——有感于邓小平的一种精神

关于邓小平,无论是年轻人还是曾经年轻的老年人,受惠最切、感受最深的,恐怕要算是他领导开辟并不断前进的改革开放这个永远充满活力的时代了。他以不多的余年,走向人生的辉煌,为中国,为我们,营造了一个永远年轻的社会机体。曾经年轻和正当年轻的人们,正是汲取着这个社会的营养甘汁逐步成长起来并永远年轻着。

伟人不朽,哲人其恒,不仅是因为他的业绩,还因为他的精神和情怀。

在今天中国人的记忆里,邓小平始终是一位老人的模样。他以 73 岁的高龄,开辟一个时代,去为一个民族创造一个年轻的未来,这在中外历史上,是不曾有过的奇迹。

老人创造奇迹,必有奇迹般的胸怀。

这个胸怀,就是年轻。

邓小平年轻的胸怀来自何处,来自他坎

坎坷坷的经历，来自他三落三起的传奇。正是在逆境中，他感受到中国最需要什么，他自己最应该具备什么样的心态。

1969年他被下放江西劳动监管，送他去的人临走时问他还有什么要求，回北京后好转达。邓小平只淡淡地说了一句：我是还会出来工作的。那年，他已经65岁。在1972年底，他果然有出来工作的机会了，在赣南参观时，他又说了一句：我起码还可以干20年。那年，他68岁。1977年在中共十届三中全会上第三次复出时，邓小平讲了一番很真诚的话，他说出来工作有两种态度，一是做官，二是做事，作为共产党员，只能是做事。于是又说：我还可以活20年。那一年他72岁。

这是一种什么样的胸怀？这是一种永远装着使命，目光盯住未来的年轻胸怀。与"年轻"相生相伴的是不满现状的憧憬和敢冒风险去开拓未来的勇气，再加上邓小平实际上并不年轻的经历、经验和智慧，历史在它最需要实现转折的时候，选择了邓小平，也就不是偶然的了。于是从历史的甬道中走出一个年轻的老人身影。当他34岁第一次被外国人介绍到西方时，给采访者留下的印象是"思想像芥末一样辛辣"。当他以迟暮之年重返政坛，执掌国纲，凡是同他谈过话的外国人，仍然都觉得他是中国最年轻的人——这就是基辛格见邓小平时说的那句名言："我知道你是中国年龄最大的政治家，但我不知道中国还有谁比你更年轻。"

邓小平以20年的晚岁光阴，带给了整个中国无限青春。这首先是因为他导引出一条走向明天的通衢大道；还因为他敢于解放思想、实事求是的政治和理论勇气；因为他在提出"三步走"经济发展战略时说的"我虽然活不到那个时候，但有责任提出那个时候的目标"那句话；因为他看出并特别强调了中国的高科技在未来世界里必须占有一席之地；因为他和年轻人一样在电视机旁为每一个精彩的足球射门而兴奋；因为他把殷殷之情投向占据未来的希望工程；因为他常常说足球从娃娃抓起，教育从娃娃抓起，计算机从娃娃抓起……我们可以举出很多很多，这些都出自他胸怀深处那个充满诱惑的耀眼坐标——21世纪中国发展和强盛的模样。

邓小平设计和描绘了整个中国的未来，从而使他的生命延续到了今天，并和我们一道拥有着今天和未来。

这，大概就是邓小平的生命之花永远拥有亮色的奥妙所在。

从这个意义上看，如果把永远年轻理解为"邓小平精神"的一个重要内容，它并不深奥，那是无论在洒满阳光的灿烂日子，还是布满泥泞的羊肠小道，都应该保持的一种非常简单的人格气象，即始终面向未来，着眼于长远的一种责任，一种情怀，一种眼光，一种境界！

邓小平的孙子、孙女们对爷爷的年轻胸怀是理解的。

邓小平退休那天，孙辈们送给他一份贺卡礼物，上面写着"1922—1989—永远"。1922，是他参加革命的年份。1989，是他退休的年份。"永远"两个字，是孩子们最良好的祝愿——永远的战士，永远的进取，永远的青春。于是，贺卡上也就这样写着："愿爷爷和我们一样永远年轻。"

"青年万岁"——这是邓小平1954年在全国青年积极分子代表大会上喊出的一个口号。"革命者永远是年轻"——我们的父辈们曾伴着这样的歌声度过了昨天的坎坷人生。几十年的岁月之波，仿佛已经把这个口号、这些歌声冲得很远了。然而，"邓小平精神"的启示，恰恰证明，"年轻"二字，对人的生命来说，绝不是一个生理概念。

年轻是一代又一代的人们引为自豪的岁月；谈论年轻，是一代又一代的文人哲士说不完的话题。"年轻"如果过于永恒，人们便不怎样珍惜；关于年轻的话题年深日久，人们似乎也就失去了玩味的情趣。事实上在讲求实际的今天，看到这般浪漫的字眼，恐怕不少人是要退避三舍的。青春灿然之时各人有各人的乐趣，一旦流逝之后，便又各有各的隐痛。人们常常是在"隐痛"袭来之时，才去记叙和回忆自己而及他人在走过的生命之路上虽然歪歪斜斜但十分清晰的脚印。这时候，你会发现，年轻的魅力在于结晶，在于把那些最有价值的东西物化为可触摸的实体，既有耕耘，又要问收获。一旦把思考的重点放在"收获"上面，人们才能最真切地体会到年轻的本来含义，才不致虚度时光。才真正体会到创造、进取和奉献的价值。正如我的一位湖南朋友欧阳斌在他的一本书里写的那样："青春一经结晶，就成为风吹雨打推不动的存在了。"由此，年轻的度量就不再依赖于生理而是依赖于心理，体会到保持心理年轻的魅力千百倍地胜过仅仅拥有生理青春的魅力。世界上活得最好的人，总是那些心理上永远年轻、勇于结晶的人。没有面向未来的憧憬和信心，没有开拓进取的创造活力，没有对生活的美好一面的执著求索和真切体会，即使拥有二十来岁的青春，也不能说是拥有年轻而亮丽的生命之花。

笔者当然不是滑稽地要求所有年轻和曾经年轻的人们，都像邓小平那样去操劳国事，设计战略。但在我们平凡的日子里，乐观地看待生活、真诚地融进社会、充满期待地拓展事业的空间，实实在在地走好脚下这条面向未来有希望有挑战的人生之路，所谓年轻，就成为了一种感受，一种态度。永远年轻也就不是一件缥缈不可企及的奢侈了，而且每个人都可以毫无愧色地说一句：我们正年轻着！

后　　记

　　多年来从事毛泽东和党的文献研究，除正式编研项目外，偶尔也写一些有关毛泽东的随笔性文字。集纳成册，因无主题贯穿，故名"读毛泽东札记"。毛泽东确实像一部内容丰富的"大书"，可以从不同角度去阅读。这本札记，反映的就是个人随兴而至的阅读体会。因写于不同时间，起于不同缘由，面向不同对象，文风难免驳杂。有的篇章，作了一些修改校订，并附上几篇写邓小平的随笔。这些，是要向读者说明的。不妥之处，请予批评指正。

　　在编辑出版过程中，三联书店的李昕、朱竞梅同志，中央文献研究室的王为衡同志，给了热情支持，做了大量工作，特以致谢。

作　者
2009年6月